2014–2015年中国工业技术创新发展蓝皮书

The Blue Book on the Development of Industrial Technological Innovation in China (2014-2015)

中国电子信息产业发展研究院 编著

主 编/ 王 鹏

副主编/ 何 颖 曹 方

人民出版社

责任编辑：邵永忠　刘志江
封面设计：佳艺堂
责任校对：吕　飞

图书在版编目（CIP）数据

2014 ~ 2015 年中国工业技术创新发展蓝皮书 / 王鹏 主编；
中国电子信息产业发展研究院 编著 .—北京：人民出版社，2015. 7
ISBN 978-7-01-014995-0

Ⅰ. ① 2… Ⅱ. ①王… ②中… Ⅲ. ①工业技术—技术革新—白皮书—中国—2014 ~ 2015 Ⅳ. ① F424.3

中国版本图书馆 CIP 数据核字（2015）第 141323 号

2014–2015年中国工业技术创新发展蓝皮书
2014–2015NIAN ZHONGGUO GONGYE JISHU CHUANGXIN FAZHAN LANPISHU

中国电子信息产业发展研究院　编著
王　鹏　主编

人民出版社　出版发行
（100706　北京市东城区隆福寺街 99 号）

北京艺辉印刷有限公司印刷　新华书店经销

2015 年 7 月第 1 版　2015 年 7 月北京第 1 次印刷
开本：710 毫米 × 1000 毫米　1/16　印张：19.25
字数：323 千字

ISBN 978-7-01-014995-0　定价：88.00 元

邮购地址　100706　北京市东城区隆福寺街 99 号
人民东方图书销售中心　电话（010）65250042　65289539

代 序

大力实施中国制造2025　加快向制造强国迈进

——写在《中国工业和信息化发展系列蓝皮书》出版之际

制造业是国民经济的主体，是立国之本、兴国之器、强国之基。打造具有国际竞争力的制造业，是我国提升综合国力、保障国家安全、建设世界强国的必由之路。新中国成立特别是改革开放以来，我国制造业发展取得了长足进步，总体规模位居世界前列，自主创新能力显著增强，结构调整取得积极进展，综合实力和国际地位大幅提升，行业发展已站到新的历史起点上。但也要看到，我国制造业与世界先进水平相比还存在明显差距，提质增效升级的任务紧迫而艰巨。

当前，全球新一轮科技革命和产业变革酝酿新突破，世界制造业发展出现新动向，我国经济发展进入新常态，制造业发展的内在动力、比较优势和外部环境都在发生深刻变化，制造业已经到了由大变强的紧要关口。今后一段时期，必须抓住和用好难得的历史机遇，主动适应经济发展新常态，加快推进制造强国建设，为实现中华民族伟大复兴的中国梦提供坚实基础和强大动力。

2015 年 3 月，国务院审议通过了《中国制造 2025》。这是党中央、国务院着眼国际国内形势变化，立足我国制造业发展实际，做出的一项重大战略部署，其核心是加快推进制造业转型升级、提质增效，实现从制造大国向制造强国转变。我们要认真学习领会，切实抓好贯彻实施工作，在推动制造强国建设的历史进程中做出应有贡献。

一是实施创新驱动，提高国家制造业创新能力。把增强创新能力摆在制造强国建设的核心位置，提高关键环节和重点领域的创新能力，走创新驱动发展道路。加强关键核心技术研发，着力攻克一批对产业竞争力整体提升具有全局性影响、带动性强的关键共性技术。提高创新设计能力，在重点领域开展创新设计示范，推广以绿色、智能、协同为特征的先进设计技术。推进科技成果产业化，不断健全以技术交易市场为核心的技术转移和产业化服务体系，完善科技成果转化协同推进机制。完善国家制造业创新体系，加快建立以创新中心为核心载体、以公共服务平台和工程数据中心为重要支撑的制造业创新网络。

二是发展智能制造，推进数字化网络化智能化。把智能制造作为制造强国建设的主攻方向，深化信息网络技术应用，推动制造业生产方式、发展模式的深刻变革，走智能融合的发展道路。制定智能制造发展战略，进一步明确推进智能制造的目标、任务和重点。发展智能制造装备和产品，研发高档数控机床等智能制造装备和生产线，突破新型传感器等智能核心装置。推进制造过程智能化，建设重点领域智能工厂、数字化车间，实现智能管控。推动互联网在制造业领域的深化应用，加快工业互联网建设，发展基于互联网的新型制造模式，开展物联网技术研发和应用示范。

三是实施强基工程，夯实制造业基础能力。把强化基础作为制造强国建设的关键环节，着力解决一批重大关键技术和产品缺失问题，推动工业基础迈上新台阶。统筹推进“四基”发展，完善重点行业“四基”发展方向和实施路线图，制定工业强基专项规划和“四基”发展指导目录。加强“四基”创新能力建设，建立国家工业基础数据库，引导产业投资基金和创业投资基金投向“四基”领域重点项目。推动整机企业和“四基”企业协同发展，重点在数控机床、轨道交通装备、发电设备等领域，引导整机企业和“四基”企业、高校、科研院所产需对接，形成以市场促产业的新模式。

四是坚持以质取胜，推动质量品牌全面升级。把质量作为制造强国建设的生命线，全面夯实产品质量基础，提升企业品牌价值和“中国制造”整体形象，走以质取胜的发展道路。实施工业产品质量提升行动计划，支持企业以加强可靠性设计、试验及验证技术开发与应用，提升产品质量。推进制造业品牌建设，引导企业增强以质量和信誉为核心的品牌意识，树立品牌消费理念，提升品牌附加值和软实力，加大中国品牌宣传推广力度，树立中国制造品牌良好形象。

五是推行绿色制造，促进制造业低碳循环发展。把可持续发展作为制造强国建设的重要着力点，全面推行绿色发展、循环发展、低碳发展，走生态文明的发展道路。加快制造业绿色改造升级，全面推进钢铁、有色、化工等传统制造业绿色化改造，促进新材料、新能源、高端装备、生物产业绿色低碳发展。推进资源高效循环利用，提高绿色低碳能源使用比率，全面推行循环生产方式，提高大宗工业固体废弃物等的综合利用率。构建绿色制造体系，支持企业开发绿色产品，大力发展绿色工厂、绿色园区，积极打造绿色供应链，努力构建高效、清洁、低碳、循环的绿色制造体系。

六是着力结构调整，调整存量做优增量并举。把结构调整作为制造强国建设的突出重点，走提质增效的发展道路。推动优势和战略产业快速发展，重点发展新一代信息技术产业、高档数控机床和机器人、航空航天装备、海洋工程装备及高技术船舶、先进轨道交通装备、节能与新能源汽车、电力装备、新材料、生物医药及高性能医疗器械、农业机械装备等产业。促进大中小企业协调发展，支持企业间战略合作，培育一批竞争力强的企业集团，建设一批高水平中小企业集群。优化制造业发展布局，引导产业集聚发展，促进产业有序转移，调整优化重大生产力布局。积极发展服务型制造和生产性服务业，推动制造企业商业模式创新和业态创新。

七是扩大对外开放，提高制造业国际化发展水平。把提升开放发展水平作为制造强国建设的重要任务，积极参与和推动国际产业分工与合作，走开放发展的道路。提高利用外资和合作水平，进一步放开一般制造业，引导外资投向高端制造领域。提升跨国经营能力，支持优势企业通过全球资源利用、业务流程再造、产业链整合、资本市场运作等方式，加快提升国际竞争力。加快企业“走出去”，积极参与和推动国际产业合作与产业分工，落实丝绸之路经济带和21世纪海上丝绸之路等重大战略，鼓励高端装备、先进技术、优势产能向境外转移。

建设制造强国是一个光荣的历史使命，也是一项艰巨的战略任务，必须动员全社会力量、整合各方面资源，齐心协力，砥砺前行。同时，也要坚持有所为、有所不为，从国情出发，分步实施、重点突破、务求实效，让中国制造“十年磨一剑”，十年上一个新台阶！

工业和信息化部部长 苗圩

2015年6月

前 言

一

新一轮以绿色、智能、泛在为特征的科技革命和产业变革正在孕育兴起，全球产业技术创新呈现出新的发展态势。发达国家通过投资、税收等政策的引导和支持，强化产业技术创新，大力发展先进制造业和新兴产业，抢占未来竞争制高点，巩固其技术和产业领先优势。新兴工业化国家和发展中国家正在成为接纳发达工业国家产业和资本转移的新阵地，并在能源资源和市场空间方面进行更加激烈的争夺。我国要在如此激烈的竞争中抢占技术与市场的制高点，必须从源头上改变产业核心技术薄弱的状况。

当前，中国经济总量虽已位居世界前列，但许多产业仍处在世界的中低端。传统的粗放式增长路径已经难以为继，必须更多地依靠科技进步来调整产业结构。通过培育壮大新产品、新业态，促进服务业、高技术产业、新兴产业加快发展；通过化解产能过剩矛盾，加快传统产业改造升级步伐，提升中国产品和服务在全球价值链中的位置，使创新真正能够创造更高价值。

中国经济正在从高速增长向中高速增长转轨。在经济运行新常态下，以结构性改革促进结构性调整，用好创新这把“金钥匙”，着力推进体制创新和科技创新，使中国经济保持中高速增长、迈向中高端水平。

二

2014年6月10日召开的中国科学院第十七次院士大会、中国工程院第十二次院士大会开幕式上，习近平主席强调，实施创新驱动发展战略是一个系统工程，要着力加快制定创新驱动发展战略的顶层设计，改革国家科技计划管理和资源配置的体制机制，深化产学研合作，加强科技创新统筹协调，加快建立健全各主体、各方面、各环节有机互动、协同高效的国家创新体系。

我国已进入了新型工业化、信息化、城镇化、农业现代化同步发展、并联发展、叠加发展的关键时期。集聚创新资源，激发和释放各类创新主体的活力和潜力，缓解人口、资源和环境压力，是实现经济平衡、协调、可持续发展的必然要求；发挥市场主导作用，激励企业真正成为技术创新的主体，实现自主创新、重点跨越、支撑发展、引领未来的国家创新驱动发展。

三

我国工业“大而不强”的根本原因在于我国自主创新能力较弱、科技创新对工业发展的战略支撑不足。我们必须通过大力实施创新驱动发展战略，提高自主创新能力，为工业发展注入强大动力。

向价值链高端延伸，促进我国产业逐步由生产制造型向生产服务型转变。2014年7月28日，国务院印发了《关于加快发展生产性服务业促进产业结构调整升级的指导意见》，明确以产业转型升级需求为导向，进一步加快生产性服务业发展。

科技服务业将成为促进科技经济结合的关键环节和经济提质增效升级的重要引擎。2014年10月28日，国务院发布了《关于加快科技服务业发展的若干意见》，明确指出通过推动科技创新和科技成果转化、促进科技经济深度融合，助力科技创新。未来将重点发展研究开发、技术转移、检验检测认证、创业孵化、科技金融等专业科技服务和综合科技服务，以提升科技服务业对科技创新和产业发展的支撑能力。

加快工业和信息化领域技术创新驱动发展，是应对新一轮技术革命和产业变革挑战的必然选择，是提升产业竞争力和综合国力、加快转变经济发展方式的战略支撑，是走中国特色新型工业化道路、建设生态文明社会的内在要求，是推动工业转型升级和两化深度融合的重要手段。

四

多年来，赛迪智库工业科技研究所一直致力于国内外工业科技创新、质量品牌和知识产权的跟踪研究，致力于我国工业科技面临的严峻形势和重大问题的深入分析，并按惯例将研究成果汇集于该所编写的蓝皮书中。这本《2014—2015年中国工业技术创新发展蓝皮书》分为综合篇、行业篇、地方篇、政策篇和展望篇，从多个角度较为全面地研究和分析了2014年主要发达国家（美国、日本、欧盟）和我国主要工业行业（装备、原材料、消费品、电子信息）以及部分省市（北京、上海、广东、四川、安徽）在工业技术创新、工业产品质量品牌、工业知识产权方面的重要成果，对各国的科技发展政策做了较为深入的研究分析，对2015年国内外工业科技发展趋势进行了展望。

当前，我们正处在全党、全国上下积极贯彻落实十八届三中、四中全会精神，积极推进创新驱动发展战略的重要阶段。创新已不再只是科技界的事情，而是集全党、全国的力量共同推进的重要工作，成为国家层面的发展战略。政府推动的着力点也不仅集中在创新活动本身，而是优先考虑如何营造公平竞争环境，激励企业和全社会创新。我们相信并积极迎接一个大众创业、万众创新的变革时代的到来。

工业和信息化部科技司司长 

目 录

综合篇

行业篇

地方篇

政策篇

展望篇

附　录

综 合 篇

第一章　2014年世界工业技术创新发展状况

第一节　世界工业技术创新情况

一、新形势下全球科技创新的发展态势和特征

随着信息网络技术的迅猛发展和深度应用，以及新能源、新材料、生物等领域的多点突破，新一轮科技革命和产业变革正在兴起。全球知识创造和技术创新的速度明显加快，学科交叉融合加速，科技创新活动不断突破地域、组织、技术的界限。传统意义上的基础研究、应用研究、技术开发和产业化的边界日趋模糊，技术更新和成果转化更加快捷，以新技术突破为基础的产业变革呈现加速态势。科技创新已成为经济结构调整和持续健康发展的决定性因素，许多国家都将创新提升到国家发展战略的核心层面，将创新作为刺激经济增长、提升国家竞争力的关键手段。奥巴马政府先后于2009年和2011年两次发布国家创新战略，期盼以技术创新的先发优势继续保持其全球领先地位。2010年，德国政府制定了“2020高科技战略”，确定了五大领域的关键技术和十大未来项目，2014年又决定将其扩展为一个“全面的、跨部门的国家创新战略”。

在新一轮科技革命和产业变革中，发达国家着力建设跨领域、协同化、网络化的创新平台，重组传统的制造业创新体系。以美国为例，在2012年3月提出建立“国家制造业创新网络（NNMI）”战略，计划投资10亿美元建设15个制造业创新中心（IMI）；2013年7月，进一步将创新中心数量从计划中的15个增加至45个。美国政府对这一计划倾注了很大的关注，积极投入财政资金予以扶持，目的就是仅仅盯住关系制造业未来竞争优势的关键前沿领域，连接工业企业、大

学、联邦机构和区域或国家组织，加强前沿领域的技术研发。

2012年8月，美国政府宣布由政府和私营企业共同出资8500万美元，建立国家3D打印机制造创新研究所，这是美国提出"国家制造业创新网络（NNMI）"战略以来第一个建立的制造业创新研究所。目前主要研究三项技术主题：一是打印材料特性和效能的研究；二是资格鉴定和认证测试；三是加工能力和过程控制。

2013年5月，美国宣布为5个联邦部门成立创新中心提供2亿美元联邦资金，5月9日建立美国国防部数字化制造和设计创新研究所，其关注焦点是在制造业企业范围内利用"数字线程"，高度集成制造和设计复杂的产品，以降低生产成本和时间。

同时建立的还有美国国防部轻量制造和现代金属制造创新研究所。其关注焦点是商业和国防应用中轻质部件和结构的集成设计和制造。通过试生产和实验测试，验证这些设计。

2014年1月，建立美国能源部下一代电力电子制造创新研究所，其关注焦点是电路设计、包装、模块制造能力，宽禁带半导体电力电子技术。

奥巴马在2014年美国国情咨文中承诺在2014年新建4个制造业创新研究所。它们分别是：

能源部复合材料创新研究所：该研究所将致力于先进复合材料（如碳纤维）的前沿研究，扩大其在轻量汽车、风力发电机叶片、天然气汽车高压罐和轻量、高效工业设备领域的应用。此外，还将制定先进复合材料的低成本、高速、高效制造及回收的具体流程，使其制造成本下降50%，能耗降低75%，未来10年循环率提高到95%以上[1]。

国防部集成光子制造业创新研究所：该所将聚焦于在美国建立端到端光子生态系统，包括国内代工制造、集成设计工具、自动封装、组装与测试，以及劳动力培训等[2]。

2014年12月11日，奥巴马政府宣布投入2.9亿美元用于建设国防部柔性混合电子研究所和能源部智能制造创新研究所，意味着奥巴马在2014年美国国情咨文中的承诺得以兑现。

---

[1] 资料来源：中国产业安全指南网，http://acs.mofcom.gov.cn/sites/aqzn/jrkd.jsp?contentId=2843232456655。
[2] 资料来源：人民网，http://scitech.people.com.cn/n/2014/1104/c1007-25969370.html。

二、发达国家“再工业化”和新兴经济体加速崛起

在科技创新、国际金融危机等多重因素的影响下，全球产业结构进入深度调整周期。发达国家纷纷实施“再工业化”和“制造业回归”战略，高端制造领域向发达国家回流的“逆转移”趋势出现端倪。随着3D打印、工业机器人等智能制造技术和装备的普及应用，以及生产成本等比较优势的动态变化，高端制造环节向发达国家回流可能性加大。

如美国制定了《重振美国制造业框架》、《先进制造伙伴计划》和《先进制造业国家战略计划》等一系列政策措施，从预算支出、税收、贸易等多方面推动制造业的回归和复兴。2011年，福特汽车公司宣布把1.2万个工作岗位从墨西哥和中国迁回美国；2012年陶氏化学、佳顿等公司也宣布回到美国投资生产线。2014年12月17日美国国会众议院通过了《复兴美国制造业创新法案（RAMI）》，即在10年内美国政府投资3亿美元用来打造先进制造业产业基地，新技术产业化是该制造业产业基地的重点。

2009到2012年欧洲深陷债务危机，德国经济却屹立不倒，依然坚挺，其经济增长的推力主要来自其基础产业——制造业，靠制造业维持的国际竞争力。就德国而言，传统的经济增长动力是制造业，制造业发展的好坏直接影响是德国工业的增长，基于这一现状，德国政府倾力推动新一代“工业革命”。2010年德国政府出台了《高科技战略2020》，提出了一揽子创新政策用于促进制造业发展。为使该政策得到落实，2012年德国出台了《十大未来项目》，这是多政府部门联合行动的计划，决定在2012—2015年间投入84亿欧元支持十大未来项目。德国政府推出的《“工业4.0”战略》就是十大未来项目之一，与可持续发展、能源供给结构改革等未来项目同步公布。主要是通过深度应用信息通信技术，掌控从需求到生产的所有流程，用于实现高效生产管理。

欧盟也提出了“再制造化”目标，旨在将工业占GDP的比重从2011年的15.1%提升到2020年的20%。

在制造业中低端领域，印度、巴西、越南等一些新兴经济体也纷纷发力，力图融入全球产业分工体系，在承接产业及资本转移、拓展国际市场空间等方面展开更加激烈的争夺。2014年9月，印度总理莫迪正式提出启动“印度制造”战略，并宣布一连串吸引外资的重大政策，以求将印度打造成全球制造王国。“印度制造”新政策将给有意在印投资的国内外企业提供一站式服务，并通过改革劳动法律和

税收，简化审批程序，吸引各界在印度投资设厂[1]。印度政府计划在2012—2017年间，投资一万亿美元用于基础设施建设，以解决印度经济发展的一大瓶颈。同时，巴西也发布了“工业强国计划”，提出了一系列促进制造业发展和吸引国际产业转移的政策措施。

三、新一代信息技术与工业融合发展程度不断加深

当前，信息化和互联网技术正在深入改变着全球生产生活方式。集成电路、人工智能、移动互联、新型传感器、3D打印等新技术的持续演进，推动产品、装备、工业、服务的智能化。基于新一代智能装备的新型生产组织方式正广泛普及，大批量集中生产方式逐步向分散化、个性化定制生产方式转变。基于信息物理生产系统（CPS）的智能工厂和智能制造模式正在引领制造方式的变革。全球研发设计、生产制造、服务交易等资源配置体系加速重组，网络众包、异地协同设计、大规模个性化定制、精准供应链管理等正在构建企业新的竞争优势，全生命周期管理、总集成总承包、互联网金融、电子商务等加速重构产业价值链新体系。

物联网、云计算、大数据、人工智能、机器学习等驱动人类智能迈向更高境界，引发全球劳动力市场的深刻变革。在廉价体力劳动不断被机器替代的同时，越来越多的脑力劳动正在被智能工具所替代，全球就业结构正在发生深刻的调整，智能机器带来的就业结构变化速度、规模和影响将超越三百年的工业化历史，人类正在进入“智能机器时代”。

四、2014全球创新指数

（一）欧洲国家引领2014全球创新指数

欧洲国家在“最具创新力经济体”排行中位居前列，在全球创新指数排名前30名内就有19个来自欧洲的国家或经济体，欧洲的国家和经济体更是一举拿下了整个排名的前5，遥遥领先于其他区域（见表1–1），其中瑞士已连续4年蝉联冠军。数据显示，排名前28位的经济体都是高收入经济体，新兴经济体中，中国、巴西、印度是创新领域的领头者，撒哈拉以南非洲国家在不发达经济体中具有良好表现和大幅进步。

[1] 资料来源：参考消息，http://finance.cankaoxiaoxi.com/2014/1016/530202.shtml。

（二）中国创新效率位居世界前列

2014 世界创新指数创新效率是由创新投入和创新产出的相比得出，创新投入共包括 5 个元素 :（1）机构、（2）人力资本和研究、（3）基础设施、（4）市场成熟度、（5）业务复杂性。创新产出有两个输出元素 :（1）知识和技术输出、（2）创造性的输出。

2014 世界创新指数创新效率平均值为 0.74，中国创新效率为 1.03，位居世界第二，种种数据显示，中高收入经济体在创新能力方面正在缩小与高收入经济体之间的差距，中国在创新领域的综合表现明显超出高收入经济体的平均水平。

“金砖四国”经济体发展轨迹出现变化的现象，与中国发展速度加快相关，其他金砖国家发展速度有所回落。如果中国发展速度继续提高，预计中国几年内在全球创新指数排名中会从第 29 位顺利进入前 25 位。

表 1–1 2014 全球创新指数前 30 名

国家/经济体	分数	排名	收入类型	类型排名	区域	区域排名	效率	效率排名
瑞士	64.78	1	高收入	1	欧洲	1	0.95	6
英国	62.37	2	高收入	2	欧洲	2	0.83	29
瑞典	62.29	3	高收入	3	欧洲	3	0.85	22
芬兰	60.67	4	高收入	4	欧洲	4	0.80	41
荷兰	60.59	5	高收入	5	欧洲	5	0.91	12
美国	60.09	6	高收入	6	北美洲	1	0.77	57
新加坡	59.24	7	高收入	7	东南亚和大洋洲	1	0.61	110
丹麦	57.52	8	高收入	8	欧洲	6	0.76	61
卢森堡	56.86	9	高收入	9	欧洲	7	0.93	9
中国香港	56.82	10	高收入	10	东南亚和大洋洲	2	0.66	99
爱尔兰	56.67	11	高收入	11	欧洲	8	0.79	47
加拿大	56.13	12	高收入	12	北美洲	2	0.69	86
德国	56.02	13	高收入	13	欧洲	9	0.86	19
挪威	55.59	14	高收入	14	欧洲	10	0.78	51
以色列	55.46	15	高收入	15	北非和西亚	1	0.79	42
韩国	55.27	16	高收入	16	东南亚和大洋洲	3	0.78	54
澳大利亚	55.01	17	高收入	17	东南亚和大洋洲	4	0.70	81
新西兰	54.52	18	高收入	18	东南亚和大洋洲	5	0.75	66

（续表）

国家/经济体	分数	排名	收入类型	类型排名	区域	区域排名	效率	效率排名
冰岛	54.05	19	高收入	19	欧洲	11	0.90	13
奥地利	53.41	20	高收入	20	欧洲	12	0.74	69
日本	52.41	21	高收入	21	东南亚和大洋洲	6	0.69	88
法国	52.18	22	高收入	22	欧洲	13	0.75	64
比利时	51.69	23	高收入	23	欧洲	14	0.78	55
爱沙尼亚	51.54	24	高收入	24	欧洲	15	0.81	34
马耳他	50.44	25	高收入	25	欧洲	16	0.99	3
捷克	50.22	26	高收入	26	欧洲	17	0.87	18
西班牙	49.27	27	高收入	27	欧洲	18	0.76	60
斯洛文尼亚	47.23	28	高收入	28	欧洲	19	0.78	53
中国	46.57	29	中高	1	东南亚和大洋洲	7	1.03	2
塞浦路斯	45.82	30	高收入	29	北非和西亚	2	0.77	56

数据来源：由美国康奈尔大学、欧洲商业管理学院和世界知识产权组织共同发布，2014年7月。

（三）创新支出增长稳中放缓，但预期良好

截至2013年，公共研发支持增长率的下降以及公司在研发支出力度上的放缓，成为导致全球研发支出总额总体增长放缓的主要原因，这种情况尤其在高收入国家尤其显著。如果未来的政策不足以达到刺激创新增长的目标，全球经济持续增长的希望可能会破灭。

2008年金融危机致使2014年全球经济的基础依然薄弱。政策制定者都在致力于有效地解决紧急短期财政压力。综合考虑，发达经济体经济缓慢复苏，新兴经济体经济增长加速，更加接近高收入国家，企业和投资者的脆弱信心正在逐步上升，世界主要经济研究机构对2015年创新发展的预测是非常积极的。

第二节　世界工业质量品牌情况

一、世界工业质量品牌的特点

从工业发达国家的实践可以看出，当一个国家处于工业化中后期，经济发展

和产业转型升级遇到巨大挑战，质量发展问题面临严峻而复杂形势的时候，大多数国家都会选择质量发展战略，将提高产品质量作为促进本国工业发展、调整产业结构、提高产品国际竞争力的重要举措。质量发展战略已经成为带动工业持续发展的重要手段。

一个国家的形象与印象，往往通过这个国家的自主品牌来展现。正如苹果、微软不断强化了美国的高科技形象，宝马、奔驰、大众则展现了德国的严谨。同样，自主品牌的发展也脱离不了政府的支持与帮助。为此，各国都在充分利用“看得见的手”与“看不见的手”，积极扶持本国的自主品牌参与国际竞争，从将“国家形象”与“品牌形象”打包行销，到为企业提供合适的环境与保护，其手段和路径亮点颇多。企业们同样在国际竞争中，努力寻找比较优势，力图为自己的品牌贴上更好的价值标签。产品品牌已经成为国家形象传播的重要标志。[1]

美国：美国是世界上最发达的国家，拥有许多享誉全球的品牌。根据2014年《福布斯》杂志最新评选出的全球最有价值品牌排行榜，苹果、微软、谷歌、可口可乐、IBM、麦当劳、通用电气、三星、丰田、路易登威位居前十位，美国品牌占据了前七席，外国品牌中只有韩国的三星、日本的丰田、法国的路易威登挤进前十。美国自主品牌的成功首先归功于政府的支持力度。政府在政策制定、资金扶持等方面采取了一系列优惠措施，如推进企业自主品牌的创建、鼓励企业创建区域自主品牌、立法保护自主品牌的知识产权、阻止外资恶意并购自主品牌等。这些措施的实施有力地推动了大企业和中小型企业更加重视自主品牌建设，视其为重要的无形资产，取得了良好的社会效应。[2]

日本：日本的企业一直特别重视自己品牌的质量，视品牌质量为企业的生命。时至今日，日本品牌已经在世界上占有一席之地，日本汽车、电子产品等品牌的商标更是打在了世界各地著名商场的广告牌上。无论是在海外市场上，还是在日本国内，日本品牌越来越被人们认可。在2014年《福布斯》杂志最新评选出的全球最有价值品牌中，丰田汽车位列第八位。日本为了鼓励国产品牌的发展，采取了一系列振兴出口和提升国产品牌影响力的政策，如严格限制进口，以进养出保“国货”发展，抑制了洋品牌过多进入日本，保证了私人企业和国产品牌的发展。又如，日本出台检查法，加强质量品牌把关，使出国商品“站得住脚”，20

[1] 王晓璐、孙卫华：《产品品牌与国家形象传播研究》，《新闻知识》2012年3月15日。
[2] 资料来源：《美国创建自主品牌靠“五推手”》，新华网2010年8月31日。

世纪 80 年代，日本品牌掀起了进军中国市场的热潮，日本政府特地制定了《出口检查法》，对出口商品进行严格的质量检查制度，有力地将东芝、丰田等品质硬、质量好的特点变成了金字招牌。

二、“BrandZ最具价值全球品牌100强”

“BrandZ 最具价值全球品牌 100 强”是 WPP 集团委托华通明略开展的一项调查，2014 年已发布第九个期。该排名是业内唯一根据品牌潜在客户和现有买家的观点、同时结合财务数据来计算品牌价值的排行榜，调查对象均为有公开财务数据的上市公司。

2014 年 6 月 20 日，WPP 集团在北京发布 2014 年 BrandZ 全球最具价值品牌百强榜，其中科技品牌表现强劲，谷歌超越苹果，成为全球最具价值的品牌，其年同比增长率为 40%，品牌价值为 1590 亿美元。中国腾讯则超越中国移动成为亚洲最具价值品牌。

表 1–2　2014 年 BRANDZ 全球最具价值品牌百强排行榜全榜单

排名	品牌	所属行业	品牌价值（百万美元）	品牌贡献	品牌价值上升比例	排名变化
1	谷歌	科技	158843	3	40%	1
2	苹果	科技	147880	4	–20%	–1
3	IBM	科技	107541	4	–4%	0
4	微软	科技	90185	4	29%	3
5	麦当劳	快餐	85706	4	–5%	–1
6	可口可乐	软印	80683	4	3%	–1
7	VISA	信用卡	79197	4	41%	2
8	AT&T	电信	77883	3	3%	–2
9	万宝路	烟草	67341	3	–3%	–1
10	亚马逊	零售	64255	3	41%	4
11	Verizon	电信	63460	3	20%	1
12	通用电气	企业集团	56685	2	2%	–1
13	富国银行	地区性银行	54262	3	14%	0
14	腾讯	科技	53615	4	97%	7
15	中国移动	电信	49899	3	–10%	–5
16	UPS	物流	47738	4	12%	–1

（续表）

排名	品牌	所属行业	品牌价值（百万美元）	品牌贡献	品牌价值上升比例	排名变化
17	工商银行	地区性银行	42101	2	2%	–1
18	万事达	信用卡	39497	3	42%	2
19	SAP	科技	36390	2	6%	0
20	沃达丰	电信	36277	3	–9%	–3
21	脸书	科技	35740	4	68%	10
22	沃尔玛	零售	35325	2	–2%	–4
23	迪士尼	娱乐	34538	4	44%	3
24	美国运通	信用卡	34430	4	46%	4
25	百度	科技	29768	4	46%	8
26	丰田	汽车	29598	3	21%	–3
27	德国电信	电信	28756	2	20%	0
28	汇丰银行	全球性银行	27051	3	13%	–3
29	三星	科技	25892	3	21%	1
30	路易威登	奢侈品	25873	4	14%	–1
31	星巴克	快餐	25779	3	44%	13
32	宝马	汽车	25730	4	7%	–8
33	中国建设银行	地区性银行	25008	2	–7%	–11
34	耐克	服装	24579	4	55%	22
35	百威	啤酒	24414	4	20%	–1
36	欧莱雅	个人护理	23356	4	30%	6
37	ZARA	服装	23140	3	15%	–2
38	RBC	地区性银行	22620	4	13%	0
39	帮宝适	婴儿护理	22598	5	10%	–7
40	家得宝	零售	22165	2	20%	1
41	爱马仕	奢侈品	21844	5	14%	–1
42	奔驰汽车	汽车	21535	4	20%	1
43	赛百味	快餐	21020	4	26%	8
44	澳洲联邦银行	地区性银行	21001	3	18%	4
45	甲骨文	科技	20913	2	4%	–9
46	Movistar	电信	20809	2	56%	20
47	TD	地区性银行	19950	3	12%	–1
48	埃克森美孚	石油天然气	19745	1	3%	–9

（续表）

排名	品牌	所属行业	品牌价值（百万美元）	品牌贡献	品牌价值上升比例	排名变化
49	惠普	科技	19469	2	19%	5
50	宜家	零售	19367	3	61%	24
51	澳新银行	地区性银行	19072	3	15%	1
52	吉列	个人护理	19025	4	7%	–7
53	壳牌	石油天然气	19005	1	8%	–4
54	中国农业银行	地区性银行	18235	2	–9%	–17
55	埃森哲	科技	18105	3	10%	–2
56	高露洁	个人护理	17668	4	2%	–6
57	花旗	全球性银行	17341	2	30%	7
58	联邦快递	物流	17002	4	24%	4
59	西门子	科技	16800	2	36%	13
60	古驰	奢侈品	16131	5	27%	8
61	ebay	零售	15587	2	–12%	–14
62	Orange	电信	15580	3	13%	–2
63	H&M	服装	15557	2	22%	6
64	英国电信	电信	15367	2	61%	30
65	美国合众银行	地区性银行	14926	3	9%	–2
66	乐购	零售	14842	4	–9%	–11
67	中国石化	石油天然气	14269	1	9%	0
68	中国银行	地区性银行	14177	2	0%	–10
69	雅虎	科技	14174	3	44%	23
70	本田	汽车	14085	3	14%	1
71	Twitter	科技	13837	4	New	New
72	思科	科技	13710	2	16%	5
73	DHL	物流	13687	4	53%	25
74	英国石油	石油天然气	12871	1	12%	4
75	俄罗斯联邦储蓄银行	地区性银行	12637	3	0%	–5
76	中国石油	石油天然气	12413	1	–7%	–11
77	平安保险	保险	12409	2	18%	7
78	LinkedIn	科技	12407	4	New	New
79	J.P. Morgan	全球性银行	12356	2	28%	14

（续表）

排名	品牌	所属行业	品牌价值（百万美元）	品牌贡献	品牌价值上升比例	排名变化
80	MTS	电信	12175	3	14%	2
81	中国人寿	保险	12026	2	-21%	-24
82	Woolworths	零售	11953	3	8%	-2
83	肯德基	快餐	11910	3	20%	8
84	福特	汽车	11812	3	56%	New
85	澳大利亚西太平洋银行	地区性银行	11743	3	17%	3
86	因特尔	科技	11667	2	-15%	-25
87	Chase	地区性银行	11663	3	8%	-6
88	百事可乐	软饮	11476	3	-5%	-13
89	丰业银行	地区性银行	11351	2	9%	-4
90	尼桑	汽车	11104	3	9%	-4
91	Santander	全球性银行	11060	3	20%	5
92	红牛	软饮	10873	4	3%	-9
93	MTN	电信	10221	3	-11%	-14
94	美国银行	地区性银行	10149	2	New	New
95	NTT DoCoMo	电信	10041	2	0%	-5
96	普拉达	奢侈品	9985	4	6%	-1
97	Paypal	支付	9833	4	New	New
98	荷兰商业银行	全球性银行	9771	3	29%	New
99	瑞银集团	全球性银行	9683	2	30%	New
100	ALDI零售	9,584	2	8%	-1	

数据来源：Millward Brown Optimor受WPP委托开展的2014年品牌价值TOP100强榜单。

三、世界发达国家工业质量品牌政策解读

2013年世界上美、日、德等经济强国采取了一系列强有力的措施，实现和带动了国民经济的良性发展，从其发展经验来看，从“生产率的世纪”到“质量的世纪”，建立起以质量品牌为核心的国际竞争力，走上工业大国向工业强国迈进的科学发展道路的成功经验值得借鉴。

（一）美国："质量振兴"，经济复兴的利器

美国作为世界质量管理的发源地，无论是"全面质量管理法"，还是"统计质量管理法"都源于美国。早期主要依靠操作者的技术；其后主要依靠事后检验；现在则是以预防为主，这是美国企业的质量管理思想经历的三个阶段。

在质量品牌方面，美国先后经历了两次大的历史性革命：第一次质量革命是美国人自身的质量革命，第二次则是为了迎接日本崛起而进行的质量革命。尽管美国经济一直笑傲全球，但是在第二次世界大战后由于企业忽视产品质量问题导致美国在工业领域的领先优势逐渐减少。20 世纪 80 年代初，日本产品质量开始崛起、市场竞争力持续增强的同时，美国工业却渐渐陷入危机。美国汽车、机床、家用电器、照相机等行业及数以万计的企业面临生存危机。在汽车行业，日本汽车公司领先于美国通用、福特和克莱斯勒三大司，尤其克莱斯勒甚至不得不申请破产保护，更是当时日本汽车、行业超越美国的一个明证，这在被称为"汽车王国"的美国引起了轩然大波。1980 年 6 月 24 日，美国播出了专题片《日本能，我们为什么不能？》，详细介绍了日本全面质量管理创造"日本奇迹"的情况，引领美国一场"质量振兴"的革命迅速兴起。

（二）日本：日本经济振兴，一次成功的质量革命

二战后初期，日本产品的质量在世界市场上几乎没有竞争力，"Made in Japan"——"日本制造"往往与"劣质品"是同一名词。

从历史来看，日本的经济振兴就是从抓质量开始的。20 世纪 50 年代，日本从美国引进了质量管理（Quality Control）理念，设立了戴明奖，之后开展了轰轰烈烈的"产业合理化运动"，将产品质量提升到了一定的历史高度，1960 年开展"质量月"活动。日本通过不懈努力逐渐超过了美国，创建了日本式的全面质量管理（Total Quality Control，简称 TQC），TQC 成为日本企业制胜的法宝。到 1970 年，质量管理开始在日本企业盛行。

从 20 世纪 70 年代开始，日本企业充分认识到了全面质量管理的价值，并从中获得巨大的收益。日本人逐渐地以科学眼光看待质量管理，并辅助计算机信息技术加以推广与运用，全面质量管理在这一阶段获得了新的发展。美国学者也曾称赞日本质量革命："日本的经济振兴，是一次成功的质量革命。"

（三）德国："质量强国"，二战后崛起的密码

二战后的德国经济陷入低迷，直到二十世纪五六十年代德国快速重建"经济奇迹"，出现了宝马、奔驰、西门子等知名品牌，世界为之振奋。德国制造长盛不衰，享誉世界，归根结底还是依靠严格的质量管理制度。据德国权威机构分析，德国国民经济增长的近三分之一是由技术标准贡献的。目前，德国在很多领域占领了国际标准制定的战略制高点，在ISO/IEC秘书处数量达165个，居世界第一。

十八世纪，英国通过工业革命，成为世界科技的排头兵。而与此同时，德国却还是个经济落后的农业国。德国为甩掉贫穷落后的帽子，积极向英国"学习"，而"学习方式"就是剽窃技术、假冒仿造。十九世纪上半叶，德国产品成为"价廉货次"的代名词。1887年，英国国会通过《商品法》，强令所有进入英国和其殖民地的产品一律必须打上"德国制造"的印章。英国人认为，"德国制造"就是假冒伪劣、价廉货次的典范；"德国制造"就是刻在德国人额头上的耻辱印记。于是"德国制造"在8月23日正式诞生了。因为早在1873年，曾经有一位德国设计师在参加了维也纳世博会后通过公开信的方式，讲述德国产品弊端，引起国内强烈震动，推动质量标准的发展。1918年3月，德国工业标准化委员会，制定发布了第一个德国工业标准"锥形销"。从此，德国政府大力推进质量和品牌提升，实施了"以质量推动品牌建设，以品牌助推产品出口"的政策。经过多年发展具有德国特色的"法律—行业标准—质量认证"管理体系更成为科学管理的代名词。"德国之声"称，德国人意气风发地让自己产品质量做到全球最好。一百多年来，任何一件"德国制造"产品都受到世界各国的认可。

第三节　世界工业知识产权和标准情况

一、"专利海盗"诉讼泛滥之势亟须加强规制

知识经济时代，知识资产成为一种重要的竞争性资源，专利等知识产权已经成为含金量最高的资本，运用知识资产参与市场竞争逐渐上升至企业战略层面。从世界范围看，以专利交易为核心的专利运营市场日趋繁荣，大批专利运营公司收购专利，形成高价值的专利组合，借此通过转让、许可、合资、建立战略联盟等途径获取利润。专利运营公司对塑造世界科技、商业生态功不可没，但也出现了一批专门借机发起诉讼索取巨额专利许可费用的"专利海盗"（Patent Troll）。

作为非实际利用专利的实体，它们以获取有经济价值的专利为前提，通过采取不对称优势从目标公司获取许可费，以及向特定种类的公司发起诉讼攻击等主要手段，获得巨额利润。这类企业虽然不销售产品或服务，却占到了今天美国的专利诉讼的绝大多数。据统计，2013 年谷歌（Google）遭遇了 43 起诉讼；威瑞森（Verizon）42 起；苹果（Apple）41 起；三星（Samsung）和亚马逊（Amazon）各 39 起；戴尔（Dell）和索尼（Sony）各 34 起；华为 32 起；黑莓（BlackBerry）31 起。值得注意的是，我国的华为公司也第一次进入了遭遇此类诉讼的公司榜单前列。从发展趋势看，这类专利诉讼有逐年递增之势，且增速惊人（具体参见图 1–1）。

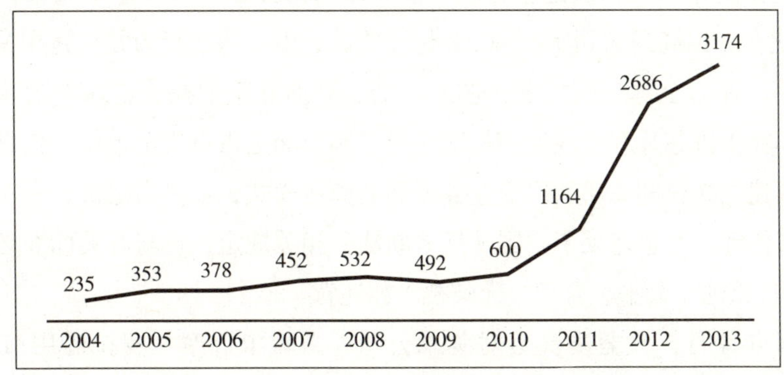

图1–1　2004—2013年由非实际利用专利实体发起的专利诉讼

数据来源：PatentFreedom。

专利海盗的敲诈勒索严重损害创新活动，对不少初创企业而言甚至可能造成致命性打击。基于此，美国司法部（U.S. Justice Department）、联邦贸易委员会（Federal Trade Commission）、专利和商标办公室（Patent and Trademark Office）以及白宫的一个工作组已发起对此类事件的研究。2014 年 1 月，美国总统奥巴马甚至在国情咨文演讲中大谈有必要进行专利改革，以遏制此类“无必要的官司”。2014 年 9 月，美国伊利诺斯州州长 Pat Quinn 签署通过了一项保护企业免遭“专利流氓”侵害的法案，新法禁止：专利律师函包含虚假或欺诈性信息；没有专利许可权或实施权的个人发送专利律师函；对不支付不合理专利许可费的人进行虚假诉讼威胁；发送未能指明主张专利权的个人或未能解释可疑侵权的专利律师函。美国的弗吉利亚州立法者也在积极通过立法整治专利流氓行为。目前，美国已有十多个州积极采取措施打击阻碍司法系统的泛滥的专利流氓和诉讼。我国企业遭受专利海盗诉讼侵扰日益增多，鉴于普遍专利储备薄弱，相关企业应高度重视，早做准备，严加防范；有关主管部门应积极着手研究应对之策。

二、与知识产权有关的反垄断问题日益受到关注

运用知识产权获取市场竞争优势地位成为知识产权优势企业参与市场竞争的典型做法，尤其是在知识产权密集、技术更新迅速、市场竞争激烈的产业，滥用知识产权以致对市场产生限制竞争影响的行为近年来日益增多，并因其影响广泛而深远备受关注。2015 年 2 月 1 日，国家发改委对全球移动芯片市场霸主——美国高通公司作出处罚决定，这起令业界瞩目的知识产权反垄断大案，历时逾 15 个月之久，以高通公司承担 60.88 亿元罚款、停止违法行为并实施相关整改措施而落幕。作为全球最大的手机芯片厂商，高通几乎把控着全球中高端手机的“命门”，在手机芯片和无线通信标准必要专利市场上占有支配地位。依靠这种地位，高通建立起获利高昂、广受业界诟病的商业模式，如过高定价、不对等交叉许可、搭售等，严重违反了我国《反垄断法》相关规定，也与有关标准必要专利的 FRAND 原则（公平、合理、无歧视）相违背。

2014 年 4 月，欧盟委员会对苹果公司、微软申诉摩托罗拉滥用市场支配地位案件作出裁定，认定摩托罗拉违反了欧盟反垄断法有关标准必要专利的 FRAND 原则，构成滥用市场地位。按照该原则，标准必要专利持有者应承诺在授权许可专利时做到公平、合理和无歧视（即坚持 FRAND 原则），防止利用专利优势进行不公平交易。而摩托罗拉拒绝许可苹果公司使用有关手机的部分标准必要技术专利（主要是 H264 视频编解码技术，802.11Wi-Fi 协议，以及 2GGPRS 移动通信数据传输），即使苹果公司愿意支付公平合理的专利授权费用。

2013 年 5 月华为公司在与美国 IDC 公司官司未了的同时，以美国 IDC 公司滥用市场支配地位，对华为等通信设备制造企业收取歧视性高价专利许可费为由向国家发改委申诉，2014 年 2 月国家发改委中止对该案调查。IDC 公司是一家不从事实质生产、以专利许可作为商业模式的研发型公司，掌握着 3G 无线通信技术标准（WCDMA、CDMA2000 和 TD-SCDMA 标准）中的标准必要专利，授权给华为的价格远高于苹果、三星，为此华为公司与 IDC 围绕专利许可费多次谈判，均未达成协议。2011 年 IDC 在美国起诉华为侵犯其 7 项标准必要专利，并申请对华为启动“337”调查及一系列禁令。而华为则以 IDC 滥用市场支配地位在我

国法院提起诉讼予以反击，并于2013年底获得法院判决支持，认定IDC公司对华为过高定价行为违反了我国《反垄断法》有关规定。

三、围绕产业、科技竞争制高点各国加强专利海外战略布局

全球金融危机以来，美国、德国、日本等主要发达国家纷纷推出新的增长战略，加大对创新的支持力度，力图通过新技术突破和新兴产业培育创造新经济增长点，围绕新一代互联网、生物技术、新能源、高端装备制造等新兴产业，各国加强专利储备和布局力度，试图运用专利抢占产业变革和未来发展的制高点。

工业机器人代表未来生产力，已成为当今世界工业领域不可或缺的“生产者”，在我国工业转型升级过程中扮演的角色越来越重要，成为促进传统产业升级的重要手段。工业机器人本体、减速器、伺服电机、控制系统等4个部分是其核心部件，这四个核心部件的成本分别占总成本的22%、24%、36%、12%，日本、美国等发达国家机器人行业巨头早已围绕这四个核心部件开展了专利布局。以RV减速器为例，我国专利申请仅为26件，均非核心技术专利，其中有效专利13件，发明专利只有2件；国外申请人在我国布局专利47件，其中有效专利为26件，且全部为发明专利。[1]我国机床行业在沈阳机床等龙头企业的引领下，整体技术基础尚好，创新活动活跃，专利数量增长加速，且专利申请质量有逐步提高势头，已进入世界机床PCT申请国家前十。但总体上讲，关键核心技术创新能力有待于提升，核心技术领域专利战略布局落后仍然十分明显。我国数控机床专利申请主要集中于机床主机、零部件和加工工艺等技术领域，专利申请量占到总量的67.8%，在作为数控机床核心技术的数控及测量系统方面，专利数量占比仅为6.6%和2.3%。

物联网应用前景广阔，受到了世界各国的普遍关注。美国、日本、韩国等国捷足先登，在核心关键技术方面占据了优势地位，并通过专利布局进一步巩固其优势。相比而言，我国物联网技术与国际巨头差距明显。在物联网核心关键技术RFID标签、非接触式智能卡、应答装置、发射接收器等方面，美、日、韩核心竞争优势明显，分列前三名。而我国在拓展物联网的实际应用层面上研发集中，逐步形成一定优势，但对核心关键技术的积累和布局明显不足。[2]

[1] 工控网《工业机器人专利布局：减速器和伺服电机差距大》，见http://gongkong.ofweek.com/2014-11/ART-310002-8420-28902734_3.html。
[2] 《当前形势下战略新兴产业分布探究》，安徽省商务厅，见http://www.ahbofcom.gov.cn/XXGK/TitleView.aspx?Id=135513。

新能源汽车产业已成为未来汽车的发展方向，各国在相关重点技术领域展开竞争。就混合动力汽车技术而言，日本以32176件专利申请量的绝对优势位居第一，美国以9422件专利申请位居第二，而我国仅为2608件，位列第五。在燃料电池汽车领域，日本也已经形成专利集团优势，尤其是传统汽车龙头丰田公司掌握了一大批关键和核心技术，[1] 确立了其在行业内的领先地位。美国紧随日本之后，通用汽车和福特汽车在整车生产方面居于领先地位。相比之下，中国目前在新能源汽车领域还不存在专利技术优势明显的企业，技术差距不容忽视。

[1] 《全球七大战略新兴产业实力分布图景》，来源：财富创业板，见http://www.cfcyb.com/news/26836750.html。

第二章　2014年中国工业技术创新发展状况

第一节　中国工业技术创新情况

2014年，围绕党的十八大提出的“着力构建以企业为主体、市场为导向、产学研相结合的技术创新体系”要求，通过落实信息化和工业化深度融合战略，着力推进产业技术创新、技术标准体系、企业知识产权和质量品牌等方面的工作，我国工业技术创新迈向了一个新高度。

一、产业创新体系初步形成，企业主体地位得到加强

企业技术创新主体地位逐步得到强化。构建了以企业为主导的产学研合作机制，鼓励行业骨干企业与高等院校、科研院所、上下游企业、行业协会等共建技术创新战略联盟，以多种形式，促进产学研紧密融合，实现重点领域核心技术突破和产业化。形成了国家、省、市三级培育认定体系，2014年共认定国家技术创新示范企业72家，技术创新示范企业两级认定体系已经初步形成。

引导企业加大技术创新力度。通过着力吸纳企业参与“核心电子器件、高端通用芯片及基础软件产品”、“新一代宽带无线移动通信网”、“高档数控机床与基础制造技术”等重大科技专项及战略性新兴产业发展专项的决策，产业化目标明确的项目由有条件的企业牵头组织实施。

支持中小企业创新发展。加大《国务院关于进一步支持小型微型企业健康发展的意见》（国发〔2012〕14号）等政策的落实力度。推动落实小微企业所得税减半征收政策，扩大政策覆盖范围。加快中小企业公共服务平台网络建设，深入实施中小企业知识产权战略推进工程和信息化推进工程，促进中小企业向“专精

特新”发展。

产学研协同创新更加深化。党的十八届三中全会明确提出了“建立产学研协同创新机制”，将产学研协同创新作为建设国家创新体系的重要途径，产学研合作已成为促进创新资源高效配置和综合集成的一种重要举措。据统计，2013 年，全国签订的产学研技术合同成交额达到 830.5 亿元，比上年增长了 19.17%，占全国技术合同成交额的 11.12%。我国在 3D 打印、纳米材料、生物医学工程等一些重点领域，已经建立起一批产学研创新战略联盟，组织开展了若干重大战略性问题的深入研究，推动重点产业转移对接。相关高校通过培育组建协同创新中心，确定了技术创新方向、汇聚了相关创新要素资源，逐步形成了协同创新的新平台和新机制。各行业协会也通过平台建设、组织培训、行业研究等对行业创新工作提供了重要支撑服务。

二、创新要素优势不断累积，R&D经费投入强度突破2%

2013 年，我国科技经费投入继续保持增长，国家财政科技支出稳步增加，研究与试验发展（R&D）经费投入力度加大。

从研究与试验发展（R&D）经费投入情况来看，2013 年全国共投入研究与试验发展（R&D）经费 11846.6 亿元，比上年增加 1548.2 亿元，增长 15%；研究与试验发展（R&D）经费投入强度为 2.08%，比上年提高了 0.1 个百分点，达到 1.98%。

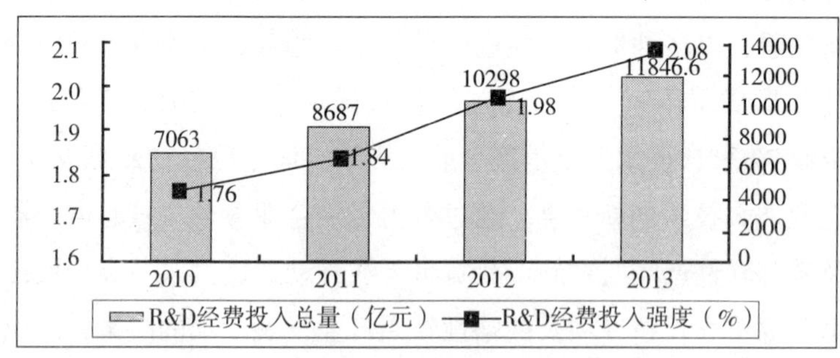

图2-1　2010—2013年我国R&D经费投入总量及研发投入强度情况

数据来源：《2010—2014 年全国科技经费投入统计公报》。

从活动主体看，企业作为研发投入的主体地位进一步得到巩固。2013 年各类企业研究与试验发展（R&D）经费 9075.8 亿元，比上年增长 15.7%，企业经费占全国经费总量的比重为 76.6%。

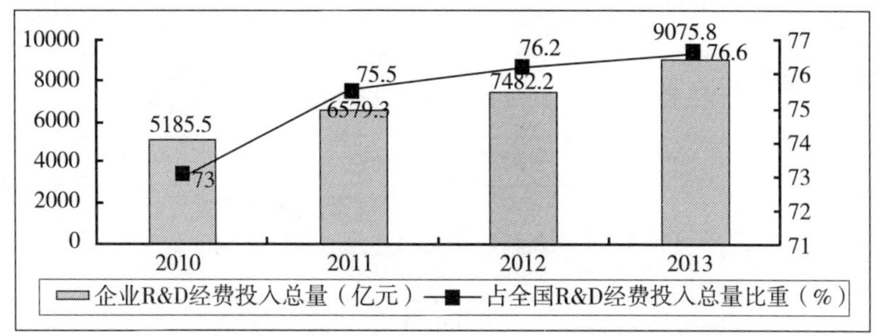

图2-2　2010—2013年我国企业R&D经费投入总量情况

数据来源：《2010—2014 年全国科技经费投入统计公报》。

从产业部门看[1]，研究与试验发展（R&D）经费超过 500 亿元的行业大类有 7 个，这 7 个行业经费占全部规模以上工业企业研究与试验发展经费的比重为 61.3%；研发经费在 100 亿元以上且投入强度（与主营业务收入之比）超过了工业企业平均水平的有 10 个行业。

表 2-1　2013 年分行业规模以上工业企业 R&D 经费情况

行业	R&D经费（亿元）	投入强度（%）	行业	R&D经费（亿元）	投入强度（%）
合计	8318.4	0.80	石油加工、炼焦和核燃料加工业	89.3	0.22
采矿业	292.6	0.43	化学原料和化学制品制造业	660.4	0.86
煤炭开采和洗选业	156.6	0.48	医药制造业	347.7	1.69
石油和天然气开采业	80.7	0.70	化学纤维制造业	66.8	0.95
黑色金属矿采选业	7.7	0.08	橡胶和塑料制品业	199.5	0.72
有色金属矿采选业	21.8	0.35	非金属矿物制品业	215.0	0.41
非金属矿采选业	7.2	0.15	黑色金属冶炼和压延加工业	633.0	0.83
制造业	7959.8	0.88	有色金属冶炼和压延加工业	301.1	0.64
农副食品加工业	173.0	0.29	金属制品业	230.0	0.69
食品制造业	98.5	0.53	通用设备制造业	547.9	1.26

[1]　产业部门仅包括规模以上工业企业，即年主营业务收入2000万元及以上的工业法人单位。

（续表）

行业	R&D经费（亿元）	投入强度（%）	行业	R&D经费（亿元）	投入强度（%）
酒、饮料和精制茶制造业	82.7	0.54	专用设备制造业	512.3	1.57
烟草制品业	22.1	0.27	汽车制造业	680.2	1.14
纺织业	158.5	0.44	铁路、船舶、航空航天和其他运输设备制造业	372.1	2.41
纺织服装、服饰业	69.3	0.36	电气机械和器材制造业	815.4	1.32
皮革、毛皮、羽毛及其制品和制鞋业	33.9	0.27	计算机、通信和其他电子设备制造业	1252.5	1.59
木材加工和木、竹、藤、棕、草制品业	27.2	0.23	仪器仪表制造业	149.3	1.99
家具制造业	22.5	0.34	电力、热力、燃气及水生产和供应业	66.0	0.11
造纸和纸制品业	87.8	0.68	电力、热力生产和供应业	58.4	0.10
印刷和记录媒介复制业	30.4	0.51	燃气生产和供应业	3.6	0.09
文教、工美、体育和娱乐用品制造业	49.6	0.38	水的生产和供应业	3.9	0.26

注：本表中工业行业分类按国民经济行业分类（GB/T 4754-2011）标准划分。
数据来源：国家统计局、科学技术部、财政部，《2013年全国科技经费投入统计公报》，2014年10月23日。

从地区看，江苏的研究与试验发展（R&D）经费占全国比重最高，达到了12.6%；北京地区的研究与试验发展（R&D）经费投入强度（与地区生产总值之比）最大，为6.08%。

表2-2　2013年各地区研究与试验发展（R&D）经费情况

地区	R&D经费（亿元）	R&D经费投入强度（%）
全国	11846.6	2.08
北京	1185.0	6.08
天津	428.1	2.98
河北	281.9	1.00
山西	155.0	1.23

（续表）

地 区	R&D经费（亿元）	R&D经费投入强度（%）
内蒙古	117.2	0.70
辽 宁	445.9	1.65
吉 林	119.7	0.92
黑龙江	164.8	1.15
上 海	776.8	3.60
江 苏	1487.4	2.51
浙 江	817.3	2.18
安 徽	352.1	1.85
福 建	314.1	1.44
江 西	135.5	0.94
山 东	1175.8	2.15
河 南	355.3	1.11
湖 北	446.2	1.81
湖 南	327.0	1.33
广 东	1443.5	2.32
广 西	107.7	0.75
海 南	14.8	0.47
重 庆	176.5	1.39
四 川	400.0	1.52
贵 州	47.2	0.59
云 南	79.8	0.68
西 藏	2.3	0.29
陕 西	342.7	2.14
甘 肃	66.9	1.07
青 海	13.8	0.65
宁 夏	20.9	0.81
新 疆	45.5	0.54

数据来源：国家统计局、科学技术部、财政部，《2013年全国科技经费投入统计公报》，2014年10月23日。

三、行业技术创新水平显著提升

产业基础支撑能力不断加强。为突破我国产业关键共性技术，夯实行业创新基础，自 2011 年发布《产业关键共性技术发展指南》（工信部科〔2011〕320 号）、2012 年组织实施“百项技术创新推进计划”以来，针对新一代信息技术、高端装备制造等重点领域，攻克了“申威 SW-3 众核处理器”、“高磁能积稀土永磁体”等一批共性关键技术并进行推广应用。同时，实施强化工业发展基础的重要工程——“工业强基工程”。2013 年以来，围绕装备制造和电子信息领域的关键技术和产品，工业和信息化部组织实施了一批工业强基示范项目，通过加大对基础领域产业关键共性技术的研究攻关，有效完善产业技术基础体系，为重点行业发展提供了技术支撑。

成果产业化程度得到有效提升。促进科技成果产业化是解决科技与经济脱节的重要措施。只有科技成果与市场需求紧密结合，完成从科学研究、试验开发、推广应用的多个环节，才能实现创新驱动发展的良好局面。近年来，围绕新技术、新材料、新工艺、高端装备等的集成应用和新模式、新机制的创新，工业和信息化部组织了 560 多个重大科技成果转化项目，新一代可循环钢铁流程工艺、清洁煤电成套装备等关键技术与装备的成果产业化，有效支撑了产业的转型升级。把技术改造作为促进创新成果产业化的重要途径，通过组织实施技术改造专项，促进工业企业采用一批新技术、新工艺、新设备、新材料来提升现有的基础设施、工艺条件及生产服务，推动科技与产业紧密结合，进一步加快创新成果产业化进程。

技术成果应用日益深入。在装备制造，智能制造、高端轨道交通、海洋工程等高端装备制造业，其产值占装备制造业的比重已超过 10%，海洋工程装备接单量占世界市场份额的 29.5%，工业机器人、增材制造等新兴产业得到了快速发展。2013 年，我国工业机器人销售量达到 36560 台，首次成为全球第一大销售国。在电子信息产业方面，“天河二号”超级计算机在全球最新排名中蝉联榜首；浪潮等成功研制出 32 路大型主机系统，并应用于电信、银行、电力等关键领域；TD-LTE 技术、产品、组网性能和产业链服务支撑推动能力等均得到了提升并进入全面商用。在原材料工业方面，百万千瓦级核电用银合金控制棒研制成功，千吨级芳纶产业化项目成功投产并稳定运行，煤制乙二醇成套技术和装备实现国产化，丁基橡胶等高端石化产品生产技术打破国外技术垄断。在消费品工业方面，智能节能家电、高性能电池、碳纤维、智能纺织印染装备、重大疾病防治新药创制等取得重要进展，药品质量安全保障水平进一步提高。

四、需要关注的几个问题

（一）缺乏重大突破性、颠覆性创新，自主创新能力亟待加强

我国科技创新取得了显著成就，专利申请数量大幅上升。2013 年全年境内授权专利 121 万件，跃居世界第一。但由于我国基础研究投入不足，取得的发明专利较少，仅占 17.1%，缺乏重大突破性、颠覆性创新，关键核心技术受制于人的局面仍然没有得到根本改变。

具体表现为：我国工业企业具有自主知识产权的产品较少，核心技术对外依存度仍然较高，产业发展需要的高端设备、元器件、关键零部件和关键材料等大部分仍依赖进口。例如，2013 年，我国市场上 80% 的芯片都依赖进口，进口总额达到了 2313 亿美元，同比增长了 20.5%，进口额超过了原油，是我国第一大进口商品。

由于创新能力不强，我国在国际分工中仍然处于技术含量和附加值较低的“制造—加工—组装”环节，而在国际分工中附加值较高的工程承包、研发、设计、营销、售后服务等关键环节缺乏核心竞争力。

（二）抢占技术与市场的制高点，必须从源头上改变产业技术薄弱的状况

重点产业领域关键核心技术仍未突破。目前，我国在新能源汽车电池、航空发动机、高性能集成电路、新型显示器件等关键领域的核心技术研发上进展缓慢。高端装备、关键设备和关键元器件等方面对外依存度高，当前 95% 的高档数控机床、85% 的集成电路仍依赖进口。

当前，新一轮以绿色、智能、泛在为特征的科技革命和产业变革正在兴起，全球产业技术创新呈现出新的发展态势。世界各国都积极加强以技术创新为核心的战略部署，以抢占未来经济科技发展的战略制高点。发达国家通过投资、税收等政策引导和支持，强化产业技术创新，大力发展先进制造业和新兴产业，巩固其技术和产业领先优势。新兴工业化国家和发展中国家正在成为接纳发达工业国家产业和资本转移的新阵地，并在能源资源和市场空间方面与我国进行更加激烈的争夺。我国要在如此激烈的竞争中抢占技术与市场的制高点，必须从源头上改变产业技术薄弱的状况。

（三）科技对产业的支撑不够，创新资源碎片化等问题亟待改变

我国技术创新突破往往只是某个领域的单项技术，关键共性技术的重要突破

十分缺乏，难以形成有效的创新链条，其相应的成果转化应用也难以部署产业链、融通资金链，技术创新对行业发展的支撑作用难以有效发挥。

我国科学体系完整，科技人力资源丰富，具备良好的实施创新驱动发展战略基础条件，应抓住当前的历史机遇，在新一轮科技革命和产业变革中抢占先机，实现规则主导；明确我国工业大而不强，企业的创新主体地位尚有待进一步发挥，自主创新原创力不足，创新成果转化不利，科技对产业的支撑不够，科技计划、投入、管理分散，创新资源碎片化等问题；着力加强科技创新统筹协调，加快建立健全各方面、各主体、各环节协同高效的国家创新体系，以产业技术创新带动产品、品牌和商业模式创新；从我国发展需求出发，积极主动整合和利用全球创新资源，携手解决能源、资源等世界难题，在更高起点上推进产业技术的自主创新。

第二节　中国工业质量品牌情况

纵观历史发展，德国、日本在工业化的过程之中，也经历了从初级产品的低质低量到高质高量，再到之后的高端创新制造。推动工业产品解除低端锁定、脱胎换骨的就是质量品牌这个武器。当前全球经济不景气，中国经济形势进入“新常态”，依靠传统的低端制造业来保持经济发展势头已经难以为继。作为一个新兴的工业化国家，我国制造业发展到了工业化中后期，由此而来最为迫切的“新问题”是:如何推进工业转型升级从制造业大国转变为制造业强国。解决这个“新问题”可以向老牌制造业强国的“老办法”学习，就是将质量品牌放到首要位置对待。对此，中央强调要坚持“创新驱动、质量为先、绿色发展、结构优化”的方针，强调了质量品牌对推进工业化转型升级建设制造业强国的首要位置。在此基础上提出了质量品牌战略，将质量品牌提升到国家工业基本国策的高度，充分体现了对质量品牌的重视和决心。

2014 年 3 月 15 日起，新版《消费者权益保护法》（2013 年第七号主席令）正式实施。这是《消费者权益保护法》正式实施 20 年后的一次全面修改，文中新权益、新责任更加注重公平，将天平向消费者适度倾斜，例如，维权纠纷举证责任倒置、提高消费欺诈惩罚赔偿额，甚至可由消协提起公益诉讼，极大地保证了消费者的权益。这对于规范市场，加强企业对质量品牌的关注度而言既是促进也是挑战。

2014年5月1日，最新修订的《中华人民共和国商标法》正式实施，自此，被企业奉为“三大荣誉”的“国家免检”、“中国名牌”、“驰名商标”全部退出了市场舞台。新商标法的颁布将企业品牌建设提到了一个新高度，少了浮华的“噱头”，没了“国家免检”的地板，少了“驰名商标”的瓷砖，摘掉了头顶光环，回归质量本质成为企业在今后发展中的唯一路径。

一、质量品牌促进经济结构转型升级

2014年出台了一系列相关政策以推进质量品牌工作。实施质量品牌战略，首先要把质量放到工业转型的第一位来。国务院为全面贯彻实施《质量发展纲要（2011—2020年）》，出台了《2014年工作行动计划（国办发〔2014〕18号）》，强调了重点领域的安全质量监管；加强市场的诚信体系建设；综合利用各种手段升级配套措施；利用各种手段来强化治理和能力建设。

按照工业与信息化部（简称工信部）《2014年工业质量品牌建设工作的通知》（工信部科函〔2014〕78号），重点工作包括：（1）实施工业质量品牌创新专项行动，对重点领域开展活动，以达到提高企业质量品牌形象的目的；（2）推进标准贯彻，提高企业质量信誉水平，利用各种标准、平台和一系列机制完善监督体系；（3）依靠各类协会、服务平台、专业机构等引导企业有针对性的深化推广先进质量管理方法；（4）从品牌培育体系、标准、管理能力评价、专业性人才和产业聚集品牌等相关问题入手，深化工业品牌培育；（5）围绕质量加大技改及科研力度，加强工业产品质量控制和技术评价实验室相关能力建设，全面提升实物工业品质量；（6）发动地方主管部门、协会等组织融入全国性的质量品牌活动，改善质量政策提高相关准入和质量水平要求，促进各行业协会积极性，规范市场质量品牌环境。2014年，工业和信息化部认定了30家“全国质量标杆企业”，举行了5期质量标杆经验专题研讨会，并将海尔集团、联想集团等企业的先进质量经验在全国进行推广，促进企业间互相学习，整体提高。另外，评选出42家“全国工业品牌培育示范企业”，举行工业企业品牌培育工作培训交流会推广品牌管理经验，推广品牌管理体系，指导品牌管理体系有效运行，培育新示范企业。开展产业集群区域品牌建设试点，北京经济技术开发区管理委员会等22家单位作为第一批试点工作组织实施单位，并在此基础上开展品牌建设工作。

二、各行业工业产品质量技术水平全面提升

在国家多方面政策支持，企业自身努力，以及市场消费者需求的倒逼下，我国工业产品质量不断得到提升。我国航空、航天、高铁、核能等高端制造业领域企业逐渐成为国际市场上具有竞争力的品牌，主要的机械产品及装备制造业逐渐摆脱低端定位，质量可靠性得到了较大提高。

但由于基础工业依然处于低端水平，高端产品的质量水平受“木桶效应”制约，在一些高端核心产品及技术上依然存在缺陷，与国际先进水平还有明显差距。其差距主要体现在：一是可靠性、安全性、测试性、维修性、保障性、环境适应性仍然是国产工业产品质量不高的主要方面；二是材料技术、加工技术、装配技术、综合测试技术等事关提高行业质量技术水平的共性技术依然存在问题；三是国内外质量标准并不接轨，国产工业产品缺乏进入国际市场的先决条件。

（一）装备制造业

装备制造业是国民经济的基础部门，对各行业的发展影响巨大。2014 年，我国装备制造业继续发展，涌现出一批高质量的产品。在国家农机补贴政策、小型轮式拖拉机强制性认证、联合收获（割）机拖拉机行业准入制度等多项政策影响下，农用机械产品质量得到明显改善，部分产品相关性能指标已经达到了国际先进水平；汽车行业呈现快速增长趋势，部分国内汽车零部件企业实力大幅提升，出现了一些在细分市场具有全球竞争力的企业；起重机行业近几年实现了“井喷式”发展，行业规模和企业规模越来越接近国际化经营的要求，技术上向智能化节能化模块化方向发展；数控机床、内燃机产品抽样合格率较前几年也有小幅提升；制冷设备及压力容器总体水平良好，部分检测指标已经达到发达国家水平；电动工具等工具类产品质量明显提升。

但与发达国家相比，我国装备制造业依然未能彻底摆脱“重主机轻配套”和“重洋轻土”的困境。部分关键技术及零部件仍主要依靠进口，成为制约行业质量提升的瓶颈。

（二）电子信息产业

目前，我国有一大批电子信息产品不仅生产规模在全球首屈一指，而且产品的质量和技术水平也不断提高，平板高清电视机、显示器、视盘机、投影机、台式 PC 机、笔记本电脑、电话机、传真机等日常生活办公用电子信息产品，一次

性合格率都在 90% 以上；移动通信基站、数字程控电话交换机、服务器、处理器、存储器、光纤光缆等网络通信设备质量相对比较稳定；智能手机、北斗接收终端芯片、光伏电池组件、光器件、光通信设备、半导体分立器件、低高频段 RFID 设备、卫星电视地面接收设备、移动通信用的多种天线、电子通用元件等产品的质量和技术水平有明显提升；动力锂电池、高等级传感器、LED 照明芯片、RFID 电子标签等产品，以及智能电视、立体电视、超高清电视等新家电的质量技术状况也有积极的改善。

但是，我国仍有相当部分电子信息产品质量技术较低，对外依赖程度较高。如集成电路的设计技术和制造工艺与国际先进水平差距很大；高等级传感器研发水平大约落后 10—15 年；平板显示器件生产技术与世界先进水平相差 2 代；国内手机企业缺乏专用芯片、底层软件、TFT 显示屏等核心技术；光预制棒的外包层技术的核心仍然没有掌握；电子专用设备与国外先进水平差距甚大；太阳能光伏组件用减反射膜玻璃产品质量抽检合格率仍达不到国际水平。

（三）软件服务业

目前我国信息安全软件如防火墙、网络安全隔离卡与线路选择器、安全隔离与信息交换产品、安全路由器等，均已纳入到“国家信息安全产品认证”范围，在政府部门、金融、证券基金、医疗、能源、广电、电力、民航、交通、文化等领域得到广泛应用。经多次国家监督抽查，部分国产信息安全软件产品质量较好，在国际上有一定影响力。近年来我国工业嵌入式软件产业保持着高速增长的态势，但是总体上关键技术和核心技术的质量水平达不到大规模产业化的要求，尤其是汽车工业、机械制造业等重点领域的工业嵌入式软件，在性能、可靠性等方面的整体质量水平与国外先进水平相比较还存在一定差距。应用软件在互联网化、移动化趋势的大背景下，取得长足发展，但由于软件工程化技术没有得到广泛的应用，同世界先进国家相比软件质量还有一定的差距。在桌面操作系统、大型数据库、工程软件等领域，我国与国际先进水平相比仍有很大差距，远不能满足我国国民经济和社会发展的需要。

（四）纺织行业

随着政府质量监督力度不断加大和企业质量管理意识持续增强，纺织产品质量正在逐步提高。2013 年纺织服装产品平均抽样合格率为 80.5%，比 2011 年的

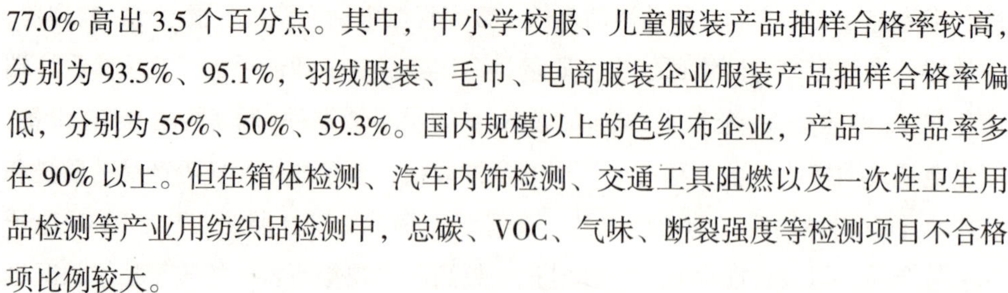

77.0% 高出 3.5 个百分点。其中，中小学校服、儿童服装产品抽样合格率较高，分别为 93.5%、95.1%，羽绒服装、毛巾、电商服装企业服装产品抽样合格率偏低，分别为 55%、50%、59.3%。国内规模以上的色织布企业，产品一等品率多在 90% 以上。但在箱体检测、汽车内饰检测、交通工具阻燃以及一次性卫生用品检测等产业用纺织品检测中，总碳、VOC、气味、断裂强度等检测项目不合格项比例较大。

（五）轻工行业

2013 年轻工行业主要产品质量有较大提升。可移式灯具产品国家监督抽查的合格率达到 99.2%，同比上升 5.4 个百分点；自行车产品国家监督抽查合格率为 95.8%；日用陶瓷产品检验的合格率为 96.8%；纸尿裤（含纸尿片、垫）产品国家监督抽查合格率为 98.5%；钟表产品达到现行标准优等指标，是 2003 年抽查以来合格率最高的一次。在关键技术及核心装备的自主研发方面也取得了较为显著进步，如全自动无菌包装机，其综合性能已经处于行业领先地位。又如基于引进建立的碱锰电池产业化技术已得到较好的掌握应用和消化吸收，技术质量水平不输国外产品，部分国产工艺装备的一些性能还优于国外。

目前国内轻工行业中中小企业数量庞大，受到资金、技术、人才、装备等方面限制，产品质量控制能力不强，产品合格率偏低，直接拉低了整个行业产品质量水平。另外，部分领域“三无”企业及无证产品仍然存在。譬如化学电池行业，生产企业超过 3000 家，其中超过 60% 的企业都未获得生产许可证，这些未获证企业产品质量很难保证。

三、中国质量品牌面临的问题与挑战

经过改革开放三十多年的发展，我国已经形成门类齐全、技术先进的工业体系。但是与中国工业发展不匹配的是，中国企业的质量品牌依然十分薄弱、极大地制约了我国产品走出去的步伐，具体体现为以下两点：

（一）质量成为制约我国制造业进一步升级发展的瓶颈

中国制造业总量居全球第一，500 多种工业产品中有 220 多种居世界第一，是名副其实的制造业大国。但我国远不是制造业强国，面对国际市场竞争，质量问题严重。

1. 制造业面临着“高不成低不就”的问题

在发明技术突破的同时，中国却面临着“高品牌低质量”的问题，这直接体现在装备制造技术上的落后。在装备制造业里，关键技术是极端制造能力，即对于特别精细或者特别大型的产品的生产加工能力，这些技术决定了高端产品的质量可靠性问题。中国产品在国际市场上往往是雷声大雨点小，大部分突破性的产品属于实验性质的“半成品”。当在进行产品化规模化的同时，这些制造水平上的短板就会让其出现各种质量可靠性上的问题，极大的影响了“中国制造”的品牌。只有扎实打好技术基础，落实关键共性技术，才能实现高端产品的跨越式发展，做强高端产品的质量。

2. 质量缺乏统一标准，乱象频出

纵观德国工业发展历史可以知道，质量并不是靠一个人或者一个企业的高标准严要求就能达到，而是需要由标准来作为“度量衡”，统一产品质量的下限，而企业的品牌则是由产品的上限来决定。一些行业，由于行业标准的缺失或者落后导致乱象频出；或求助于其他标准，导致标准虽然制定出来但企业无法执行；或标准太低，导致产品质量无法满足人民需求，等等。对于这种问题需要发挥科研机构、行业协会以及龙头企业的带动作用，结合行业需求与时俱进的形成行业标准。

谁掌握了国际行业标准，谁就掌握了行业话语权，引领市场风向及技术革新。许多国家将标准提高到了战略层面上来考虑：美国将计量、标准写进了国家全球战略，提出了质量促进方案；日本一直以来将“质量救国”作为国策，由首相牵头制定“知的基盘”，在世界范围内推广日本国际标准；德国为实施“工业 4.0”将制定质量标准作为核心战略。

3. 质量管理人才与管理水平与世界先进水平依然存在差距

国内质量管理理论起步较晚，在产品大规模碰上质量可靠性问题的时候，过去的理念是通过抓好产品设计、产品验收两头来控制产品质量，甚至有些企业只是通过简单的合格检验来控制质量，这背离了质量管理的原则，已经被证明无法保障质量的需求。质量是设计出来的，是制造出来的，是管理出来的，需要有一个完整的流程来保障产品的质量，这是一个管理性问题而不简单是一个技术性问题。日本在二十世纪五十年代的时候，即在规模化工业起步时，引进了美国先进的管理理念和技术，在此基础上发展出了具有本国特色的管理技术，并引领国际质量管理学界的潮流，奠定了“日本制造”质量技术领先全球的地位。中国需要

吸收国外先进质量管理经验，积极引进高端质量管理理念和人才；积极培育掌握先进质量管理技术的专业从业人员，满足工业转型升级对质量人才的需求；发展具有中国特色的质量管理理念，以适应中国工业转型升级面临的特色问题。

（二）“中国制造”还未形成一个清晰的品牌

中国在工业化发展过程中集聚了一定的资本和生产制造能力，同时在突破低端锁定，转入创新发展模式的时候面临重重问题。在2014年Interbrand世界品牌排行中，华为作为唯一一家中国企业排名第94位，这与中国世界第二的经济大国地位反差巨大。把品牌作为建设目标，而不是把品牌作为产品附属，已经成为企业提升利润空间，拓展产品销售渠道，打入国际市场的唯一选择。许多中国企业已经逐渐意识到树立品牌的重要性，但是依然缺乏科学的品牌管理策略和方法，将广告宣传和明星代言为核心思路创建品牌，而忽略了企业及产品本身。有些国内企业甚至通过国外注册洋品牌以达到欺骗消费者的目的，这也显示了企业急功近利的心态，没有认识到塑造企业品牌是一个长期的过程。

第三节　中国部分工业领域知识产权和标准情况

我国工业领域专利申请量增长迅速。截至2014年7月30日，我国工业行业九个相关领域中，发明和实用新型专利总量达到7613061件，占全国专利总量的82.4%；发明专利申请4416556件，占全国发明专利申请总量的81.8%；授权发明专利1210589件，占全国授权发明专利总量的83.2%；企业发明专利申请2547510，占九个行业发明专利总量的57.6%。但核心专利较少，基础专利和核心专利主要掌握在美、日、德等发达国家手中。与国外相比，我国的发明专利多由研究机构和高等院校申请掌握，推广应用和产业化水平差距巨大。

一、数控机床

机床行业专利密集。[1] 截止到2013年12月31日，全球专利申请2280282件，中国专利申请238010件，占全球总量的10.44%，世界排名第三。近五年，我国机床领域发明专利为60963件，占全国发明专利的2.4%。高档数控机床国家科技重大专项已形成计算机软件著作权250项。数控系统和加工中心是数控机床的

[1] 部分数据和内容由机械工业信息研究院提供。

两大关键技术领域。

数控系统领域，截止到 2013 年 12 月 31 日，全球共申请专利 51056 件，其中我国申请 1443 件，占全球总量的 2.84%，世界排名第五。近五年，中国数控系统专利申请数量保持在 130 件 / 年左右，其中国内申请人占半数以上，主要集中在沈阳高精、广州数控等四家企业。国外发那科公司和西门子公司分别在华申请 412 件、663 件，主要分布在数字控制器、控制装置等基础性技术领域，数量远超国内企业，国内企业在基础性技术领域创新发展面临专利壁垒。

加工中心领域，截止到 2013 年 12 月 31 日，全球共申请专利 391376 件，其中我国专利申请 27670 件，占全球总量的 7.07%，世界排名第二。近五年，中国加工中心专利申请数量年均增长 24.8%，其中国内申请人占 79.99%。目前，沈阳机床股份有限公司等企业已经基本掌握加工中心相关核心技术，是国内专利的主要申请人。与国外相比，国内企业约 1/3 的专利申请集中于基础设计、制造技术领域，国外企业 1/3 以上专利申请集中在刀库等提高加工效率的技术领域，表明我国在高精、高效加工技术以及机床可靠性等方面与国外差距较大。同时，国外企业试图通过发起知识产权诉讼限制国内机床企业的国际化发展做法值得注意。

二、船舶与海洋工程

知识产权已经成为船舶与海洋工程领域应对国际船市竞争的重要战略手段。截止到 2013 年 12 月 31 日，全球专利申请 292128 件，其中中国专利申请 27735 件，占全球总量的 9.5%，专利数量领先于日、韩，居世界首位。船用柴油机和动力定位系统是船舶与海洋工程领域的两大关键技术。[1]

船用柴油机领域，我国企业目前主要依赖于德国曼柴油机与透平公司（以下简称曼柴）和芬兰瓦锡兰集团（以下简称瓦锡兰）的许可证生产。曼柴与瓦锡兰等国外企业近年来持续加强在华专利布局，专利申请数量分别达到 219 件和 116 件，两家企业在智能化电子控制、高压共轨喷射、废气净化处理等核心技术领域构建了专利保护群，对我国企业形成专利合围之势；截止到 2013 年 12 月 31 日，在船用柴油机领域，全球共申请 8019 件，其中我国申请 1669 件，占全球总量的 20.8%。国内专利申请人专利申请主要集中在连杆、曲轴、气缸等关键零部件的生产加工领域，而在代表未来发展方向的高压共轨喷射、废气净化处理等先进技

[1] 部分数据和内容由中国船舶工业综合技术经济研究院提供。

术领域中缺少核心专利布局。

船舶动力定位系统，截止到2013年12月31日，全球共申请专利1,047件，我国专利申请196件。挪威“第三代”动力定位控制系统趋于成熟，并开始研发新一代绿色定位控制系统，其申请人在世界范围内申请专利183件，广泛在美国、澳大利亚和中国等23个国家和地区开展布局。而我国动力定位技术依旧处于“第二代”阶段，只有2件国际专利申请，与国外差距巨大。

三、新能源汽车

新能源汽车领域全球专利布局密集度较高。[1] 截止到2013年12月31日，全球专利申请为333170件。日、美、中、德、韩分列全球申请总量前五位，申请总量占全球申请总量的72%。各国的专利分布体现着各自的技术路线和战略取向。我国专利申请总量达到53223件，占全球总量的16%，且近五年以年均11%的幅度快速递增，主要集中在动力电池、燃料电池汽车以及整车控制（含附件）上，在插电式混合动力汽车、纯电动汽车、驱动电机方面的专利申请及布局较少；日本专利申请总量为67679件，占全球总量的21%，主要集中在插电式混合动力汽车、燃料电池汽车、动力电池、整车控制（含附件），分布均衡；美国专利申请总量为63114件，占全球总量的19%，主要集中在插电式混合动力汽车、燃料电池汽车和动力电池；德国专利申请总量为24756件，占全球总量的9%，主要集中在整车控制（含附件）；韩国专利申请总量为20179件，占全球总量的6%，主要集中在动力电池及燃料电池汽车。动力电池、燃料电池和整车控制是新能源汽车的三大关键核心技术领域。

动力电池领域，截止到2013年12月31日，全球专利申请总量76383件，我国申请21492件，占全球总量的28%。其中，东莞新能源、宁德时代、力神和比亚迪等企业是主要的申请主体。从专利结构来看，美、日、德在动力电池管理系统的专利比例较高，优势明显；而我国专利相对集中在电池材料，在管理系统上布局较少，实力较弱。在专利所体现的技术路线上各国也有所区别，以正极材料专利为例，我国主要以磷酸铁锂为主，而日、美、韩主要以三元材料和锰酸锂为主，我国在以三元材料为主的高比能量动力电池的专利布局较少。作为产业热点的特斯拉专利开放对产品平台、充电模式和技术标准等方面所带来的潜在影响，

---

[1] 部分数据和内容由中国汽车工程研究院提供。

产业应该给予足够的重视，并警惕来自与其技术相关联公司的专利诉讼风险。

燃料电池汽车领域，截止到 2013 年 12 月 31 日，全球燃料电池专利申请 63143 件。我国专利申请总量为 8251 件，占比 13%，位列日、美之后，居全球第三。大连物化所、上海神力、新源动力、清华大学等企业和高校是申请的主体。从专利结构来看，燃料电池电堆和辅助系统是各国燃料电池汽车专利布局的重点，分别占燃料电池汽车专利总量的 45% 和 37%，我国在此领域无明显优势。燃料电池电堆的核心是膜电极组件，我国膜电极组件的专利申请总量 1585 件，位列日、美之后，居全球第三位。日、美企业在全球及国内均有着大量的专利布局。

整车控制（含附件）领域，截止到 2013 年 12 月 31 日，全球专利申请总量 89,794 件，其中，美国占 20%，位居第一；日本占 14%，位居第二；我国占 12%，位列第三，其中奇瑞、比亚迪、长安是申请的主体。整车控制（含附件）中的核心技术是能量控制，美、日在此领域申请量分别为 12273 和 10232 件，我国申请总量为 9085 件，位列全球第三，但驱动系统能量控制、硬件设计、传动系统能量控制等核心专利大部分掌握在美、日的整车、零部件企业手中。

四、移动通信

移动通信专利密集度高，诉讼纠纷频发。其技术演进是以技术标准的迭代为基础，LTE/LTE-A 已成为第四代移动通信（4G）的主流技术。[1] 截止到 2013 年 6 月底，全球范围内 LTE/LTE-A 相关的专利申请总量达到 86,910 件，我国（含台湾地区）申请人在全球的专利申请量排名第一，占总量的 35.1%，美国申请人以总量的 26.6% 排名第二，其次是日本、欧洲和韩国。LTE/LTE-A 系统同时定义了频分双工（FDD）和时分双工（TDD）两种方式，从专利布局看，89.9% 的专利都能同时适用于两种双工方式，其共用技术是专利申请和技术发展的主流。

移动通信的竞争以标准专利为着力点。目前，国际上考量 4G 移动通信专利实力主要以 ETSI 披露的 LTE/LTE-A 专利为主要依据。截止到 2012 年 12 月 31 日，ETSI 共披露了 7619 件 LTE/LTE-A 专利，合并同族后，共得到 5176 个专利同族，我国企业占比为 19.6%，主要披露公司为华为、中兴和大唐；披露专利中授权专利 2746 件，占到专利总量的 53%，在授权专利中，我国专利占比 16.9%；从国别对比来看，美国的专利占比最高，占到总量的 29.4%，中韩实力相差不大，分

[1] 部分数据和内容由工业和信息化部电信研究院提供。

别以 19.6% 和 19.4% 位居第二和第三，其次是日本、瑞典、芬兰、加拿大等国家；从企业分布来看，专利集中度比较低，分布分散，三星、高通和华为分别排名前三；从技术分布来看，我国在移动性管理技术、帧结构、MBMS、随机接入技术方面具有一定优势，但在参考信号设计、控制信道设计和安全等方面不占优势，特别是在关键技术 MIMO 和 OFDM 方面占比不足 5%，远远低于美、日、韩等国家的占比。国内主要通信企业虽已经拥有一批 LTE/LTE-A 标准专利，并开始具有一定国际影响力，但由于起步较晚，在一些核心技术领域与发达国家仍存在着很大差距。

五、电子信息

电子信息技术涵盖计算机软件、半导体器件、集成电路等领域。[1] 截止到 2013 年 12 月 31 日，全球专利申请 41167165 件，我国专利申请 3221121 件，占全球总量的 7.82%，全球排名第三。近五年我国电子信息专利年均增长达 15.82%；集成电路布图设计共计申请 9279 件，发证 8536 件。软件著作权登记量达 164349 件，涵盖云计算、物联网、手机游戏等领域，年均增长 24.7%。我国电子信息知识产权主要集中在集成电路、智能终端、电子元器件和软件领域。

集成电路领域，我国专利主要分布在加工工艺和封装等技术，高端通用芯片、IP 核等核心技术相关专利积累与国外差距较大，专利布局缺失。

智能终端领域，华为、中兴、联想等企业积累了大量国内专利，海外布局取得较大突破，2013 年度中兴以 2309 件国际专利（PCT）位居全球第二，华为紧随其后，排名第三，在国际知识产权纠纷中赢得了主动。在语音识别技术领域，我国科大讯飞虽具有一定优势实力，但微软和索尼以 102 件和 126 件专利申请形成明显的优势。

传感器领域，美国和日本专利优势明显，在 MEMS 传感器的封装方法、结构设计和工艺等核心技术领域分别申请了 14209 件、7278 件专利，形成了专利丛林。而我国在传感器应用领域申请专利较多，有一定优势。

近年，跨国知识产权摩擦和纠纷接连不断，2013 年美国发起的 14 起涉及中国企业的 337 调查中，智能终端、传感器、消费电子等成为重点调查对象。随着我国企业海外专利布局的加强，布局领域从应用向核心转移，将会面临更为激烈的国外知识产权诉讼和摩擦。

[1] 部分数据和内容由工业和信息化部电子科学技术情报所提供。

第三章　2014年工业技术创新热点问题

热点一：深化体制改革，加强中央财政科研项目和资金管理

党的十八大提出了创新驱动发展战略，十八届三中全会做出了深化科技体制改革的具体部署，标志着我国已把科技创新摆在国家发展全局的核心位置。

一、加强科研项目和资金管理为实施创新驱动发展战略提供有力保障

为了深入落实十八大和十八届三中全会精神，创新科技管理方式，优化财政科研项目和资金的合理配置，提高经费使用的安全性和有效性，2014 年 3 月，国务院研究印发了《关于改进加强中央财政科研项目和资金管理的若干意见》(国发〔2014〕11 号)，(以下简称《意见》)。《意见》针对目前各级财政项目安排分散重复、管理不够科学透明、资金使用效益亟待提高等突出问题，按照《中共中央　国务院关于深化科技体制改革加快国家创新体系建设的意见》，就改进加强中央财政民口科研项目和资金管理提出若干举措。

《意见》坚持遵循规律、改革创新、公正公开、规范高效的原则，指出改进加强科研项目和资金管理的总体目标是加快建立适应科技创新规律、统筹协调、职责清晰、科学规范、公开透明、监管有力的科研项目和资金管理机制；基础前沿研究、战略高技术研究、社会公益研究和重大共性关键技术研究显著加强；财政资金使用效益明显提升，科研人员的积极性和创造性充分发挥，科技对经济社会发展的支撑引领作用不断增强，为实施创新驱动发展战略提供有力保障。

二、出台了优化财政科研项目和资金合理配置的具体举措

《意见》就改进加强中央财政科研项目和资金管理的具体工作任务进行了详细阐述。作为工业和信息化领域的行业主管部门，工信部深入贯彻落实《意见》，加强工信领域各类科技大小专项的资金管理。

一是加强科研项目和资金配置的统筹协调。优化整合中央各部门管理的科技计划（专项、基金等），对定位不清、重复交叉、实施效果不好的，要通过撤、并、转等方式进行必要调整和优化；建立健全统筹协调与决策机制，加强科技发展优先领域、重点任务、重大项目等的统筹协调；建设国家科技管理信息系统，2015年底前基本实现与地方科研项目数据资源的互联互通，建成统一的国家科技管理信息系统，并向社会开放服务。

二是实行科研项目分类管理。基础前沿科研项目突出创新导向，公益性科研项目聚焦重大需求，市场导向类项目突出企业主体，重大项目突出国家目标导向。

三是改进科研项目管理流程。改革项目的指南制定和发布机制，规范项目立项，明确项目过程管理职责，加强项目验收和结题审查。

此外，明确了通过改进科研项目资金管理，加强科研项目和资金监管。规范科研项目资金使用行为，改进科研项目资金结算方式，完善科研信用管理，加大对违规行为的惩处力度。

最后，加强相关制度建设，明确和落实各方管理责任。建立健全信息公开制度，建立国家科技报告制度，改进专家遴选制度，完善激发创新创造活力的相关制度和政策；项目承担单位要强化法人责任，有关部门要落实管理和服务责任。

热点二：坚持创新驱动，加快生产制造与信息技术服务融合

2014年7月28日，国务院印发了《关于加快发展生产性服务业促进产业结构调整升级的指导意见》（国发〔2014〕26号，以下简称《指导意见》）。《指导意见》的出台，对我国生产性服务业发展作出全面部署，意义重大。

一、向价值链高端延伸，促进我国产业逐步由生产制造型向生产服务型转变

《指导意见》包括四个部分：总体要求、发展导向、主要任务、政策措施。

总体目标是实现服务业与农业、工业等实现更高水平上有机融合，推动我国产业结构优化调整，促进经济提质增效升级。发展导向是以产业转型升级需求为导向，进一步加快生产性服务业发展，引导企业进一步打破“大而全”、“小而全”的格局，分离和外包非核心业务，向价值链高端延伸，促进我国产业逐步由生产制造型向生产服务型转变。主要发展方向是鼓励企业向产业价值链高端发展、推动农业生产和工业制造现代化、加快生产制造与信息技术服务融合。

《指导意见》明确了现阶段我国生产性服务业迫切需要加快发展的 11 项重点任务。分别是：研发设计、第三方物流、融资租赁、信息技术服务、节能环保服务、检验检测认证、电子商务、商务咨询、服务外包、售后服务、人力资源服务和品牌建设。

二、提出坚持创新驱动、加快生产制造与信息技术服务融合

在工业技术创新方面，《指导意见》明确提出坚持创新驱动、推动工业制造现代化，加快生产制造与信息技术服务融合。

鼓励工业企业向着价值链高端发展。鼓励有能力的工业企业重点围绕提高研发创新和系统集成能力，发展市场调研、产品设计、技术开发、工程总包和系统控制等业务。加快发展专业化设计及相关定制、加工服务，建立健全重大技术装备第三方认证制度。

推进工业制造现代化。面向产业集群和中小企业的基础工艺、基础材料、基础元器件研发和系统集成以及生产、检测、计量等专业化公共服务平台建设，开展工程项目、工业设计、产品技术研发和检验检测、工艺诊断、流程优化再造、技能培训等服务外包，整合优化生产服务系统。

加快生产制造与信息技术服务融合。鼓励将数字技术和智能制造技术广泛应用于产品设计和制造过程，丰富产品功能，提高产品性能。运用互联网、大数据等信息技术，积极发展定制生产，满足多样化、个性化消费需求。

热点三：全面提升知识产权综合能力，推动经济提质增效升级

2014 年 12 月，为进一步贯彻落实《国家知识产权战略纲要》，全面提升知识产权综合能力，实现创新驱动发展，推动经济提质增效升级，国务院办公厅印

发《关于深入实施国家知识产权战略行动计划（2014—2020年）的通知》（国办发〔2014〕64号）。

一、主要目标

到2020年，知识产权法治环境更加完善。创造、运用、保护和管理知识产权的能力显著增强，知识产权意识深入人心，知识产权制度对经济发展、文化繁荣和社会建设的促进作用充分显现。

知识产权创造水平显著提高。知识产权拥有量要进一步得到提高，结构明显得到优化，形成一批拥有国外专利布局和全球知名品牌的知识产权优势企业。

知识产权运用效果显著增强。知识产权密集型产业增加值占国内生产总值的比重显著提高，知识产权服务业快速发展，服务能力基本满足市场需要，对产业结构优化升级的支撑作用明显提高。

知识产权保护状况显著改善。知识产权保护体系更加完善，司法保护主导作用充分发挥，行政执法效能和市场监管水平明显提升。

知识产权管理能力显著增强。知识产权行政管理水平明显提高，国家科技重大专项和科技计划实现知识产权全过程管理；重点院校和科研院所普遍建立知识产权管理制度；企业知识产权管理水平大幅提升。

知识产权基础能力全面提升。构建国家知识产权基础信息公共服务平台，确保知识产权人才队伍规模充足、结构优化、布局合理、素质优良。

二、四大行动计划

第一，促进知识产权创造运用，支撑产业转型升级。

推动知识产权密集型产业快速发展。注重知识产权质量和效益，通过优化产业布局、引导产业创新，促进产业提质增效升级。面向产业集聚区、行业和企业，实施专利导航试点项目，开展专利布局，在关键技术领域形成一批专利组合，构建支撑产业发展和提升企业竞争力的专利储备。建设一批知识产权密集型产业集聚区，构筑产业竞争优势。

第二，加强知识产权保护，营造良好市场环境。

贯彻落实《国务院批转全国打击侵犯知识产权和制售假冒伪劣商品工作领导小组〈关于依法公开制售假冒伪劣商品和侵犯知识产权行政处罚案件信息的意见（试行）〉的通知》（国发〔2014〕6号），切实推进侵犯知识产权行政处罚案件信息公开，震慑违法者。

加强重点领域知识产权行政执法。积极开展执法专项行动，重点查办跨区域、大规模和社会反响强烈的侵权案件，加大对民生、重大项目和优势产业等领域侵犯知识产权行为的打击力度。

推进软件正版化工作。贯彻落实《国务院办公厅关于印发政府机关使用正版软件管理办法的通知》（国办发〔2014〕88号），巩固政府机关软件正版化工作成果，进一步推进国有企业软件正版化。完善软件正版化工作长效机制，推动软件资产管理、经费预算、审计监督、年度检查报告、考核和责任追究等制度落到实处，确保软件正版化工作常态化、规范化。

第三，强化知识产权管理，提升管理效能。

强化科技创新知识产权管理。加强国家科技重大专项和科技计划知识产权管理，促进高校和科研院所知识产权转移转化；落实国家科技重大专项和科技计划项目管理部门、项目承担单位等知识产权管理职责，明确责任主体；将知识产权管理纳入国家科技重大专项和科技计划全过程管理，建立国家科技重大专项和科技计划完成后的知识产权目标评估制度。探索建立科技重大专项承担单位和各参与单位知识产权利益分享机制。完善知识产权审查制度。优化审查方式，提高知识产权审查质量和效率。完善知识产权申请与审查制度，完善专利审查快速通道，建立商标审查绿色通道和软件著作权快速登记通道。在有关考核评价中突出专利质量导向，加大专利质量指标评价权重。

第四，拓展知识产权国际合作，推动国际竞争力提升。

通过加强与国际组织合作，巩固和发展与主要国家和地区的多双边知识产权交流；支持企业“走出去”，及时收集发布主要贸易目的地、对外投资目的地知识产权相关信息。

加强知识产权培训，支持企业在国外布局知识产权。加强政府、企业和社会资本的协作，在信息技术等重点领域探索建立公益性和市场化运作的专利运营公司。

三、三大基础工程

第一，知识产权信息服务工程。推动专利、商标、植物新品种、版权、地理标志、遗传资源、民间文艺等各类知识产权基础信息公共服务平台互联互通，实现基础信息共享。知识产权基础信息资源免费或低成本向社会开放，基本检索工具免费供社会公众使用，提高知识产权信息利用便利度。

第二，知识产权调查统计工程。通过开展知识产权统计监测，以全面反映知识产权发展状况。逐步建立和完善知识产权产业、知识产权服务业的统计制度，明确统计范围、统一指标口径，在新修订的国民经济核算体系中体现知识产权内容。

第三，知识产权人才队伍建设工程。建设若干国家知识产权人才培养基地，推动建设知识产权协同创新中心，深入开展百千万知识产权人才工程，建立面向社会的知识产权人才库。

热点四：新能源汽车产业链逐步完善，专利稳步增长

新能源汽车行业持续升温，政策利好频现，动力电池等产业链环节逐步得到完善。在政策与市场的双重刺激下，新能源汽车产销量持续快速增长。2014 年，我国新能源汽车累计生产8.39万辆，同比增长近4倍；其中，纯电动商用车生产1.57万辆，同比增长近 4 倍，插电式混合动力商用车生产 1.38 万辆，同比增长近 2 倍。此外，2014 年新能源客车产量为 26217 辆，比上一年增长 1.42 倍，总产量超过了此前几年生产的新能源客车总和。其中，纯电动客车 12904 辆，比上一年增长 6.54 倍；插电式混合动力客车 13313 辆，比上一年增长 8.93 倍；传统混合动力客车 1193 辆，比上一年减少 86%。

一、“政府驱动”政策迭出，“市场驱动”日益凸显

2014 年 6 月，财政部、工信部和国家发展与改革委员会（简称国家发改委）等部门联合制定的《政府机关及公共机构购买新能源汽车实施方案》，明确规定至 2016 年，公车采购中购买的新能源汽车占当年配备更新总量的比例不低于 30%，这有望为新能源车带来超过 300 亿元的市场空间。

2014 年 7 月，国务院办公厅印发《关于加快新能源汽车推广应用的指导意见》（以下简称《指导意见》）。《指导意见》明确指出发展新能源汽车的战略导向，明确重点发展纯电动汽车、燃料电池汽车、插电式混合动力汽车，坚持市场主导和政府扶持相结合的原则，建立长期稳定的新能源汽车发展政策体系。2014 年 7 月，国家发改委发布《关于电动汽车用电价格政策有关问题的通知》，明确对电动汽

车充换电设施用电实行扶持性电价政策，私家车执行居民电价，进一步降低新能源汽车的用车成本。

2014 年 8 月，工信部等三部门发布《关于免征新能源汽车车辆购置税的公告》，明确自 2014 年 9 月 1 日至 2017 年 12 月 31 日，对购置的新能源汽车免征车辆购置税。

目前，新能源汽车发展正处于从“政策驱动”向“市场驱动”的转换阶段，产业链配套环节逐步趋向成熟，不少企业巨头加大产业布局力度。例如，富士康投入逾 20 亿元布局锂电池生产线；松下与特斯拉达成协议，总投资 60 亿元建超级电池厂。在国内，东方一脉新能源科技（杭州）有限公司的动力电池项目成功入围国家 863 计划，自主研发的“主动均衡技术”破解了纯电动汽车锂电池难解的“一致性”问题，让电池更安全、更耐用。

二、锂电池专利不断突破为新能源汽车产业链完善提供有力支撑

锂离子二次电池作为新型高电压、高能量密度的可充电电池，其显著特点是：重量轻、储能大、无污染、无记忆效应、使用寿命长。实验证明，在同体积、同重量的情况下，锂电池的蓄电能力是镍氢电池的 1.6 倍、是镍镉电池的 4 倍。作为一种真正的绿色环保电池，对环境不会造成污染，是目前最佳的能应用到电动车上的电池。

在发展新能源汽车的激烈竞争中，许多知名的汽车制造商均致力于开发动力锂电池汽车，如美国的福特、克莱斯勒，日本的丰田、三菱、日产，韩国的现代，法国的 Courreges、Ventury 等。国内汽车制造商如比亚迪、吉利、奇瑞、力帆等企业也纷纷在自己的混合动力和纯电动汽车中搭载动力锂电池装备。

自 20 世纪 90 年代，我国就开始致力于开发和利用锂离子电池，目前已取得了突破性进展。2014 年，中国海诚两项隔膜技术获得国家发明专利，该技术将有效提升动力电池安全性能；安泰科技获得锂电池正极材料相关专利；红星发展的三元正极材料前驱体的制备方法获得国家发明专利。这表明，我国在新能源汽车产业链上取得了重要技术突破。上述国内相关专利技术的获批，将进一步打开隔膜市场进口替代空间，也为我国电动汽车产业链建设提供强有力的支撑和保障。

热点五：加快长江经济带发展，推动沿江产业向创新驱动转变

长江是货运量位居全球内河第一的黄金水道，长江通道是我国国土空间开发最重要的东西轴线，在区域发展总体格局中具有重要战略地位。为更好地依托黄金水道推动长江经济带发展，打造中国经济新支撑带，2014 年 9 月 12 日，国务院发布了《关于依托黄金水道推动长江经济带发展的指导意见》（国发〔2014〕39 号）（简称《意见》）。

一、坚持创新驱动、融合发展、双向开放、生态文明的原则推动长江经济带发展

《意见》提出了坚持创新驱动、融合发展、双向开放、生态文明的基本原则以加快推动长江经济带发展。

第一，改革引领、创新驱动。坚持制度创新、科技创新，推动重点领域改革先行先试。健全技术创新市场导向机制，增强市场主体创新能力，促进创新资源综合集成，建设统一开放、竞争有序的现代市场体系。

第二，通道支撑、融合发展。以沿江综合运输大通道为支撑，促进上中下游要素合理流动、产业分工协作。着力推进信息化和工业化深度融合，积极引导沿江城镇布局与产业发展有机融合，持续增强区域现代农业、特色农业优势。

第三，海陆统筹、双向开放。深化向东开放，加快向西开放，统筹沿海内陆开放，扩大沿边开放。更好推动“引进来”和“走出去”相结合，更好利用国际国内两个市场、两种资源，构建开放型经济新体制，形成全方位开放新格局。

第四，江湖和谐、生态文明。建立健全最严格的生态环境保护和水资源管理制度，加强长江全流域生态环境监管和综合治理，尊重自然规律及河流演变规律，协调好江河湖泊、上中下游、干流支流关系，保护和改善流域生态服务功能，推动流域绿色循环低碳发展。

二、推动沿江产业由要素驱动向创新驱动转变，促进产业转型升级

为顺应全球新一轮科技革命和产业变革趋势，推动沿江产业由要素驱动向创新驱动转变，大力发展战略性新兴产业，加快改造提升传统产业，大幅提高服务

业比重，引导产业合理布局和有序转移，培育形成具有国际水平的产业集群，增强长江经济带产业竞争力。该《意见》在创新驱动促进产业转型升级上提出了七条实现途径：

第一，增强自主创新能力。强化企业的技术创新主体地位，引导创新资源向企业集聚，培育若干领军企业。设立新兴产业创业投资基金，激发中小企业创新活力。深化产学研合作，鼓励发展产业技术创新战略联盟。在统筹考虑现状和优化整合科技资源的前提下，布局一批国家工程中心（实验室）和企业技术中心。

第二，推进信息化与产业融合发展。支持沿江地区加快新一代信息基础设施建设，完善上海、南京、武汉、重庆、成都等骨干节点，进一步加强网间互联互通，增加中上游地区光缆路由密度。大力推进有线和无线宽带接入网建设，扩大4G(第四代移动通信）网络覆盖范围。推进沿江下一代互联网示范城市建设，优化布局数据中心，继续完善上海、云南面向国际的陆海缆建设。

第三，培育世界级产业集群。以沿江国家级、省级开发区为载体，以大型企业为骨干，打造电子信息、高端装备、汽车、家电、纺织服装等世界级制造业集群，建设具有国际先进水平的长江口造船基地和长江中游轨道交通装备、工程机械制造基地，突破核心关键技术，培育知名自主品牌。在沿江布局一批战略性新兴产业集聚区、国家高技术产业基地和国家新型工业化产业示范基地。

第四，加快发展现代服务业。改革服务业发展体制，创新发展模式和业态，扩大服务业对内对外开放，放宽外资准入限制。围绕服务实体经济，优先发展金融保险、节能环保、现代物流、航运服务等生产性服务业。依托国家高技术服务业基地，发展信息技术、电子商务、研发设计、知识产权、检验检测、认证认可等服务产业。

第五，打造沿江绿色能源产业带。研究制定新城镇新能源新生活行动计划，大力发展分布式能源、智能电网、绿色建筑和新能源汽车，推进能源生产和消费方式变革。

第六，提升现代农业和特色农业发展水平。保护和利用好长江流域宝贵农业资源，推进农产品主产区特别是农业优势产业带和特色产业带建设，建设一批高水平现代农业示范区，推进国家有机食品生产基地建设，着力打造现代农业发展先行区。

第七，引导产业有序转移和分工协作。按照区域资源禀赋条件、生态环境容量和主体功能定位，促进产业布局调整和集聚发展。支持和鼓励开展产业园区战略合作，建立产业转移跨区域合作机制，以中上游地区国家级、省级开发区为载体，建设承接产业转移示范区和加工贸易梯度转移承接地，推动产业协同合作、联动发展。

三、创新区域协调发展体制机制

打破行政区划界限和壁垒，加强规划统筹和衔接，形成市场体系统一开放、基础设施共建共享、生态环境联防联治、流域管理统筹协调的区域协调发展新机制。主要通过建立区域互动合作机制、推进一体化市场体系建设、加大金融合作创新力度、建立生态环境协同保护治理机制、建立公共服务和社会治理协调机制等措施来实现。建立区域协调配合的安全监管工作机制，加强跨区域重点工程项目的监管，有效预防和减少生产安全事故。完善集中连片特殊困难地区扶贫机制，加大政策支持力度。

热点六：加快发展科技服务业，助力科技创新

科技服务业是现代服务业的重要组成部分，具有人才智力密集、科技含量高、产业附加值大、辐射带动作用强等特点。总体上我国科技服务业仍处于发展初期，存在诸如市场主体发育不健全、服务机构专业化程度不高、高端服务业态较少、缺乏知名品牌、发展环境不完善、复合型人才缺乏等问题。2014年10月28日，国务院发布了《国务院关于加快科技服务业发展的若干意见》（国发〔2014〕49号）（以下简称《意见》)，加快发展科技服务业，推动科技创新和科技成果转化、促进科技经济深度融合，助力科技创新。

一、科技服务业将成为经济提质增效升级的重要引擎

《意见》明确指出：到2020年，基本形成覆盖科技创新全链条的科技服务体系，科技服务市场化水平和国际竞争力明显提升，服务科技创新能力大幅增强，培育一批拥有知名品牌的科技服务机构和龙头企业，形成一批科技服务产业集群，涌现一批新型科技服务业态，科技服务业产业规模达到8万亿元。

《意见》指出未来将重点发展研发、技术转移、检验检测认证、科技金融、

知识产权、科技咨询、创业孵化、科普等专业和综合科技服务。

第一，发展研究开发及其服务。加大对基础研究的投入力度，支持多形式的应用研究和试验发展活动；支持高校、科研院所向市场提供服务；鼓励研发类企业专业化发展，培育服务新业态；开展共性技术研发，支持产业联盟开展协同创新；支持发展产品研发设计服务，提高企业设计服务能力；加强科技资源开放服务。

第二，发展技术转移服务。发展多层次的技术交易市场体系，鼓励技术转移机构创新服务模式，提供跨领域、跨区域、全过程的技术转移集成服务；保障为科技成果转移转化作出重要贡献的人员、技术转移机构等相关方的收入或股权比例；推动高校、科研院所、工程中心、产业联盟等面向市场开展中试和技术熟化等集成服务；建立企业、科研院所、高校之间的良性互动，促进技术转移转化。

第三，发展检验检测认证服务。加快发展第三方检验检测认证服务，鼓励市场竞争；加强基础能力建设，发展全过程的观测、测试、检验、标准、认证等服务；支持相关机构跨行业、跨部门、跨层级整合与并购重组，培育一批检验检测认证集团；加强技术标准研制与应用，支持标准研发、信息咨询等服务发展，构建技术标准全程服务体系。

第四，发展创业孵化服务。构建以创新型孵化器、专业孵化器为重点、综合孵化器为支撑的创业孵化生态体系；加强创业教育，营造创业文化，充分发挥大学科技园在大学生创业就业和高校科技成果转化中的载体作用；引导企业、社会资本参与投资建设孵化器，促进天使投资与创业孵化紧密结合，推广“孵化＋创投”等孵化模式，积极探索基于互联网的新型孵化方式，提升孵化器专业服务能力，支持建设“创业苗圃＋孵化器＋加速器”的创业孵化服务链条。

第五，发展知识产权服务。以科技创新需求为导向，构建全链条的知识产权服务体系，支持相关科技服务机构面向重点产业领域，建立知识产权信息服务平台，提升产业创新服务能力。

第六，发展科技咨询服务。鼓励发展科技战略研究、科技评估等科技咨询服务业，积极培育管理服务外包、项目管理外包等新业态；支持相关服务机构积极应用大数据、云计算、移动互联网等现代信息技术，创新服务模式，开展网络化、集成化的科技咨询和知识服务；发展工程技术咨询服务，为企业提供集成化的工程技术解决方案。

第七，发展科技金融服务。探索发展新型科技金融服务组织和服务模式，建立适应创新链需求的科技金融服务体系；鼓励金融机构在科技金融服务的组织体系、金融产品和服务机制方面进行创新，建立融资风险与收益相匹配的激励机制；利用互联网金融平台服务科技创新，完善投融资担保机制，破解科技型中小微企业融资难问题。

第八，发展科普服务。加强科普能力建设，引导科普服务机构采取市场运作方式，开展增值服务，带动模型、教具、展品等相关衍生产业发展；推动科研机构、高校向社会开放科研设施，鼓励企业、社会组织和个人捐助或投资建设科普设施。

第九，发展综合科技服务。鼓励科技服务机构的跨领域融合、跨区域合作，创新服务模式和商业模式，发展全链条的科技服务，形成集成化总包、专业化分包的综合科技服务模式。

二、通过健全市场机制等相关举措加快科技服务业发展

第一，健全市场机制。进一步完善科技服务业市场法规和监管体制，营造公平竞争的环境。鼓励科技人员创办科技服务企业，积极支持合伙制科技服务企业发展；充分发挥产业技术联盟、行业协会等社会组织在推动科技服务业发展中的作用。

第二，强化基础支撑。积极推进科技服务公共技术平台建设，完善科技服务业统计调查制度，提升科技服务技术支撑能力；研究完善现有政策，解决科技服务企业土地及用水、电、气的问题。

第三，加大财税支持。建立健全开放共享机制，加强对公共科研基础设施的支持；考虑将科技服务内容及其支撑技术纳入国家重点支持的高新技术领域；统筹研究科技服务费用税前加计扣除范围；落实国家级大学科技园、科技企业孵化器相关税收优惠政策。

第四，拓宽资金渠道。建立多元化的资金投入体系，鼓励外资投入科技服务业；鼓励地方支持科技服务机构提升专业服务能力、创新服务模式、搭建公共服务平台等；创新财政支持方式，探索以政府购买服务、“后补助”等支持公共科技服务发展。

第五，加强人才培养。面向科技服务业发展需求，加强对科技服务业从业人员的培养培训；引进和培养一批复合型科技服务高端人才；完善科技服务业人才评价体系，健全职业资格制度，调动各类人才在科技服务领域创业创新的积极性。

第六，深化开放合作。支持科技服务企业通过海外并购、联合经营、设立分支机构等方式开拓国际市场；推动科技服务企业牵头组建以技术、专利、标准为纽带的科技服务联盟，开展协同创新，鼓励国外知名科技服务机构在我国设立分支机构或开展科技服务合作。

第七，推动示范应用。通过开展科技服务业区域和行业试点示范，打造一批科技服务业集聚区，形成有竞争力的产业集群；深入推动重点行业的科技服务应用，建设公共科技服务平台。

热点七：成本上升倒逼产业升级，工业机器人市场空间巨大

工业机器人已成为当今世界工业领域不可或缺的“生产者”，代表着未来的生产力，在我国工业转型升级过程中将扮演越来越重要的角色并成为促进传统产业升级的重要手段。作为全球增长最快的工业机器人市场，我国机器人行业起步较晚，未来发展仍然面临应用不足与核心技术落后的现实问题。尤其是，在核心技术上与国际巨头间的巨大差距成为制约机器人行业发展的关键因素。在 2014 年 6 月召开的中国科学院第十七次院士大会、中国工程院第十二次院士大会上，习近平总书记特别提到了机器人这一将影响全球制造业格局的行业的发展问题，并对未来我国机器人技术和制造能力提出了很高的期望。

一、发达国家机器人行业巨头加紧专利布局

日本、美国等发达国家机器人行业巨头早已开始了专利布局。工业机器人的核心部件是机器人本体、减速器、伺服电机、控制系统等四个部分（这四个部分分别占工业机器人总成本的 22%、24%、36%、12%）。在减速器和伺服电机方面，国内企业与国际巨头相差巨大；在 RV 减速器方面，我国申请人申请专利数仅 26 件，且有效专利仅 13 件，发明专利仅 2 件；但是，国外申请人在我国申请专利数有 47 件，其中 26 件有效专利全部为发明专利。另外，我国企业申请的专利基本都不属于核心技术，与国外形成巨大反差。

总之，我国在专利数量及专利布局方面与发达国家差距很大，亟需加大研发力度，掌握核心技术，采取合理专利策略，开展专利布局。

二、国外品牌仍然占据我国机器人市场的主导地位

工业机器人的“中国创造”品牌实力不断得到增强。在2014年举行的中国国际制博会上，国内工业机器人生产商崭露头角。除了那智不二越、西门子、日本安川等国外工业机器人企业参展外，上海发那科、大连光洋等企业在现场展出了焊接机器人、搬运机器人、编程机器人等，大连光洋研发出来的具有世界先进水平的数控系统，终结了中国高端数控系统不能自主制造的历史。[1]

从竞争格局来看，国内企业与外资企业的差距仍很大，中国工业机器人行业目前仍是外国品牌占主导地位(见表3–2)。据中国机器人产业联盟统计，2013年，中国工业机器人销量达到36860台，同比增长41%；但是我国自主品牌企业在中国销售工业机器人总量约9500台，仅占全国工业机器人销量的25%。

表3–2　2013年我国工业机器人市场竞争格局

品牌	市场占有率
FANUC	14%
ABB	13%
KUKA	11%
安川	10%
OTC	7%
爱普生	6%
松下	4%
那智不二越	4%
川崎	3%
广州数控	1%
埃斯顿	1%
启帆	1%
新松	1%
柯马	1%
埃夫特	1%
沃迪	1%
华数	1%
其他	16%

[1]　《国产机器人技术突破：政策支持是前提》，来源：中研网，网址：http://www.chinairn.com/print/3769726.html。

2013年，发那科、ABB、库卡和安川四大巨头的中国市场出货量均在3500台以上，OTC、爱普生、松下、那智不二越和川崎重工等企业的中国市场出货量也都在1000台以上的规模。反观中国机器人企业，2013年的出货量均在500台以下。虽然，国产机器人整机市场占有率达到13%，国产机器人整机销售数量达4525台，但从单个企业看，出货量不大、企业规模偏小。

三、工业机器人将成为促进传统产业升级的重要手段

机器人将被纳入国家战略层面重点给予发展。机器人的研发、制造、应用被作为衡量一个国家科技创新和高端制造业水平的重要标志，因而被国际舆论视为“制造业皇冠顶端的明珠”。2014年6月，习近平总书记在院士大会上的讲话中特别提到了机器人这一将影响全球制造业格局的行业的发展问题，并提出“不仅要把我国机器人水平提高上去，而且要尽可能多地占领市场”的战略目标。有鉴于此，可以看出未来我国有可能将机器人行业纳入到国家战略层面，从国家经济社会全局高度谋划发展。

有关鼓励扶持机器人产业发展的政策措施将陆续出台。由于发达国家在机器人领域深耕已久，多年来在关键、核心技术方面利用专利布局“跑马圈地”，要在尽可能短的时间内迎头赶上，甚至抢占技术和产业发展制高点，不仅需要通过市场机制激励企业知难而进，也需要政府积极制定相关政策，加以扶持。2014年，工信部出台了推进机器人产业发展的指导意见。这些政策措施的陆续出台有望为机器人产业持续注入新的发展活力。

行业篇

第四章　装备行业

装备制造业是建设制造强国的基础，是我国实现工业强国目标的基础，在很大程度上也是我国经济持续健康发展的基石。围绕装备制造业创新驱动发展需求，2014 年我国政府出台了一系列鼓励支持政策，采取了一系列有效举措，重点推进重大技术装备发展，重点发展智能制造装备、增材制造装备、工业机器人等高端装备制造业。

第一节　总体情况

一、重点领域技术创新、产业化发展情况

（一）工程机械

2014 年国内外工程机械市场需求仍然不旺，在这一不利形势下，我国工程机械行业坚持创新驱动发展，以技术创新为核心，不断增强自主创新能力，实现关键核心技术和关键基础零部件突破，提高产品技术质量水平，优化产品结构，行业整体实现平稳运行态势，其中 1—11 月出口金额达到 180.45 亿美元，同比实现略有增长（增长率为 0.71%），行业创新发展仍不乏亮点，重大技术装备研制方面取得积极突破。

1. 国产首台自主知识产权大直径全断面硬岩隧道掘进机（敞开式 TBM）研制成功 [1]

中国铁建重工集团依托国家“863 计划”项目支持，实现了大直径 TBM 多

[1]　唐湘岳：《我国成功研制首台大直径全断面硬岩隧道掘进机》，《光明日报》2014年12月28日，见 http://tech.gmw.cn/2014-12/29/content_14327365.htm。

系统协调技术、大功率、变载荷等核心技术突破，于 2014 年 12 月成功研制出达国际先进水平的国产首台大直径全断面硬岩隧道掘进机（敞开式 TBM），打破了国外对该产品长达一个多世纪的核心技术垄断，填补了我国大直径全断面硬岩隧道掘进机研制的空白，改变了国内 TBM 全部依赖进口的局面。

2. 中联重科掌握超大型塔式起重机关键技术[1]

中联重科历经 10 年研发，实现了超长重载臂架设计及控制技术、重载超大容绳量卷扬系统设计及控制技术、超大型塔机安全作业技术等多项超大型塔机技术瓶颈突破，获发明专利授权 16 项，直接影响修订国家标准 4 项，掌握了具有自主知识产权的成套技术，打破了超大型塔机核心技术长期被国外品牌垄断的局面。相关产品已创造直接经济效益超过 10 亿元，不仅已经广泛应用于国内大型建筑工程，并批量出口至澳大利亚、新加坡、土耳其、阿联酋等十余个国家，近 3 年位居全球塔机市场第一。"超大型塔式起重机关键技术及应用"项目获国家科技进步奖二等奖。

3. 广西柳工实现工程机械减振降噪核心技术新突破

广西柳工机械股份有限公司基于首创的面向工程机械机种特性的减振降噪共性关键技术平台，掌握了工程机械减振降噪的核心设计技术，系统高效地解决了工程机械振动噪声问题，提升了我国工程机械产品振动和噪声控制水平，在装载机、挖掘机噪声指标方面达到国际领先水平，使我国工程机械产品品质进一步提高。该公司"面向工程机械机种特征的减振降噪共性关键技术与应用"项目获中国机械工业科学技术奖一等奖。[2]

（二）机床

机床工业中的数控机床由于集机、电、光、信息技术为一体，在推动装备制造业实现自动化、柔性化、集成化生产方面尤为重要。在国家政策引导下，尤其是在数控机床重大专项资金有力支持下，我国机床行业在多个领域取得关键技术突破，推动了国产机床不断走向高端领域，而国内各产业技术升级需求强劲也进一步带动了我国机床消费尤其是数控机床的持续增长。据统计，2014 年 1—12 月，

---

[1] 《超大型塔式起重机关键技术打破国外垄断》，2014年1月11日，来源：《湖南日报》，见http://hnrb.voc.com.cn/hnrb_epaper/html/2014-01/11/content_775520.htm?div=-1。

[2] 《柳工减震降噪项目获机械工业科学技术奖特等奖》，2014年8月21日，来源：中国工程机械商贸网，见http://news.21-sun.com/detail/2014/08/20140821171 9525.shtml。

我国机床工具全行业产品销售收入同比增长 2.0%，而 2014 年国内数控机床消费额占比为 76.7%，较 2010 年提高 6.9 个百分点。[1]

1. 专利申请“数质”并重，自主技术创新能力明显提升

在沈阳机床等龙头企业的引领下，我国机床行业整体技术基础尚好，创新活动活跃，专利数量增长加速，占世界机床专利总量比重从 2005 年的 8.3% 迅速提高到 2013 年的 44.8%。不仅如此，在数量迅速增长的同时，专利申请质量有逐步提高势头。从 2013 年世界各国机床 PCT 申请情况看（参见图 4–1），高度集中在前 10 个国家，其中日本、德国、美国 PCT 申请占比超过七成，达到 73.5%，这三个国家明显属于第一梯队；其后是我国，与法国、韩国、瑞士、意大利等国家位于第二梯队；西班牙和我国台湾则属于第三梯队。

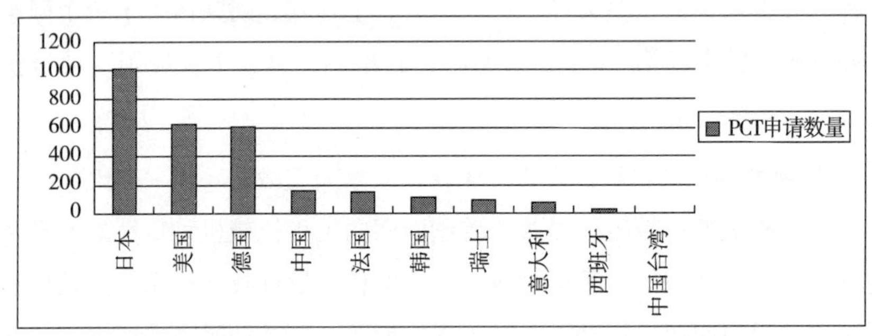

图4–1　2013年10个国家和地区机床专利PCT申请数量对比

数据来源：WIPO 数据库。

2. 国产高档数控机床开始应用于航空航天等国内重点领域服务

沈阳机床 04 专项成果——五轴联动卧式加工中心产品于 2014 年通过了验收，该产品的核心功能部件如精密摆头、精密回转工作台等均自主设计制造，拥有自主知识产权。[2] 该成果将应用于成都飞机制造企业等航空航天重点领域，标志着国产高档数控机床在国内重点领域服务的开端。目前，多家航空制造企业均已签订五轴联动加工中心产品购买合同，采用国产数控系统及功能部件的数控机床。

[1] 《2014年中国机床工具行业运行和市场分析报告》，2015年2月13日，来源：中国机床工具行业协会网站，见http://www.cmtba.org.cn/info/2015213/2015213150930.shtml。

[2] 《沈阳机床打入了国内重点国产产品》，来源：中国铝业网，见http://www.alu.cn/aluNews/NewsDisplay_934794.html。

3. 国产汽车冲压技术实现与国际接轨

2014 年 6 月，济南二机床研制成功国内首台 25000 千牛大型伺服压力机，并已通过了验收和鉴定，打破了德国、日本等对相关高端市场垄断，同时标志着国产汽车冲压技术已实现了与国际最新技术接轨和并行发展。

4. 重型船用曲轴加工机床制造技术取得突破性进展

重型船用曲轴加工机床制造技术因长期为国外垄断，严重制约我国造船业发展。近期，齐重数控装备股份有限公司攻克了“分体开合式数控旋风切削刀架”这一关键技术，掌握了具有自主知识产权的重型船用曲轴加工机床制造技术，使我国船舶制造业摆脱了受制于人的局面。[1]

5. 超重型数控卧式镗车床成功研制助力核电半速转子国产化

武汉重型机床集团有限公司在“用于超临界核电半速转子加工的超重型数控卧式镗车床”04 重大专项研发中，突破了多项关键核心技术，打破了日、韩在超临界核电半速转子方面对我国的垄断，解决了国内大型核电站 1100 兆瓦超临界核电半速转子加工的难题，实现了我国超临界核电半速转子的国产化制造，使我国进入了超临界核电半速转子加工制造的先进行列。[2]

（三）工业机器人

1. 国家高度重视，机器人加速发展

机器人被国际舆论视为“制造业皇冠顶端的明珠”，其研发、制造、应用被作为衡量一个国家科技创新和高端制造业水平的重要标志。2014 年 6 月，习近平总书记在中国科学院第十七次院士大会、中国工程院第十二次院士大会上，对未来我国机器人技术和制造能力提出了期望，并提出“不仅要把我国机器人水平提高上去，而且要尽可能多地占领市场”的目标要求。近期，国家发改委、工信部等相关部门及部分地方政府加紧研究部署，密集出台相关政策措施。工信部于 2014 年初针对机器人产业发展，专门出台推进机器人产业发展的指导意见，并再度酝酿制定扶持机器人产业发展的系列政策如机器人产业“十三五规划”等。随着这些政策措施的陆续出台，我国机器人产业迎来加速发展时期。

[1] 《我国数控机床在很多领域取得了重要突破》，来源：自动化在线网，见http://www.autooo.net/classid81-id137503.html。

[2] 《超重型数控卧式镗车床通过技术终验收》，来源：中国传动网 ，见http://www.chuandong.com/news/news.aspx?id=131710。

2. 一批龙头企业和产业集聚区涌现

国际机器人技术联合会发布的数据显示，我国2013年购买工业机器人的数量逾3.6万台，一举超过被称为“机器人王国”的日本，成为全球最大的机器人购买国。同时，我国也是全球增长最快的工业机器人市场，[1]且发展空间巨大，预计未来10年我国工业机器人市场空间将达7200亿元至18000亿元。[2]机器人行业发展前景广阔，推动着我国机器人产业加速发展。据统计，沪深两市涉足机器人的公司目前已达到41家，涵盖机器人设计、制造及应用各方面。值得注意的是，2014年以来，已有7家上市公司先后通过并购或直接投资的方式布局工业机器人市场，如新时达、松德股份等。2014年8月，宁波均胜电子向宁波均胜普瑞工业自动化及机器人有限公司投资1.5亿元，持续将德国PREH和IMA公司的工业机器人先进技术引入中国。同时，国内已有超过30家机器人产业园区正在火热建设中。可以预见，随着机器人市场需求的不断扩大，越来越多的企业将投入到机器人领域，该领域将有更多的“合纵连横”案例发生，一批龙头企业和优秀的产业园区将逐渐脱颖而出，引领我国机器人产业发展。

3. 液态金属变形技术获突破，柔性机器人可望迈入发展新阶段

中国科学院理化技术研究所与清华大学联合研究小组通过系统实验，首次揭示了室温液态金属在不同形态和运动模式之间转换的普适变形能力。在低电压作用下，水中的液态金属对象呈现出各种变形特征，且不受液态金属对象大小的限制。其变形与运动的机制之一在于液态金属与水体交界面上的双电层效应。液态金属变形技术的突破为柔性机器人的研制和发展蓝图提供了实现可能。[3]

4. 机器人协同“作战”技术瓶颈获突破

青岛海通机器人系统有限公司开发出惯性导航技术，突破了传统的机器人技术平台磁条导航需要在作业地面铺设磁条的限制。根据这种技术，实现导航只需要在地面设上几个感应点即可，高精度定位和感知功能得到完善，不仅能够达到工业级精度需求，同时实现了激光导航，该公司还积极开发视觉导航技术，成为国内无轨迹导航技术的引领者。

---

[1] 近5年我国新安装的工业机器人增长了2倍，增幅远超世界平均10%的增长水平。《中国工业机器人待突破技术瓶颈支撑制造业升级》，来源：新华网，见http://news.xinhuanet.com/fortune/2014-06/19/c_1111227439.htm。

[2] 《2013年我国工业机器人购买量3.6万台 超日本》，来源：环球网，见http://china.huanqiu.com/News/mofcom/2014-08/5102978.html。

[3] 《理化所等发现液态金属多变形现象开启柔性机器全新途径》，来源：中国科学院网站，见http://www.cas.cn/ky/kyjz/201406/t20140626_4144040.shtml。

另外，该公司打破了多台机器人同场地协同智能运行的技术瓶颈，其控制和避让算法均达到了国际先进水平。通过多机器人协同控制算法这一技术平台可以协同控制几百台智能机器人共同工作，完成货物的订单识别、货物定位、自动抓取、自动包装和发货等功能。[1]

（四）新能源汽车

1. 政策暖风频吹，产销量大幅度飙升

2014 年被称为新能源汽车元年，国家有关新能源汽车利好政策接连出台，达到 16 个之多，扶持力度空前。1 月，财政部、科技部、工业和信息化部、国家发改委等 4 部委联合发布了《关于进一步做好新能源汽车推广应用工作的通知》，对新能源汽车研发推广加大了补贴力度，并保持了补贴政策的持续性，给新能源汽车研发推广企业吃下“定心丸”。7 月，国务院办公厅印发了《关于加快新能源汽车推广应用的指导意见》，对推广应用新能源汽车提出全面要求，在这一新能源汽车政策“蓝图”指导下，有关主管部门密集出台了系列政策。尤其是 8 月份财政部、国家税务总局、工业和信息化部等联合印发的《关于免征新能源汽车车辆购置税的公告》，对在今后 3 年多时期内购置纯电动、混合动力和燃料电池等三类新能源车型免征车辆购置税，有效地刺激了新能源汽车销量增长。而有关新能源汽车充电设施建设奖励、电动汽车用电价格等方面的政策也从不同层面调动了新能源汽车研制和使用的积极性。

在有力政策支持之下，新能源汽车产销量大幅度飙升。据统计，我国新能源汽车 2014 年累计生产 8.39 万辆，同比增长达 4 倍。其中，纯电动乘用车生产 3.28 万辆，同比增长近 3 倍，插电式混合动力乘用车生产 1.67 万辆，同比增长达到近 22 倍[2]。同时，我国新能源汽车技术创新也屡有突破。

2. 我国首辆具有自主知识产权的碳纤维新能源汽车成功下线

江苏盐城奥新新能源汽车有限公司成功研制出我国首辆具有自主知识产权的碳纤维新能源汽车，该车乘客舱采用了全碳纤维材质，并且融合了智能能源管理系统、碳纤维轻量化车身技术等核心技术，相比同类汽车，该车车身可减重 50%，给电池让出重量和空间，降低了单位里程能耗（百公里能耗小于 10 度电），

[1] 《突破机器人协同“作战”的技术瓶颈》，来源：和讯网，见http://news.hexun.com/2014-08-20/167690756.html。

[2] 《新能源汽车报》2015年1月26日第2版。

并有利于提高续航里程，使续航里程最高达到440公里。[1]

3. 新能源汽车高端锂电池获突破

2014年12月，武汉惠强新能源材料科技有限公司年产1亿平方米锂电隔膜生产线（一期）投产，这一自主研发的隔膜项目打破了日本、美国行业巨头在该领域构建的技术壁垒和市场垄断，考虑到隔膜材料占电池成本的四分之一左右，高端隔膜国产化将有利于降低新能源汽车动力电池及整车成本。[2]

4. 超级电容打破国外技术垄断

以美国MAXWELL公司为代表的国外行业巨头长期占据着我国国内超级电容90%以上的市场份额，并对出口我国采取严格限制手段。2014年9月，我国首条年产100万只的超级电容生产线在湖南省投产，打破了国外厂商在此领域的垄断局面。

5. 国产驱动电机性能显著提升

我国自主开发的永磁无刷电机、交流异步电机等驱动电机性能取得显著提升，功率重量比超过3300w/kg，最高效率超过了93%，电机峰值效率超过了97%，电机效率超过85%，技术指标已经达到了国际先进水平，具备了小批量整车配套能力，产品实现了系列化，功率可涵盖民用电动汽车范围。

（五）船舶制造

1. 政策支持有力，世界造船大国地位进一步巩固

2014年，在落实《船舶工业加快结构调整促进转型升级实施方案（2013—2015年）》等现有支持政策基础上，国家陆续出台了一些新的政策措施，以推动我国船舶装备工业由大变强。4月，国家发展改革委、财政部、工业和信息化部会同科技部、国家海洋局、国家能源局、国资委、教育部、国家知识产权局等部门联合印发了《海洋工程装备工程实施方案》，为未来5年我国海洋工程装备工程行业重点发展研发设计和制造技术指明了方向，提出了任务要求，并为实现目标提供了系列保障措施。8月，国务院发布了《国务院关于促进海运业健康发展的若干意见》，明确提出了建设海运强国目标，为保障国家经济安全和海洋权益、

---

[1] 《我国首辆碳纤维新能源汽车在盐城“智”造下线》，来源：新华网江苏频道，见http://www.js.xinhuanet.com/2015-01/21/c_1114068535_2.htm。

[2] 况娟：《破除美日寡头垄断 高端隔膜国产化推进》，来源：21世纪经济报道，见http://money.21cbh.com/2014/12-23/1NMDA0MDRfMTM1NjY1NQ.html。

提升综合国力提供有力支撑。《高技术船舶科研项目指南（2014）》、《海洋工程装备科研项目指南（2014）》则分别对我国2014年高技术船舶和海洋工程装备制造业提出了重点科研方向。在系列扎实有效的政策举措的推动下，我国船舶装备制造业加快创新发展和转型升级步伐，国际竞争力逆势之下有所提升。我国世界造船大国地位进一步巩固。2014年全年全国手持订单量14890万载重吨，同比增长13.7%；新承接订单5995万载重吨，占据世界市场份额上升到50.5%，继续保持世界第一。承接各类海洋工程装备订单31座、海洋工程船149艘，接单金额147.6亿美元，占全球市场份额的35.2%，比2013年提高了5.7个百分点，位居世界第一。2014年1—11月，全国规模以上船舶工业企业共实现主营业务收入5626.9亿元，同比增长10.5%;实现利润总额244亿元，同比增长21.3%[1]。同时，技术创新成效显著。

2. 船舶LNG燃料气系统填补了国内产品空白

由中海油能源发展采油服务公司、湖北迪峰热换器有限公司等共同承担的“船舶LNG燃料气系统国产化研究课题项目”成果已通过了专家初审鉴定。船舶LNG燃料气系统的国内市场基本上由国外产品占据，该项目的研发成功，打破了国外同类装备对我国市场的垄断，对国内船舶推广使用LNG燃料意义重大。

3.“PRIDe VTS 1000系统”提升了我国VTS领域自主创新能力

我国VTS系统（船舶交通服务系统）长期被国外公司垄断，由七二四所鹏力科技集团和江苏海事局历经10多年共同研制的“PRIDe VTS 1000系统”一举打破了这种局面。该系统是国内首套具有完全自主知识产权的成套VTS系统技术和应用体系，拥有多项自主知识产权，其中包括10项发明专利，2项实用新型专利，4项软件著作权，1项企业标准；在系统集成、一体化和智能化应用技术等方面取得重大突破，其中4项核心关键技术实现重大自主创新。该项研究荣获中国航海科学技术奖特等奖。

4. 中国首台T3排放船用柴油机成功研制

2014年1月，我国首台T3排放船用柴油机——YC6TD600L-C30机型在广西玉柴诞生，该机型将电控单体泵燃油系统技术和SCR后处理系统技术相互结合，

[1] 《2014年船舶工业行业发展情况报告》，来源：中国船舶在线，见http://www.shipol.com.cn/xw/zonghexx/304655.htm。

实现了在保持发动机原机性能不变前提下，将排放物控制在T3要求以内的良好减排效果，是中国首台达标T3排放的船用柴油发动机，比MARPOL公约中规定的T3排放预计实施时间至少提前了7年。

二、质量品牌建设情况

2014年，工业和信息化部先后印发了《关于2014年工业质量品牌建设工作的通知》、《工业质量品牌创新专项行动实施方案》等政策文件，并依托省市及有关支撑机构组织开展了2014年度“工业企业质量标杆”活动以及产业集群区域品牌建设试点示范工作，继续积极推进工业质量品牌建设。根据工业和信息化部部署，各省市工业和信息化主管部门围绕加强工业企业质量品牌建设创新，因地制宜出台了系列政策措施，充分发挥鼓励支持和指导作用；中国质量协会和装备制造有关行业组织机构积极利用专家资源优势，指导企业开展质量管理和品牌塑造活动；同时，更多装备制造业企业发挥主体地位作用以全球视野创新质量管理和品牌提升工作，创造我国乃至世界装备制造优秀品牌。

（一）工业机器人

工业机器人的“中国创造”品牌实力在不断增强，一批国内品牌崭露头角。在2014年举行的中国国际制博会上，除了那智不二越、西门子、日本安川等国外工业机器人企业参展外，上海发那科、大连光洋等国内工业机器人生产商崭露头角，在现场展出了自主研制的搬运机器人、焊接机器人、编程机器人等产品[1]。

（二）机械装备制造

徐工、中联重科、振华重工等依靠强大的自主创新能力不断提升产品性能，推出拳头产品，屡屡斩获国际大单，在全球机械装备领域彰显中国制造的技术水平、品质实力和国际化口碑，推动中国产品向中国品牌、世界知名品牌转变。同时，以这些企业为代表的机械装备制造龙头企业以全球视野实施国际化经营战略，利用发达国家经济复苏乏力时机，频频实施跨国并购，树立中国制造的国际品牌形象，如中联重科于2014年4月完成对德国企业M-TEC的并购，将全球干混砂浆设备领域第一品牌收入囊中，有望占据该领域市场第一份额；8月又并购了全球著名升降机企业荷兰Raxtar公司，迅速切入全球升降机市场。另外，浙江美通

[1] 《国产机器人技术突破：政策支持是前提》，来源：中研网，见http://www.chinairn.com/print/3769726.html。

筑路机械股份有限公司、青岛科泰重工机械有限公司等 4 家路面机械制造企业则自愿组建“路面机械专业品牌联盟”，通过打造完整的售后服务链条，为用户提供高品质产品和优质服务，提升品牌信任度、美誉度和忠诚度。

（三）新能源汽车

新能源汽车从研发、产业化、购买、使用到充电基础设施建设等方面的国家政策扶持体系正在加快形成，并且围绕新能源汽车自主品牌的推广，至 2014 年底，已有 33 个示范城市（群）70 个城市出台了配套政策措施。政策扶持力度前所未有，推动新能源汽车热销，2014 年我国一跃成为新能源汽车推广应用第二大国（仅次于美国），同时一批自主品牌也被越来越多的消费者熟知。比亚迪、北汽和奇瑞均有月销超过 1600 辆的新能源车型，如比亚迪的秦、北汽 E150 EV、奇瑞 QQ3 等，其中比亚迪新能源汽车 2014 年 1—11 月累计销量达到 15451 辆，为我国首个年销量突破万辆的新能源车企，其中比亚迪的秦在众多新能源汽车车型中销量一骑绝尘，1—11 月销量达到 12928 辆，令国内其他电动汽车品牌望尘莫及。比亚迪另一款纯电动车型 e6 销量也实现了高速增长。

（四）船舶制造

2014 年党和国家领导人分别视察了大连船舶重工集团有限公司等多家船舶企事业单位，并就加强技术研发、加快产品结构调整转型升级步伐、建设造船强国、海洋强国作出重要指示。4 月，工业和信息化部召开全国船舶工业结构调整转型升级工作会议，推动我国船舶工业进入 3.0 时代。5 月，国家发改委公布了《海洋工程装备工程实施方案》，对我国海洋工程装备提出自主化、品牌化等建设目标要求。我国造船企业加强研发投入力度，增强自主创新能力，推出了一批具有先进技术、高附加值、高可靠性特征的“明星船型”，如 8.3 万立方米超大型气体运输船（VLGC）、18000TEU 集装箱船等。同时，推进三大主流船型优化升级，成功研制一批绿色环保自主品牌船型，显著提升了我国船舶品牌的国际竞争力。

三、重要数据

表 4-1 装备制造业分行业企业 R & D 人员、经费支出、企业办研发机构情况（2013）

行业	企业R&D人员（人）	经费支出（万元）		企业办研发机构（个）
		内部支出	外部支出	
通用设备制造业	267000	5478932	192821	4964
专用设备制造业	239842	5123164	108973	4021
汽车制造业	251289	6802237	730991	2429
铁路、船舶、航空航天和其他运输设备制造业	139382	3720932	427142	1047
电气机械和器材制造业	340031	8153895	264257	5799
仪器仪表制造业	90992	1492889	63164	1494

数据来源 :《工业企业科技活动统计年鉴 2014》。

表 4-2 装备制造业分行业工业企业新产品开发、生产及销售情况（2013）

行业	新产品开发项目数（项）	新产品销售收入（万元）	新产品出口收入（万元）
通用设备制造业	34325	72693613	8871992
专用设备制造业	31313	58947065	8280087
汽车制造业	25374	150840960	6453027
铁路、船舶、航空航天和其他运输设备制造业	11895	47561595	9880953
电气机械和器材制造业	43991	138605058	22512999
仪器仪表制造业	12330	14898717	2009427

数据来源 :《工业企业科技活动统计年鉴 2014》。

表 4-3 装备制造业分行业工业企业自主知识产权及修改情况（2013）

行业	专利申请数（件）	有效发明专利数（件）	专利所有权转让及许可数（件）	专利所有权转让及许可收入（万元）	拥有注册商标数（件）	形成国家或行业标准数（项）
通用设备制造业	49305	23994	1176	40434	15687	2075
专用设备制造业	53037	28145	796	34718	15018	1766
汽车制造业	38237	14106	530	18382	21370	743

（续表）

行业	专利申请数（件）	有效发明专利数（件）	专利所有权转让及许可数（件）	专利所有权转让及许可收入（万元）	拥有注册商标数（件）	形成国家或行业标准数（项）
铁路、船舶、航空航天和其他运输设备制造业	19140	9461	362	1452	6992	1079
电气机械和器材制造业	78154	38601	1372	14489	33863	2789
仪器仪表制造业	19507	9236	463	129610	6071	854

数据来源：《工业企业科技活动统计年鉴 2014》。

第二节　主要问题

近年来，我国装备制造业尽管取得了重大的进步和突破，重大技术装备自主化、国产化水平显著提高，工程机械、高铁、核电装备等领域已经具备了走向世界的实力。但技术创新能力以及产业核心竞争力仍然与先进制造业国家存在明显差距，与中国装备制造业推动中国制造业实现“三个转变”的历史使命尚不适应。[1]主要问题表现在以下方面：

一、高端装备关键核心技术、关键部件受制于人

数控机床制造领域高附加值的数控系统、仿真技术和设备等核心技术我国尚没有掌握；新能源汽车整车控制关键核心技术创新能力薄弱，驱动系统能量控制、硬件设计、传动系统能量控制的核心技术主要仍由日本、美国传统汽车巨头掌握；与船用柴油机排放和环保性能相关的智能柴油机电气控制、高压喷射等关键技术有待突破；高端装备的关键零部件如核电相关的泵阀类高端液压件等仍然要依赖进口，制约主机发展。

二、重点领域专利战略布局能力不足

我国装备制造业各重点行业如机械、船舶等领域普遍存在着知识产权数量大，

[1] 《习近平：装备制造业是国家制造业的脊梁》，《河南商报》2014年5月12日，见http://www.ccm-1.com/2014/0512/69331.html。

增长快，但质量和价值不高的问题。在关键核心技术领域专利缺乏，战略布局意识和能力不强，PCT 申请显著少于发达国家，未来发展所面临的知识产权风险不容小觑。船舶制造领域，世界传统造船强国德国、日本、芬兰、瑞士、丹麦、美国等围绕船用柴油机纷纷在我国展开专利布局，我国已成为全球最大的船用柴油机专利申请目标国。德国、芬兰专利申请覆盖柴油机智能化电子控制系统、智能燃烧监控系统、高压共轨喷油系统等关键技术，谋求关键技术领域垄断格局意图明显。数控机床领域，日本、德国、美国等发达国家加强对高档数控系统领域关键技术重点布局，巩固、扩大竞争优势。

三、技术创新研发投入不足

技术创新投入不足仍然是制约我国自主开发关键核心技术能力的障碍。企业研发投入强度仍然在 2% 左右的低区间徘徊，装备工业科技人员平均拥有量仍然不高,科技活动人员占该领域从业人员的比例仅在3%左右,明显低于发达国家5%以上的水平。尤其是，面向行业的基础技术、共性技术、关键基础零部件等投入显著不足。

四、产业技术创新环境亟待完善

我国共性技术研究体系建设滞后，产业共性技术公共服务供给不足；同时，国产装备技术创新成果应用推广政策支持体系尚待健全，如国家财政资金支持项目的科技成果等既缺乏强制性法律法规规定，又没有建立起市场化的保险补偿等机制，导致技术创新成果推广应用不力，不能及时转化为市场成果，实现市场价值，而这反过来也是造成企业技术创新投入积极性不高的主要因素。

第三节　对策建议

全球制造业正面临技术创新变革和产业革命重大战略机遇，我国制造业尤其是装备制造业发展实现由大到强质的转变，既面临难得的机遇，发展形势也仍然十分严峻。作为产业技术后发国家，出于促进产业健康和可持续发展的考虑，我国应当立足顶层设计，从各个方面为我国装备制造业发展打造一个良好的生态系统，营造创新发展良好环境。主要建议如下：

一、优化创新发展政策环境，增强企业自主创新能力

增强企业自主创新能力是我国装备制造业转变发展方式，优化产业结构，实现由大到强目标的核心。为此，应适应形势发展，完善和落实现有创新政策，并创新激励和扶持政策措施，更好地激发企业创新活力。按照即将公布的《中国制造业发展纲要（2015—2025）》，深入研究下一阶段重点发展领域如工业机器人、高技术船舶和海洋装备、智能制造等发展趋势，制定相关产业“十三五”规划，为产业发展准确指明技术方向，提供科学的技术路线；以市场需求为导向，发挥市场配置资源决定作用，引导企业组建产业技术创新联盟，突破行业发展技术瓶颈；鼓励和支持企业深度参与国家重大专项项目，发挥技术创新、成果转化和价值实现主体地位作用；国家加快建立技术基础公共服务体系，如产业共性技术研发平台、行业检测试验验证平台等；完善国产装备技术创新成果应用推广政策支持体系，促进金融政策与重大技术装备创新成果应用推广的结合，完善和落实科技创新成果转化奖励制度；借鉴美国运用法律明确国家财政资金支持科技项目承担者对于研发成果的转移转化职责。

二、促进知识产权与产业政策紧密衔接，加强知识产权战略运用

装备制造业重点技术领域普遍存在关键核心技术创新能力不足，知识产权创造、储备、布局等能力不强等突出问题。产业主管部门应鼓励和支持开展产业层面的知识产权规划与管理，针对不同装备制造产业国内外发展趋势和知识产权布局情况，有针对性地制定具有科学性、前瞻性和可行性的产业知识产权战略规划；对于具有战略性地位的行业，设立专项发展基金，或者加大政府投资力度实施关键共性技术开发项目，加强投资后知识产权成果数量、质量及实现效益的检查评估；[1] 在关键技术领域、重点行业中建立行业知识产权信息服务平台，提供专利数据查询、咨询、检索分析等公共服务，为企业尤其是中小企业提供专利数据资源利用指导，引导企业加强专利信息利用。加强重点产业风险防范和应对，针对重大专项、战略性新兴产业或其他重点产业中的关键技术领域，持续定期开展专利态势分析和发布，为企业掌握国内外专利布局态势、确定知识产权布局战略、明确技术研发服务提供信息和咨询服务。加强国际知识产权纠纷应对、海外专利布局等方面的培训和典型经验宣传，积极搭建产学研用的知识产权战略联盟，实

[1] 王磊：《中美专利密集型产业比较分析》，《产业经济评论》2014年第4期。

现知识产权信息的互通和共用，提高企业“走出去”过程中的知识产权风险防范和应对技能。

三、加强质量品牌建设，提高品牌国际竞争力

品牌是企业所有资源和经营管理的最终凝聚和体现。我国虽在装备制造行业涌现出了一批技术创新能力较强、知识产权积累优势明显、市值规模巨大的企业，但至今仅有华为公司首次进入 2014 年全球企业品牌价值排行榜前 100 名（排名第 94 位），由此导致我国高端装备产品低端价格出售，产品附加值和企业利润率偏低。行业主管部门应采取扎实有效措施鼓励和支持企业进一步深入推动质量品牌建设，加快实现装备制造业由中国产品向中国品牌转变。企业也应深刻认识企业品牌对于企业实现可持续发展的重要意义，以及由低端向高端转型的紧迫感。主动向品牌塑造取得辉煌成就的企业如中联重科、振华重工等学习，根据自身发展情况，建立和实施品牌战略，探索走出一条多样化的质量品牌建设之路。坚持将技术创新作为产品质量、品牌竞争力提升的核心，并将研发创新、知识产权与品牌建设紧密融合，提高产品的知识产权密集度和品牌附加值；依靠技术创新成果和知识产权推动产品性能改进、质量提升、形成自主品牌；积极实施商标的国际化布局，为开拓国际市场保驾护航；积极开展标准研究、制订，掌握行业规则话语权；在已具有一定品牌知名度的情况下积极实施跨国并购、适度开展品牌运营等，提升品牌的国内外影响力；构建知识产权保护网络，维护品牌形象。

第五章　原材料行业

原材料行业作为国民经济的支撑性产业，是所有行业的基础。改革开放以来，原材料行业得到了较大的发展，从数量上看，一些主要的工业指标已经处于全球领先地位。但在环境压力加大、综合成本上升、国内外经济下行等因素综合作用下，行业生产增速降低、企业利润大幅回落，全行业运行压力增大。过去的发展方式已经不可持续，需要以质量和创新来改变产业的发展方式，促进转型升级，打造技术含量高、环境代价低、种类覆盖全的新型原材料产业。

第一节　发展回顾

一、重点领域技术发展、创新及产业化情况

（一）钢铁行业

钢铁行业一直是国家的基础行业之一，直接反映经济运行的景气与否。在长期的努力之下，中国钢铁行业产量和质量有较大提高，在国际市场上具有一定竞争力。但由于近期国际铁矿石价格下跌，行业产能结构性过剩，国家基础建设投入放缓，房地产等下游行业表现下滑等原因，造成了行业性不景气，钢价相比历史最高位下滑 44.91%。2014 年全年，粗钢产量累计达到 82270 万吨，同比增长 0.9%，增长率同比下降 11.7%，国内钢铁产量已经趋于饱和，产能过剩较为明显。步入“新常态”时期，受到三期叠加的影响，钢铁行业表现出了“三低一高”的特点——低增长、低效益、低价格、高压力。为了化解钢铁行业产能过剩，推进结构调整、促进产业升级，未来需要加强产业兼并重组、加快创新发展、让企业

做大做强。

纵观历史发展，原材料行业一直存在着周期性的低谷现象，每逢低谷正是加速淘汰落后技术，加快新技术应用，进行行业性洗牌的阶段。钢铁行业进入周期性低谷阶段，是挑战也是机遇。我国经过多年的努力，不论是生产设备水平、加工技术、还是产品质量有了质的飞越，有条件承受调整带来的代价，有能力实现跨越式发展。目前行业的重中之重是对节能环保的重视，为此关停了一大批不符合要求的企业，通过行政手段促进了钢铁行业结构调整。

1. 生产技术创新

国内钢铁企业经过长时间的努力，通过逐步引进、集成到创新的过程，不仅在国际一流的主体设备的关键工艺技术和生产装备上进行了应用，并且实现了90%以上的大型冶金设备的国产化,有了年产千万吨级现代化钢厂的国产化能力。未来中国钢铁企业将以首钢京唐分公司、鞍钢鲅鱼圈分公司作为标杆，逐步建设新一代可循环钢铁生产技术，实现钢铁生产效率和环境保护的综合发展。

我国钢铁企业在选矿技术方面已经位居世界领先水平，如贫赤铁矿、褐铁矿、以及菱铁矿等，整体原料综合利用率提升较大，行业龙头企业在规模及技术方面已经居于国际领先地位，对行业起到了很好的示范性作用。新型熔融还原技术薄带铸轧、薄板坯半无头连铸连轧工艺技术、非石化能源的应用等在国内实现了应用和推广,并得到了较大改进,标志着我国在一些技术上已经达到了国际领先水平。

2. 高端产品突破

钢铁行业的高端钢铁产品实现了突破及覆盖，基本满足了国内产业转型升级以及重大高新技术发展的需要。为了一些特殊产品，如高铁重轨钢、油管高级钢、核电蒸汽发生器等产品的需要，一些特种钢的研制成功使得这方面实现了国产化的供给，如高牌号无取向硅钢、高磁感取向硅钢、高级不锈钢、大规格镍基合金油管等。一方面保障了受到国际封锁的航空航天、军工装备等高端制造业的发展需要,另一方面降低了国家重大工程建设项目对国外产品的依赖,降低了施工成本。

3. 节能环保进步

钢铁行业由于其行业特点，行业的发展一直伴随着污染和能耗的增长，当污染气体覆盖了天空，节能高效、绿色环保已经迫在眉睫，钢铁行业需要以创促增、以技促改，降低对环境的负面影响，改变行业的传统面貌。随着《钢铁行业规范条件》《国务院关于化解产能严重过剩矛盾的指导意见》（国发〔2013〕41号）等相关文件的出台，一方面对行业发展指明了方向，另一方面明确了钢铁行业的调整方式，从而为钢铁行业节能环保的艰巨任务提供了政策保障。越来越多的新型装备、现代工艺技术的采用，以及“三干三利用”等节能减排措施在重点领域的不断推广，落实了清洁生产，使得综合能耗及污染排放显著降低。据统计2013年吨钢能耗为592kg标准煤，吨钢新水3.5吨，吨钢$SO_2$1.38kg，相比过去有了较大程度的提高。

4. 创新体系支撑

科技创新是工业转型的动力，而良好的创新体系是促进科技创新的引擎。我国钢铁行业在发展过程中建设了一大批高水平的研究机构，源源不断地为行业提供智力支持。截至2014年年底，钢铁行业共有16个国家级重点实验室，5个国家工程实验室，15个国家工程技术中心，10个国家工程技术研究中心，39个企业技术中心。2013年国内专利申请10858件，发明专利申请4706件，从发明数量和质量上，相比过去几年都有着显著提高。

（二）有色金属行业

2014年有色金属行业保持继续增长，但增速有所放缓。十种有色金属总产量达到4417万吨，同比增长7.2%，相较去年同期降低2.7个百分点，实现主营业务收入、利润分别为57025亿元、2053亿元，同比分别增长11.4%和下降1.5%，虽然利润在增长，但是利润率仅为3.6%，不及行业平均水平的5.52%。

1. 研发投入持续加大

2013年，国内所有有色金属企业研发投入总额为338亿元，增速十分可观，其中研发投入占销售额0.85%。由于国家及各级政府对行业的重视，技术改造投入显著加大，各类国家、地方及企业专款专项对技术改造进行支持，产品技术含量因此有了长足进步。

2. 科技成果不断涌现

2013年国内有色金属有效发明专利数为6893件，同比有着较大幅度增长。同时科技转化为利润的脚步也逐渐加快，科技创新新产品销售收入为5503亿元，新产品销售收入占主营业务比例达11.4%，发展趋势可喜。2011至2013年三年间，有色金属行业全行业累计获国家科技进步奖19项。一大批技术已达到国际领先水平，例如低温低电压铝电解节能技术已经正式投产运用，320m^{3}特大型浮选设备在国际市场上获得了领先、在高速铁路中运用广泛的大型铝合金材料成功国产化。

3. 科技创新体系逐渐完善

创新体系的建立和完善是行业形成持续造血能力，形成良性循环的关键。国家为此成立了一批国家重点实验室及研究中心，这些国字头研发机构成为新材料创新的主要土壤。越来越多的企业受到市场需求和自身发展的带动，从无到有建立了研发机构，逐渐将企业发展的方向从扩大规模增加产值转变到新产品研发及技术改进上来。据统计，截止到2013年年底，具有研发能力的企业达到了1365个，研发机构增至1265个，国家认定企业技术中心达61家，研发人员达8.9万人，完善的体系以及丰富的人才储备使得有色金属行业发展蕴含生机。

（三）石化和化学工业

2014年石化和化学行业在国际油价暴跌背景下稳住了增长，全行业增加值同比增长8.4%，利润总额约为8600亿元，与上年相近；出口额超过1970亿美元，同比增长9.6%。

1. 结构调整促进转型升级

2014年行业运行和发展的主题是结构调整，分为产品结构调整和行业结构调整两个重点。新产品抢占市场份额，新型专用化学品、涂（颜）料等精细化学品给企业提供了较为丰厚的利润。受到原材料供应及环保导向的带动，产品消费结构进行了调整优化，LNG消费保持迅速增长，市场对有机化学原料、合成树脂等反应强烈。对于不同的市场需求，化工产品针对性强，个性化突出。从市场结构来看，非公有控股经济表现突出，民营企业在化工领域的比重越来越大，行业利润逐渐从上游原材料环节转移至下游产品市场，说明石化和化工行业的原材料垄断市场对利润的把持有所松动，依靠高附加值、高技术的产品市场是未来石化和化工行业良性发展的方向，是行业转型升级的动力。

2. 化解产能过剩取得阶段胜利

产能过剩一直是制约行业发展的头号问题，2014年全行业对此进行了调整，取得了一定的效果，一些行业供给双方的矛盾得到缓解，促进了节能环保工作的进展。全年尿素、烧碱、聚氯乙烯、电石行业分别退出落后产能500万吨、33万吨、

21 万吨、192 万吨，落后产能淘汰的工作取得了阶段性胜利，有效缓解了产能过剩压力。由于产能的调整，过度供给的产品开始稳定，产品价格回升，无机酸、无机碱和化肥行业的危机局面得到缓解，全年的利润有望恢复增长。2014 年前三季度全行业万元收入耗标准煤同比下降 1.6%，一些重点产品，如乙烯、烧碱、电石、黄磷分别有 2.2%、3.2%、4.4% 及 5.5% 的能耗下降，收到良好的效果。

3. 科技创新收到丰硕成果

化工行业的持续科研投入使得科技创新收到丰硕成果。2014 年石油化工领域获奖数量与往年基本持平，化学化工类项目分别收获 10 个国家自然科学奖、15 个国家技术发明奖、27 个国家科技进步奖。石化行业受到"三期叠加"的影响，正处于一个转型升级的重要时期，需要持续长期大量的投入来保持创新的发展速度。

2014 年化学化工领域在国家技术发明奖的获奖数量为 15 项，获奖数量占整体数量的 27.8%，充分表明了该领域在科技创新上的竞争力。其中，甲醇制低碳烯烃（DMTO）技术的煤化工项目首次获奖，用传统的石油制烯烃的方法替代为煤制烯烃，而煤制烯烃的技术瓶颈为甲醇制低碳烯烃，该技术的发明将发挥中国煤炭资源优势，缓解石油资源紧张局面，保障国家的能源安全，提高资源利用的效率。除了原创性发明，技术改造也成为行业内的一个亮点，在行业转型中发挥着重大作用：滴灌水肥一体化专用肥料及配套技术，为提高化肥的综合利用率做出了重大的贡献；基于巨磁阻效应的油井管损伤磁记忆检测诊断技术，作为故障诊断与健康管理技术在石油管线上的应用，成功地检测出油井管的物理性失效，提高了油管的可靠性，成功预防了因油井管的失效导致的生产事故和环境污染。"深水半潜式钻井平台研发与应用" 获国家科技进步特等奖，在我国南海上开展了一系列海上钻井平台技术的科技创新和突破，攻克了大量的工程难题，研发了国际领先的首座超深水半潜式钻井平台，带动了我国海洋工程基地的发展，使我国进入了国际海洋高端制造业的行列。

（四）建材行业

2014 年前三季度建材行业全国统计数据显示，水泥、平板玻璃产量分别为 182023 万吨和 61008 万重量箱，同比增长分别为 3% 和 3.8%，增速同比减缓分别为 5.9 和 7.5 个百分点，两者价格环比都有小幅回升。截止到 8 月份，全行业实现利润2732亿元，同比增长14.3%。水泥和平板玻璃行业分别实现利润462亿元和12.4亿元，同比分别增长29.7%和下降44.1%。

1. 建材行业迈进新型工业化

混凝土与水泥制品销售成为第一产业，表明建材行业结构调整明显，标志着我国新型工业化迈出了重要一步。建材一直是我国的支柱产业之一，也是我国经济发展的一个重要指标，水泥在建材行业中一直是处于领军地位。在2014年，规模以上混凝土与水泥制品业销售规模首次超过水泥工业，并且超过额度多达一万亿元。这种现象表明，过去以量取胜的发展模式在新的经济形势下不可持续，水泥工业结构在此轮经济形势下顺势进行调整，高附加值的产品开始在建材行业中占据主导。据业内人士评价：2014年混凝土与水泥制品业销售额超过水泥制造业成为行业的又一个标志。1990年水泥首次超越砖瓦标志着建材工业走向近代工业，混凝土与水泥制品业超过水泥工业，标志着建材行业迈进了新型工业化时期。

2. 研发创新存在一定差距

建材行业的技术研发和创新一直在加紧步伐赶超国际一流水平，但是目前来看仍然存在一定差距。第二代新型干法水泥是我国水泥行业发展的重中之重，其技术和装备是在不改变悬浮预热和预分解这一主要工艺技术特征的基础上的进一步创新。我国新型干法水泥总体技术处于世界先进水平，但由于缺乏长时间的运行经验，存在两点问题：一是能耗、控制水平、运转率及可靠性方面存在不足；二是在协同处理废弃物方面处于落后地位。未来建材联合会打算利用4—5年的时间对此进行集中创新，加大对第二代新型干法水泥的投入和支持。

伴随着国家对基础建设的持续大规模投入，建筑工程也不断暴露出问题，中央和地方政府出台了文件加强对工程质量和寿命的要求。在目前的发展阶段，传统的低端通用水泥已经无法满足不断发展的工程需求，这对水泥企业形成了倒逼，成为企业转型升级提升竞争力的机会。由于特种水泥在建材行业里有着不可替代的作用，特种水泥的研发能力成为了企业的核心竞争力。

3. 排放标准提高，严控企业排放

面对日益严重的大气污染，国家将二氧化硫、氮氧化物列为“十二五”大气污染物总量控制约束性指标，并出台了一系列更为严格的行业排放标准。平板玻璃行业已于 2014 年 1 月 1 日起执行《平板玻璃工业大气污染物排放标准》（GB26453-2011）；水泥行业将于 2015 年 7 月 1 日起执行《水泥工业大气污染物排放标准》（GB4915-2013）。

“十二五”时期，建材工业下大力气淘汰落后产能，解决行业的低端现状，向高端化转型升级。在规定的时间内彻底淘汰落后产能，淘汰范围不仅仅包含小型作坊和早期建成的中小规模生产设备和配套设备，还包含已经处于落后地位的新型干法生产线。在平板玻璃行业范围加快推进平板玻璃脱硫、脱硝设施建设，加快烟气在线和自动监控系统建设。

二、质量品牌建设情况

（一）钢铁行业

钢铁行业总体而言各品类产品质量均有不同程度的提高。在各细分产品中，H 型钢、建筑用钢材、特殊钢、无缝钢管、黑色金属矿冶产品等产品质量比较稳定，使企业收到了良好的经济效益。据 2013 年统计数据显示，广泛使用的型材 H 型钢成材率为 97.99%，综合合格率 99.88%；热轧带肋钢筋产品合格率为 93.4%；预应力钢绞线产品合格率为 98%；共检验钢管产品 50459 炉，抽样结果显示质量达标。从原料来看，磁铁矿选矿的铁精矿品位达到了 67%—69%，SiO_2 降到 3%—5%，这表明国产铁精矿的质量已完全能满足需求，并且在部分指标上已经超过国外成品铁矿石的质量。

虽然我国钢材产品质量整体水平在提高，但是与国际先进水平依然存在差距。例如，H 型钢在一些特种用钢的成材率依然较低，一致性较差；无缝钢管在杂质控制水平、均匀性、力学性能等关键指标上还有所欠缺；一些高强度、耐腐蚀、长寿命品种钢材依赖进口；高性能产品研发以及生产技术水平还有所欠缺。

（二）有色金属行业

我国有色金属行业主要产品质量稳定，基本与去年持平。据 2013 年统计，铝及铝合金建筑型材产品抽样合格率 92%，铜及铜管材产品抽样合格率 91%，电解铝产品质量比较稳定，其主要原料氧化铝、预焙阳极和氟化铝的产品质量稳步提升。我国大型稀土企业稀土产品质量合格率较高，其中混合稀土产品质量状况较为稳定，按转化为稀土氧化物计算，稀土总量七成以上的样品能达到 92%，单一稀土产品与前几年相比产品质量有大幅提高，稀土相对纯度大于 99.999% 的单一产品样品明显增多。

但精炼贵金属产品质量并不稳定。国内大企业生产的金、银产品质量总体达到标准;钛合金加工产品技术尚处于初步发展阶段，主要以锭、棒、板、管、带、箔等原材料为主，产品质量不稳定、成品率较低；精炼铂族金属产品质量波动性较大，产品质量一致性差。

（三）石化行业

石化产业是国民经济的支柱产业，质量安全问题一直是重中之重。石化领域中新型染料中间体、硅机新材料、生物化肥、植物农药、改性化学建材等产品在原有产品基础上开发较多，由于生产企业一般实力较强，因此总体的质量水平良好。涂料与颜料、橡塑及再生产品、石油产品与润滑剂、农用产品、石化设备等质量状况总体平稳，与世界发达国家石化产品差距进一步缩小。部分行业发展缓慢，如土工合成材料、汽车涂料、风电涂料、硅基新材料等产品与国际先进水平存在巨大差距，产品结构单一，生产技术研发滞后，只能依赖于进口。小微企业的质量问题依然突出，小型企业产品质量抽查时发现化学建材、化学危险品等均不同程度地存在无证生产现象。无证农资产品生产案件的主体绝大多数也是小微企业，假冒伪劣现象较为突出。

在成品油方面，按照国家发改委要求必须拓展成品油的新品种，全面提升油品，大力发展煤制油。主要推进几个项目：一是陕西榆林、内蒙古鄂尔多斯、山西长治等煤炭液化项目;二是浙江舟山、江苏镇江、广东湛江等生物燃料项目建设。分两步走实现成品油升级目标：第一步是到 2015 年底，在京津冀、长三角、珠三角等区域内重点城市供应符合国 V 标准的车用汽、柴油;第二步是到 2017 年底，全国供应符合国 V 标准的车用汽、柴油。

（四）建材行业

建材行业主要产品质量有较大提升。2013 年第三季度水泥产品国家质量监督局抽查批次产品合格率达 97.14%；新型墙体材料产品国家监督抽查产品抽样合格率为 87.5%，比 2012 年上升了 16 个百分点；陶瓷砖产品国家监督抽查产品抽样合格率为 93.9%，比 2012 年上升了 4.3 个百分点；2013 年第四季度，卫生陶瓷产品国家监督抽查产品抽样合格率为 93.7%，比 2012 年提升 1.2 个百分点；2013 年共接受玻璃纤维及绝热材料检测 3100 余批次，总体合格率约为 85%，比

2012 年提高 5 个百分点。本次抽查对含水率、胶合强度、甲醛释放量等重点项目进行了检测，共发现 5 批次不合格，不合格项目涉及甲醛释放量 4 批次，占不合格总数的 80.0%；胶合强度 1 批次，占不合格总数的 20.0%。

各类企业建材产品抽查合格率相差较大，规模较大企业质量明显高于小型企业。如 2013 年新型墙体材料产品国家监督抽查中，大中型企业的产品合格率分别为 91.7%、95.7%，远高于小型企业 84.7% 的合格率，小型企业的合格率也低于抽查合格率平均数 87.5%。而在 2013 年第 2 批平板玻璃产品国家监督抽查中，大型企业抽查合格率为 83.7%，中型企业抽查合格率仅为 72.7%。对于建材行业质量的控制一方面要加大监督水平，对不合格企业严格把控，另一方面要加快企业兼并重组优化市场资源配置，提高产品质量水平。

三、重要数据

表 5-1　2013 年原材料行业专利数[1]

行业	专利申请数	发明专利	专利数
石油和天然气开采业	2628	888	1198
有色金属矿采选业	254	85	140
石油加工、炼焦和核燃料加工业	1600	814	1710
化学原料和化学制品制造业	27165	14883	22005
有色金属冶炼和压延加工业	9022	3464	6753

表 5-2　2013 年原材料行业研发投入[2]

行业	研发项目数	项目人员折合全时当量（人年）	项目经费支出）万元）
石油和天然气开采业	3284	21999	541578
有色金属矿采选业	464	3591	188955
石油加工、炼焦和核燃料加工业	1913	12800	715280
化学原料和化学制品制造业	24585	154752	5886014
有色金属冶炼和压延加工业	6966	52723	2619801

[1] 资料来源：《中国科技统计年鉴2014》。
[2] 资料来源：《中国科技统计年鉴2014》。

第二节　主要问题

一、产能过剩压力依然较大

当前，产能过剩已经成为我国产业结构转型升级所面临的严重问题，在钢铁、电解铝、水泥、平板玻璃等原材料行业尤为突出。但受下游需求增长刺激和扩大市场占有率需要，有些原材料企业仍不断扩大投资规模，虽投资增速放缓，新增产能仍然较多。以钢铁行业为例，2014 年粗钢产量 8.23 亿吨。产能利用率 73.6%，低于国际 78% 的标准。电解铝行业，随着新疆、甘肃、内蒙等省区产能进一步释放，2013 年我国电解铝产能超过 3200 万吨，产能过剩局面持续加剧。此外，在产能过剩的行业，目前在财税、社保、用工等方面缺乏对企业的支持，影响了企业退出的积极性，导致落后产能淘汰难度加大。

二、关键核心技术有待突破

技术创新能力不强，关键核心技术有待突破是制约我国原材料行业发展的问题之一。部分原材料企业的技术创新主体地位尚未确立，产学研协同创新效率不高，成果转化不足，开展技术创新的政策环境有待完善。建材行业还没有完全脱离依靠投资增量扩张和以生产要素驱动的发展模式，缺乏技术创新能力。我国钢铁行业创新能力不强，先进生产技术、高端产品研发和应用还主要依靠引进和模仿，一些高档关键品种钢材仍需进口，消费结构处于中低档水平。例如，我国无缝钢管行业在高端产品的技术研究、生产开发、质量控制上都与国外有不小的差距，主要以学习和吸收为主，技术创新能力较弱，新产品更新换代速度缓慢。

三、质量品牌建设亟待加强

目前，部分国家及行业标准的制订或更新速度跟不上行业发展，已经成为制约原材料行业产品质量提升的一个重要因素。例如在稀土行业，目前常规的稀土产品都有相应的国家产品标准和分析检测标准，但稀土产品的应用领域非常广泛，不同用途对产品的技术要求不同，用户和稀土企业往往执行自己的合同标准，造成同样的产品在某一应用领域合格，而在另一应用领域却不合格。同时由于稀土新材料不断涌现，已有的稀土产品国家标准及检测标准并不能全部覆盖所有稀土产品。此外，部分产品原材料质量不高，也是影响产品质量的重要因素。对于电解铝而言，影响质量的主要问题来源于原料，尤其是由阳极质量变化和国内部分地区氧化铝质量变化引起。再生铜加工用铜原料主要来源于再回收的工业废电线、电器、电机等，原材料来源非常复杂、导致产品质量很难控制。

四、行业盈利能力有待提高

随着国内经济下行压力增大，国内电力、能源价格、人力成本不断上涨，石化、钢铁、有色等原材料企业的盈利能力逐渐走弱。2014 年，我国钢铁价格不断下降，钢材综合价格指数从年初的 97.5 下降到 10 月末的 86.4，加上环保、人工等成本的上升，导致钢铁行业盈利水平持续下降。据统计，1—9 月，中钢协重点统计企业的累计亏损面为 25%，会员企业的销售利润率仅为 0.71%，明显低于其他工业行业盈利水平。有色金属行业随着铜、铝、铅、锌等有色金属产品价格不断下跌，导致行业整体利润微薄。

第三节　对策建议

一、调整产业结构，加快淘汰落后产能

一是根据地区资源禀赋、产业基础、环境承载能力等因素，推进钢铁、石化、有色等原材料产业布局调整和优化，引导国内有效产能向优势企业和优势地区集中。二是积极推进产业转型升级，优化产品结构，增加 R&D 投入，提升行业科研能力和生产技术水平，提升高技术、高附加值产品的生产能力，淘汰高能耗、低附加值产品。三是严格执行《国务院关于化解产能严重过剩矛盾的指导意见》，清理整顿违规产能，严格控制钢铁、有色、建材等行业新增产能。四是完善落后产能退出机制，对环保不达标和超能耗的企业实施差别电价、水价等价格政策，倒逼落后产能退出，同时通过落实等量或减量置换方案、提高财政奖励标准等措施，加快落后产能的淘汰步伐。

二、强化企业主体地位，提高企业创新能力

目前，我国原材料行业自主创新能力有了一定提升，但与国际水平仍有较大差距。因此，建议有关部门加强营造创新的政策环境，支持原材料企业加大研发投入，鼓励企业开展多元化的技术创新活动，引导企业加快科技成果转化和应用，

帮助企业引进培养创新型人才，促进企业创新发展做大做强，使企业真正成为研发投入的主体、技术创新活动的主体、创新成果应用的主体和创新人才聚集的主体，提高企业创新能力。此外，通过科技创新，去突破制约产业优化升级的关键核心技术，发展高性能新材料，加快企业技术改造，加快推动发展动力从规模扩张向创新驱动转变。

三、积极发挥政府的主导作用，推进共性技术研发

共性技术是影响原材料行业整体发展水平的关键因素，由于开发共性技术具有难度大、投入多的特点，企业对开发共性技术的关注度不高。对于这类容易市场失灵、单个企业难以承担、具有普惠性和基础性的技术研发，建议由政府出面组织科技攻关，出台支持企业和实验室携手共赢发展的政策，探索建设面向企业的联合研发、委托研发、设计、中试和检测等服务的综合性服务平台的工作机制，深化产学研合作，积极推进共性技术的研发，进一步提升原材料行业自主创新能力和检验检测水平。

四、加快标准体系建设，提升产品质量

一是健全国内标准体系，解决部分产品标准缺失或针对产品相关性能指标检测标准缺失的问题，大力提升标准的先进性、有效性和适用性。二是引导企业加强质量管理体系建设，形成科学管理、优化管理，提升管理效率，建立数据库对产品质量数据进行自动化管理，对各项产品质量数据进行系统化分析，辅助用以监控产品质量稳定性。三是发展生产工艺过程中的在线检验检测技术，以及时发现生产过程中的质量问题，并在检测过程中引入自动控制技术，减少人为误差。

第六章　消费品行业

随着我国工业转型升级战略的逐步推进，我国消费品工业也加快转型升级步伐，突出表现在该领域的创新发展较快，创新能力不断提升。包括：纺织工业的原材料、制造工艺、印染技术方面都有所创新，很多技术逐渐达到国际先进水平；轻工业的很多关键领域实现了自主创新；食品工业和医药工业方面也取得很多成就。这些技术创新活动加快了我国消费品工业结构转型升级的步伐，并提升了消费品工业总体质量水平和品牌价值，也进一步扩大了在国际上的影响力。

第一节　总体情况

一、重点领域技术发展、创新及产业化情况

本部分将介绍消费品工业中纺织、轻工、食品、医药四个子行业的科技创新情况。

（一）纺织工业

2014 年面对国内外错综复杂的经济形势，加上我国传统工业竞争优势逐步减弱，纺织工业通过积极创新改变发展方式，总体上保持了平稳运行。2014 年 1—10 月份，纺织行业主营业务收入为 54493 亿元，同比增长 7.57%，与全国经济增长同速。利润总额 2683 亿元，增长 9.13%，出口额 2544 亿美元，同比增长 6.37%。与 2013 年相比，纺织业呈现稳中有升的发展趋势[1]，这与纺织业的创新息息相关。

[1]　资料来源：http://www.chinabgao.com/freereport/64260.html。

1. 纺织原材料创新方面

多元色纺休闲面料 由南通东帝纺织品有限公司、南通大学和江南大学共同研发的“多元色纺休闲面料精准设计及集成加工技术”，通过了中国纺织工业联合会的科技成果鉴定，填补了国内外空白，整体技术达到国际先进水平。该项技术运用多元色彩空间混合原理，通过多元色纤维的混纤、混并、混织和后整理的技术集成，采用原液着色纤维和色织加工工艺，生产出色彩丰富、风格独特的低支高密休闲色织面料，提高了产品的附加值。同时，为原液着色与染色纤维的推广应用以及色织行业节能减排、低碳生产开辟了新途径。

稀土发光纤维 稀土夜光纤维由国家稀土夜光纤维创始人葛明桥教授研制成功，这种新材料可以广泛用于服装类、家纺类、其他产业用纺织品等领域，如可以制成发光拉绒布、夜光短绒面料等 11 种不同颜色的稀土夜光纤维发光纺织面料，以及发光毛绒玩具、发光十字绣等数十种夜光纤维发光制品。这些产品的特征是在吸收可见光 10 分钟后，便能将光能贮存于纤维之中，在黑暗状态下可以持续发光 10 小时以上，而且具有色彩绚丽、且环保高效的特色。例如，世博会的特许产品“海宝”就是由夜光绒制作而成。[1]

2. 织造技术

全自动落丝系统 该技术由北京机械工业自动化研究所自主研发，已获得 1 项发明专利、1 项实用新型专利的授权。该系统研制成功多轴的自动化落丝车，提升了落丝、转运能力，实现了落丝、装车和转运的自动化，能够满足同时多品种生产按单一批号等级装车的需求，并自动完成丝饼产品信息的跟踪及标签打印。同时该系统的研制采用了新型的地面运行方式，有利于老厂升级改造。目前，已有 46 套系统投入使用，生产运行稳定，技术先进可靠，性价比高，实现了产业化，性能指标等满足用户要求，经济效益和社会效益都十分显著。[2]

新型熔喷非织造材料的关键制备技术 该技术获得了 2014 年度国家科技进步二等奖。该项技术拥有几项突破，一是攻克了纳米掺杂双组分熔喷耐久驻极纳微纤维非织造材料制备技术，揭示了电荷储存机制和驻极材料过滤机理，实现了高效、低阻熔喷非织造过滤材料的产业化；二是开发了短纤插层复合熔喷非织造材料制备技术，攻克了短纤维气流输送与可控分布的技术难题，实现了高弹耐压

[1] 资料来源：中国纺织网。
[2] 资料来源：http://info.texnet.com.cn/content/2014-12-31/502270.html。

复合熔喷非织造材料的产业化；三是研发了层间复合协同增效熔喷非织造材料制备技术，解决了复合过程中张力匹配和层间粘接等技术难题，实现了复合熔喷非织造保暖材料产业化，产品已装备全军部队；四是研制了多级熔体压力分配衣架式熔喷模头和快装式纺丝组件，解决了宽幅熔喷设备中气流均匀分布与多气流的匹配平衡问题，实现宽幅熔喷装备的国产化。

高效能棉纺精梳关键技术 该技术由中原工学院和江苏凯宫机械股份有限公司等单位共同研发，拥有自主知识产权。高效能棉纺精梳关键技术建立了变速曲线数学模型，打破国内传统线切割加工工艺，采用全自动数控磨齿加工工艺，攻克了高精度非圆齿轮等核心部件的设计、加工难题，开创了我国精梳机高精度非圆齿轮的先河。目前，该项技术实现速度在 350 钳次 / 分以上，超过了世界最高水平，一举打破了国外产品垄断高端市场的局面，迫使国外产品的市场份额大幅下降。

3. 印染技术

筒子纱数字化自动染色技术 该技术是我国纺织印染行业数字化、智能化制造的重大突破。针对目前我国纺织印染行业存在着劳动力密集、生产效率低、染色质量稳定性差、能耗高、废水排放量大等共性问题，山东康平纳集团有限公司、机械科学研究总院及山东鲁泰股份有限公司联合研制了筒子纱数字化自动染色技术和装备，该项技术和装备创建了筒子纱数字化自动高效染色生产线，应用了数字化自动染色、全流程的中央自动化控制系统，实现了从手工机械化、单机自动化到全流程数字化系统自动化的跨域，实现了染色工艺、设备、系统的三大创新。筒子纱数字化自动染色技术是我国自主创新方面的高新技术，具有完全自主知识产权，获得国家授权专利 32 项（其中发明专利 14 项）、软件著作权 13 项。并且产业化、市场化推广效果显著，其特点在于：第一，提高产品附加值，可以生产高档面料、提升产品功能；第二，利于节能环保，节约用工 70% 以上、节水 27%、节约蒸汽 19.4%、节电 12.5%、减少污水排放 26.7%。目前，全自动染色生产线及其技术产品已在鲁泰纺织、孚日集团、雅戈尔集团、大新纺织等 30 多家企业推广应用，染色生产棉、毛、丝、麻、化纤等 8 万多个品类，产品出口美国、意大利等 30 多个国家和地区，带来了明显的经济与社会效益。[1]

[1] 资料来源：http://info.texnet.com.cn/content/2015-01-04/502352.html。

高效冷轧堆技术 高效冷轧堆技术是我国印染技术的一项重要创新。高效冷轧堆技术的工艺原理是将烧碱、双氧水同浴，进行长时间处理，达到退、煮、漂的目的。高效冷轧堆技术与传统的冷轧堆工艺相比，具有很多优势，一是节能环保，采用了常温堆置，减少汽蒸工序，节约能耗30—50%；二是缩短时间，提高生产效率，该项技术的堆置时间减少至6—8小时；三是产品质量水平提高，产品的白度、毛效、强力等指标更稳定。经过该项技术处理后的棉及涤棉织物各项指标均达到半制品质量指标，棉籽壳去除完全，染色后色光鲜艳，匀染性好。

数码机印花技术 该技术是国内印花技术的重大突破，填补了国内印染行业的空白。该项技术由盛虹集团研发，攻克了数码印花在墨水选择、印花工艺、花形清晰度和色牢度等方面的技术难题，将数码技术与传统印花技术相结合，既满足了复杂花形的印制需求又拥有与数码花形相同的逼真、渐变优势特点。与传统技术相比，该项技术具有“低能耗、低污染、低排放、高附加值”的特点。盛虹集团凭借该项技术赢得了新的发展空间和市场，也推动印染行业的转型升级。

（二）轻工业

轻工业是我国国民经济的重要组成部分，在出口创汇、提供就业、带动经济发展方面都起着很重要作用。

1. 家用电器

随着中国经济进入中高速增长的“新常态”，2014年中国家电行业保持了稳定增长的态势，继续呈现出生产工艺装备的自动化、智能化特征，使我国的家电业转型升级迈上了新的台阶。很多龙头企业提高机器人使用的比例，在打造数字化工厂方面获得良好成效，并进一步促进了产业结构的调整。

Anti-F蓝鲸气流低霜系统 该技术是海尔独创技术，用于低霜冷柜产品。夏季存在气候炎热、潮湿，易导致病菌、霉菌的繁殖的问题，而冷冻室的结霜更有可能加剧这些问题隐患，并且结霜也会使制冷效果变差、影响食物品质。据统计，冷冻食物极易感染嗜冷菌等多种细菌，结霜后感染率尤其高。海尔节能低霜冷柜应用了Anti-F蓝鲸气流低霜系统，比普通冷柜减霜70%，有效解决了用户在冷柜使用过程中结霜的困扰，同时采用强大冷冻力设计，满足用户冷冻需求。数据显示，海尔节能低霜小富豪冷柜销售增长56%，受到了众多用户的青睐。

高效紫外空气消毒净化器 该产品由佛山柯维光电股份有限公司针对当前病毒、雾霾等空气污染等严重问题而研发，其技术达到国内领先水平。该项技术应用了创新的紫外光源及镇流器核心技术，并结合自主研发优化的结构设计及专业的流体分析和空气动力学分析技术，具有消除尘埃、异味及有害气体，一次性杀灭细菌病毒等微生物的复合功能。其特点为静音、低噪、吸附颗粒物、灭菌消毒、净化、不再产生二次污染。据广东省疾病预防控制中心、微生物检测中心等机构测试得知，柯维光电空气消毒净化器一次性灭菌率（0.2—1 秒内）达到 94% 以上，1 小时内甲醛去除率超过 60%，1 小时内去除 PM2.5 达到 97% 以上。

2. 塑料加工

多层改性 PP-R 增强抗菌管 该管材由江西南氏管业有限公司自主研发，与传统的 PP-R 管材相比，具有强效抗菌功能，成为管材业难得一见的环保产品，该项技术达到国际先进水平。其工艺特点为采用超声波原理创新性地解决了纳米脱土与聚丙烯复合改性过程中易团聚的技术难题，让纳米颗粒均匀稳定地分散于有机体中，增强了管材抗菌环保性能，同时，该技术突破以往管材结构研究瓶颈，在制备三层结构管材的设备和管壁厚度上，不断提高聚丙烯 PP 的机械刚性、韧性，使管材抗压性能得到进一步提高。在用途上，该项技术可广泛应用于建筑物、基础设施给水工程网管及农村安全饮水工程管网、城乡供暖管网等领域，是建筑家装行业的首选管材产品。

垃圾塑料制油清洁生产技术 该项技术由杭州电子科技大学自主研发，其原理是通过无氧分解，让垃圾塑料里的高分子转换成低分子，分解成不同的油和气。技术研发项目组在衢州试验基地建成的示范装置，目前日处理废塑料在 100 吨以上，出油率达到 65%—70%，废水实现达标排放，废气实现零排放，解决了困扰废塑料处理所产生的二噁英问题，经国家权威部门检测，其装置的废气排放完全符合欧盟标准。该技术的优势在于，一是对原料要求比较低，甚至可处理含水率 60% 的造纸和生活废塑料；二是该生产系统安全节能，通过建立恒压自动控制保证各个工艺段均保持接近常压范围，所以没有泄漏和爆炸危险，同时具有节能效应；三是智能化远程控制，项目组还在杭电信息与控制研究所建立了远程控制中心，可实现对生产线的远程控制，在任何地点都可以对生产线实时管理和安全监控。目前，正在推进与江苏、山东、广东、重庆等全国重点造纸基地的合作，并准备进入国外市场。

MTP（甲醇制丙烯）催化剂 该技术由大唐化工研究院开发，并完全掌握了 MTP 催化剂制备的成套技术，构建了从 MTP 催化剂的分子筛原粉合成、改性、成型，规模化生产和再生等成套技术，形成了较为完善的自主知识产权体系。该项目已申请 MTP 催化剂相关专利 10 余项，其中授权 6 项。据检测得知，该催化剂不仅填补了国内这一领域的空白，其性能更领先于世界同类产品，这意味着我国结束了 MTP 催化剂依赖进口的时代。MTP 催化剂采用创新晶面导向合成技术，其表面修饰及双功能分子筛技术可有效提高催化剂的综合性能。2014 年 6 月 25 日，150 吨 MTP 催化剂在大唐多伦煤化工 MTP 装置反应器 C 中装填完毕，这标志着大唐化工研究院自主研制的 MTP 催化剂由工业试用阶段全面进入工业化应用阶段，据统计，年产 46 万吨 MTP 项目采用该催化剂后的综合效益至少提高 7000 万元。[1]

（三）食品工业

2014 年，我国食品工业基本呈现了“增长稳定、价格平稳、效益提高、结构改善”态势，生产呈波动增长，经济效益稳定提高，但增速回落，食品进出口平稳增长。据统计，2014 年，全国 37607 家规模以上食品工业企业增加值同比增长 7.8%（按可比价格计算），增速回落了 1.3 个百分点。若不计烟草制品业，食品工业增加值同比增长 7.6%。[2]

大米米渣制成多肽蛋白粉 该项技术由华中农业大学食品科技学院历时 15 年研发成功。其原理是将米渣中的大米蛋白经过酶解、膜分离等程序，最终喷雾干燥得到大米多肽蛋白粉。这种多肽蛋白粉是营养食品工业中的高档功能性蛋白添加剂，其特点为易消化、易吸收，可广泛应用于保健食品、营养食品、焙烤食品以及运动员食品等多领域。目前，这一项目已经在湖北省大悟县落地，总投资 5.16 亿元，占地面积 550 亩，建成后将形成年产 1 万吨大米多肽蛋白的能力，预计 2015 年 5 月投产，年销售额可达 30 亿元。[3]

辣椒天然产物高值化提取分离关键技术 该技术由河北省邯郸市晨光生物科技集团股份有限公司等单位研发，该项目开发了连续同步提取分离技术与装备，建成了世界首条连续化、规模化辣椒提取分离生产线，单套设备日投辣椒颗粒由项目实施前的 2 吨提高到 200 吨，辣椒红、辣椒素提取率分别由 82%、35% 提高到 99%、95%，并解决了辣椒提取存在着周期长、提取率低、溶剂和能耗大的技

---

[1] 资料来源：http://www.cppia.com.cn/cppia1/slzj6/201517203537.htm。
[2] 资料来源：http://www.chinairn.com/news/20150217/09050528.shtml。
[3] 资料来源：http://www.most.gov.cn/dfkj/hub/zxdt/201411/t20141102_116421.htm。

术难题和质量安全难以保障，长期以来辣椒提取物依赖进口等难题。该项成果完善了辣椒提取加工技术理论体系，突破了固有加工模式和工艺思路，带动了我国辣椒提取产业生产技术、装备水平及产品品质全面提升。据统计，技术与装备推广到吉林、山东等国内外 30 余家企业应用，项目完成单位及主要应用单位近三年新增销售收入 46.1 亿元，利税 10.6 亿元。目前，晨光生物科技集团股份有限公司辣椒红国际市场份额达 50% 以上，产销量跃居世界第一，带动我国辣椒红国际市场份额由不足 2% 提高到 80%，辣椒素国际市场份额提高到 50%，实现了由严重依赖进口到掌握国际市场话语权的根本转变。[1]

（四）医药工业

2014 年是我国医药行业大变革的一年，随着药价放开、拟放开互联网售药、医疗市场化改革的推进，医药行业的机遇与挑战并存。我国医药行业的发展进入了创新驱动发展的换挡期，由高速增长转为中高速增长。据统计，2014 年的医药行业产值增速仅为 13% 左右，远远低于以前 20% 的高速增长。

Sabin 株脊髓灰质炎灭活疫苗获批上市 Sabin 株脊髓灰质炎灭活疫苗是由中国医学科学院医学生物学研究所研发，S-IPV 通过采用现行脊髓灰质炎减毒活疫苗的生产毒株（Sabin 株），经培养收获病毒，结合灭活疫苗生产工艺制备而成。脊髓灰质炎是由Ⅰ、Ⅱ、Ⅲ型脊灰病毒感染引起的急性传染病，又称小儿麻痹症，被医学界称为“威胁儿童生命和健康的最大杀手”。它的产业化将对我国彻底消灭脊髓灰质炎发挥重要作用。该项疫苗的研究成功打破了发达国家对脊髓灰质炎灭活疫苗生产的垄断，填补了我国在该方面的空白。世卫组织提出将中国生产的 Sabin 株脊髓灰质炎灭活疫苗引入全球根除脊髓灰质炎行动计划中。[2]

二、质量品牌建设情况

2014 年是消费品行业加强质量建设的重要一年，各个部门纷纷制定政策法规加强消费品产品的质量与品牌建设，促进传统产业的转型升级，以提升产品附加值、提高产品的国际竞争力和拓展国际市场。

[1] 资料来源：科技部网站，http://www.most.gov.cn/dfkj/hb/zxdt/201502/t20150212_118166.htm。
[2] 资料来源：http://www.sda.gov.cn/WS01/CL0050/112362.html。

（一）相关政策纷纷出台，政府服务与监管力度加强

在国务院《关于印发质量发展纲要（2011—2020年）的通知》（国发〔2012〕9号）和《工业产品质量发展“十二五”规划》的指导下，很多部门纷纷出台相关政策以持续提高我国消费品行业的产品质量水平和品牌价值。

在纺织工业方面，工业和信息化部办公厅发布《工业和信息化部办公厅关于开展服装家纺自主品牌建设调查工作的通知》（工信厅消费函〔2014〕379号），要求遴选出企业基础能力、品牌管理能力、品牌创新能力、品牌市场能力及品牌影响力较强的企业进行跟踪调查，对推动纺织服装自主品牌发展，加快转变经济发展方式，促进纺织工业转型升级发挥了重要作用。

此外，工信部还加强印染企业的准入管理，根据《工业和信息化部办公厅与环境保护部办公厅关于做好2013年印染企业准入公告管理工作的通知》（工信厅联消费函〔2013〕527号）有关规定，2014年公布了符合《印染行业准入条件（2010年修订版）》企业名单（共两批）。

在轻工业方面，2014年5月6日，国家质检总局、国家标准化委员会发布了《玩具安全 第1部分：基本规范》、《玩具安全 第2部分：机械与物理性能》、《玩具安全 第3部分：易燃性能》、《玩具安全 第4部分：特定元素的迁移》4项强制性国家标准。该4项标准是根据我国国情，参考《玩具安全》国际标准（ISO 8124），借鉴欧盟相关指令和标准，修订《国家玩具安全技术规范》（GB 6675-2003）而成，于2016年1月1日起实施。

在食品工业方面，工业和信息化部颁布了《2014年食品工业企业诚信体系建设工作实施方案》的通知，要求加快推进食品工业企业诚信体系建设工作，提高食品企业质量安全管理水平，促进食品行业持续健康发展。

在医药工业方面，2014年6月27日国家食品药品监督管理总局通过了《医疗器械生产监督管理办法》（国家食品药品监督管理总局令第7号）和《医疗器械经营监督管理办法》（国家食品药品监督管理总局令第8号），目的是为加强医疗器械生产、经营的监督管理，规范医疗器械生产、经营的行为，保证医疗器械安全。这两项监督管理办法自2014年10月1日起施行。

（二）质量水平得到有效提升

2014—2015年，随着质量监督工作力度的加大，消费品的质量水平得到很大提升。据国家质检总局2014年12月公布的数据显示，前三季度国家监督抽查中，

日用消费品抽查了38种，工业生产资料抽查了31种。其中日用消费品和工业生产资料是抽查的重点，抽查种类数分别占总数的43.2%和35.2%。从抽查结果看，日用消费品抽查合格率为87.9%；工业生产资料抽查合格率为89.5%；建筑装饰装修材料产品抽查合格率为91.6%。工业生产资料、日用消费品、建筑装饰装修材料等3类产品的抽查合格率与2013年国家监督抽查情况相比均有所提高，分别提高了1.1、1.1和3.6个百分点。[1]

（三）品牌价值初见端倪

随着产业链和价值链的不断发展，企业对品牌价值的追求越发强烈。特别是在消费品行业，产品的品牌直接影响了消费者的消费偏好。在我国产业转型升级的关键时期，培育自己的品牌显得尤为重要。2014—2015年，我国的消费品行业的品牌建设取得一定成就。

在服装方面，据2014中国纺织服装品牌年度工作会议发布的《2014年中国纺织行业品牌发展报告》显示，唐山三友等10家企业荣获“2014年纺织行业品牌培育管理体系有效运行企业”的殊荣，宜宾丝丽雅、浙江海利得和福建鑫华等化纤企业入围“2014年度中国纺织服装品牌价值评价前50强企业”名单。

在轻工业方面，以家电行业为例，品牌价值的大小在产品销售方面具有重大意义。据互联网消费调研中心的统计显示，在液晶电视的市场中，对自主品牌（包括海信、创维、康佳、长虹、联想等）的关注首次突破了五成，三星依旧领跑市场，但优势不大，海信和创维紧随其后；在空调市场中，对自主品牌的关注度达到84.4%，格力、海尔、海信位列前三；在冰箱市场中，对自主品牌的关注度达到68.3%，海尔的市场份额达到34.5%，位列第一，比位列第二的西门子高出了18.6个百分点。

[1] 资料来源：国家质检总局，http://www.aqsiq.gov.cn/zjxw/zjxw/xwfbt/201411/t20141127_427722.htm。

三、重要数据

（一）研发投入

表 6-1　2013 年按行业分规上工业企业 R&D 人员及企业 R&D 经费内部支出

	纺织工业[1]	轻工业[2]	食品工业[3]	医药制造业
R&D投入人员（人年）	142908	197365	130313	163248
R&D投入经费（万元）	2616671	4389551	3542559	3476553

数据来源：《中国科技统计年鉴（2014）》。

注：下文涉及到的纺织工业、轻工业和食品工业的计算方法均与该表中的相同。

（二）知识产权

表 6-2　2013 年按行业分规上工业企业专利情况　　（单位：件）

	纺织工业	轻工业	食品工业	医药制造业
专利申请数量	21342	42520	16628	17124
发明专利数量	3770	9748	6174	10475
有效发明专利数量	5276	15186	7864	19558

数据来源：《中国科技统计年鉴（2014）》。

（三）新产品产值

表 6-3　2013 年按行业分规上工业企业新产品开发经费支出与销售收入（单位：万元）

	纺织工业	轻工业	食品工业	医药制造业
新产品开发经费支出	3180129	4488138	4131716	36645006
新产品销售收入	62668115	60131534	43522549	36061674

数据来源：《中国科技统计年鉴（2014）》。

[1] 纺织工业统计按纺织业、纺织服装、服饰业、皮革、毛皮、羽毛及其制品和制鞋业之和计算。

[2] 轻工业统计按烟草制品业、木材加工和木、竹、藤、棕、草制品业、家具制造业、造纸和纸制品业、印刷和记录媒介复制业、文教、工美、体育和娱乐用品制造业、橡胶和塑料制品业之和计算。

[3] 食品工业统计按农夫食品加工业、食品制造业及酒、饮料和精制茶制造业之和计算。

第二节　主要问题

一、消费品经济低速增长的新常态

一是受到国内外大环境的影响，经济下行压力大及产业处于转型升级的关键时期，整个行业告别了高速增长而转向温和增长态势。二是生产成本提高，企业发展压力增大，据统计，2014 年依赖于原料和劳动力的快速消费品、文体休闲用品、轻工原料产品这三类主营业务收入增速明显减缓。三是经济改革不断推进，鼓励环保、低碳、创新驱动的生产政策不断发挥作用，消费品行业具有很大的发展潜力。

二、智能制造发展速度缓慢

随着两化融合的不断推进，信息化在传统行业中的应用已经十分广泛，但是仅局限于部分环节的改造提升，这远远无法满足整个行业转型升级的发展需要，尤其是针对消费品行业这样的传统行业。目前，消费品行业企业的智能化水平还不够先进，信息化系统应用、智能制造装备的覆盖率还很低，这也是造成 2014 年整个行业低速增长的重要因素。面对全球智能化制造的冲击，消费品行业如何实现互联网时代的转型升级成为一项难题。

三、产品质量水平有待提升

与 2013 年相比，我国消费品行业的很多产品质量上有所提高，但与国际水平相比存在很大差距，这也是很多中国人放弃“中国制造”而奔向国外购买海外产品的重要原因。一是我国的生产企业市场准入管理混乱，很多企业资质不全，生产的产品质量无法保障，尤其涉及到食品、药品类的企业，对消费者信赖度的影响很大；二是市场监督体系不健全，导致很多假冒伪劣产品流入市场，损害消费者利益，进而损失了消费者对其的信任；三是奖惩体系不健全，很多企业被查处后另行起名注册再生产，严重扰乱了市场的健康运行。

四、品牌竞争力薄弱

总体上讲，我国消费品行业的品牌竞争力与国际水平相比具有很大差距。例

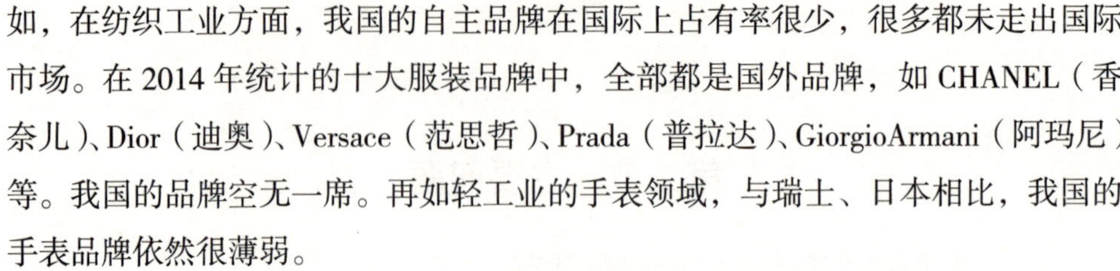

如，在纺织工业方面，我国的自主品牌在国际上占有率很少，很多都未走出国际市场。在 2014 年统计的十大服装品牌中，全部都是国外品牌，如 CHANEL（香奈儿）、Dior（迪奥）、Versace（范思哲）、Prada（普拉达）、GiorgioArmani（阿玛尼）等。我国的品牌空无一席。再如轻工业的手表领域，与瑞士、日本相比，我国的手表品牌依然很薄弱。

第三节　对策建议

一、积极进行结构调整，顺利实现产业转型升级

要坚持进行结构调整，持续地优化产业结构和产品结构，以提高产业附加值和持久竞争力，进而实现产业的转型升级。一是充分发挥政府的宏观调控功能，从战略高度理顺消费品产业的发展思路，协调企业与市场关系；二是积极出台相关政策，重点支持科技创新型企业的发展，并侧重于政策的落地措施；三是充分发挥第三方的作用（如行业协会），组织、协调企业的资源共享与创新活动，促进行业的整体创新能力和竞争能力。

二、激发市场活力，发挥企业主体作用

要尊重市场经济规律，高度重视企业的创新主体作用。一是要积极落实国家关于中小微企业的相关扶持政策，更大幅度地给中小微企业减负，支持中小微企业发展，为市场注入活力，提高市场资源的分配效率。二是紧跟市场走向，积极创新营销模式，在当今电子商务繁荣发展时期，支持企业发展线上、线下同时经营，并努力向国际市场涌进。

三、大力发展智能制造，提升企业竞争力

加大对传统企业的智能改造，促进企业的转型升级。一是要实现产品开发—设计—外包—生产等每个阶段的高度自动化、智能化；二是在重点行业和领域设立高端智能装备、机器人等新兴产业和关键技术的专项扶持基金，支持和引导产业升级；三是积极应用高功效计算机运算平台连接、跨网络云端运算、人性化操作接口、信息集成分析等关键技术。

四、加强质量管理，提升产品质量水平

要提升产品的附加值，必须提升产品质量，要增强企业的质量责任意识，加强质量管理，促进产品质量升级。一是要严把企业的市场准入门槛，把不合格的企业挡在门槛之外，以防止劣质产品进入市场；二是要提升工艺装备水平，加大资金投入，提升产品的技术含量；三是要建立和完善质量监督管理体系，加强消费品行业的质量控制和可追溯体系建设，提高质量管理水平。

第七章 电子信息产业

电子信息产业是我国国民经济的支柱性产业，多年来一直保持着快速发展的态势，在我国经济建设进程中发挥着极其重要的作用。2014 年，我国规模以上电子信息产业企业数量超过 5 万家（含电子信息制造业企业 1.87 万家和软件信息服务业企业 3.8 万家），全年完成销售收入 14 万亿元，同比增长 13%。电子信息制造业实现主营业务收入 10.3 万亿元，同比增长 9.8%；增加值同比增长 12.2%，与去年基本持平，高出工业平均水平 3.9 个百分点；利润总额达到 5052 亿元，同比增长 20.9%，高于同期工业平均水平 17.6 个百分点。2014 年电子信息产品进出口总额 13237 亿美元，同比下降 0.5%，其中出口 7897 亿美元，同比增长 1.2%，进口 5354 亿美元，同比下降 2.8%。值得关注的是，近年来我国电子信息产业发展逐渐进入增长速度换挡期、结构调整阵痛期及前期刺激政策消化期的“三期叠加”阶段，产业增速由较高速转向中低速，内外销市场形势出现分化，产业结构进入调整深化等新常态特征逐步显现。2014 年我国大力实施创新驱动的发展战略，积极推进经济结构的战略性调整，加快转变经济增长的方式，大力发展移动互联网、物联网、云计算、工业大数据等新一代信息技术，大力推进工业化与信息化的深度融合，大力推进“智慧城市”建设，电子信息产业的发展又迈上一个新台阶。

第一节 发展回顾

一、重点领域技术发展、创新及产业化情况

（一）通信产品制造业

根据工信部 2015 年 1 月 23 日发布的《2014 年电子信息产业运行情况》显示，

2014 年我国通信设备行业继续保持了较快发展，生产增长速度位居各行业之首。随着 4G 网络建设步伐加快，移动终端与系统设备需求旺盛。2014 年，通信设备行业销售产值、出口交货值及内销产值分别增长 16.6%、16.9% 和 16.4%，高出全行业平均水平 6.3、10.9 和 0.7 个百分点。共生产移动通信基站设备 31773.0 万信道，同比增长 121.4%，连续 10 个月增长速度超过 100%；生产程控交换机 2838 万线，增长 13.1%。生产手机 16.27 亿部，同比增长 6.8%。

1. 手机产品

2014 年国产手机的表现令人关注。随着智能化浪潮和 4G 商用化的兴起，国产手机品牌再度崛起，国内市场份额超过 50%。2014 年 1—11 月，国内企业销售产值和出口交货值分别增长了 29.8% 和 35.4%，高出全电子行业平均水平 13.9 和 19.1 个百分点，占比分别为 46.0% 和 32.0%，比上年同期提高了 4 和 5 个百分点。

2014 年国内手机厂商呈现快速成长，对全球手机厂商形成更大压力。在全球前五大手机制造商中，排名第三的华为，第二季度智能手机出货量为 2030 万部，比 2013 年同期增长 95.1%，所占市场份额也比 2013 年同期增加 2.6 个百分点，达到 6.9%；排名第四的联想，第二季度智能手机出货量 1580 万部，比 2013 年同期增长 38.7%，所占市场份额增至 5.4%。受益于此，一批本土的 IC 设计公司，如展讯、联芯科技等智能手机芯片设计企业，全志科技、瑞芯微等平板芯片设计企业，瑞声科技、歌尔声学等 MEMS 传感器企业成长起来。据统计，2014 年 1—9 月，国产品牌手机产量达 2.6 亿部，占手机总产量的 79%；上市新机型 1618 款，占手机新机型总产量的 92.4%。3G 手机中，国产品牌产量份额分别为：TD-SCDMA 手机 90.1%，WCDMA 手机 57.2%、CDMA2000 手机 78.1%；TD-SCDMA 手机中，国产品牌占比已达 79.2%。

国内市场 4G 网络带动效应日渐突出。2014 年 1—9 月，我国移动电话用户净增 4347 万户，其中，移动宽带用户（3G、4G）净增 1.24 亿户。移动用户总数达到 5.25 亿户，占比由 2013 年年末的 32.7% 提升至 41.3%。4G 用户保持高速增长态势，9 月份净增超过 1300 万户，而 2G 用户不断减少，减少超过 1000 万户，呈现出 2G 直接向 4G 过渡的趋势。预计 2015 年，仍会有大量的 2G 和 3G 用户向 4G 转移，将拉动国内手机市场的进一步扩大。

2. 移动通信设备

以 2013 年底工信部向三大运营商发放 TD-LTE 标准的 4G 网络牌照为契机，

国内移动通信设备市场回升增速。到 2014 年 10 月，中国移动在内地超过 300 个城市提供 4G 标准网络业务服务，LTE-FDD 标准与 TD-LTE 标准融合组网试验的城市达到 277 个。随着三大运营商 4G 网络建设全面启动和 4G 业务的正式商用，中国的移动通信设备市场开始全面向 4G 过渡。

智能终端的普及应用带动了设备市场的快速发展。2014 年年底，包括智能手机、平板电脑、电子书、车载导航等智能终端设备，在中国市场达到 15 亿部。以华为、中兴为代表的中国厂商，及以爱立信、诺基亚为代表的国际厂商，在提升移动通信设备系统的技术性能方面均有尚好的表现。2014 年 4 月，华为联合中国移动在成都电子科技大学外场验证 LTE TDD&FDD 融合载波聚合、多流聚合、256QAM 高阶调制、站间 CoMP（协作多点发送 / 接收）和多用户多流波束赋形等 TD-LTE-Advanced 多项关键技术，进一步提升了 TD-LTE 网络的整体性能和用户峰值速率。

5G 网络标准研究和制定工作拉开序幕。在 4G 网络建设刚刚起步的情况下，我国运营商及设备商已经启动了第五代移动通信技术（5G）研究。在 2014 年 5 月举行的“5G 目标及能力”的第二次“IMT2020（5G）峰会”上，中国 5G 推进工作组发布了中国第一份 5G 白皮书——《5G 愿景与需求白皮书》，拉开了中国全力推进 5G 研究的序幕。工信部、国家发改委、科技部共同组成的 IMT2020 推进组，成为参与 5G 国际标准发展的官方平台，其核心成员包括了三大运营商和华为、中兴、大唐等骨干设备商。

3. 光通信设备

2014 年中国光通信设备产业暖风频吹。2013 年 8 月，国务院发布了“宽带中国”战略实施方案，宽带首次成为国家的战略性公共基础设施，建设高潮不断掀起。工信部预计到 2015 年，固定宽带家庭普及率将达到 50% 以上，城市宽带接入速率将达到 20Mb/s，农村达到 4Mb/s，部分发达城市达到 100Mb/s，这将给光通信设备带来巨大的发展需求。2014 年是中国 4G 元年，LTE 建设带动了对光纤光缆、光器件的海量需求，并倒逼固网升级，促使传输网、骨干网建设都保持了较快的发展速度。2014 年底，中国移动获得固网牌照，加剧了固网宽带市场的竞争，并引发许多新的增长点。

2014 年，我国在光通信接入、传输技术方面取得一系列新的突破。10 月 27 日，华为宣布其光接入创新实验室已率先突破 100G-PON 光接入关键技术，支持在光纤分配网络上实现单端口 100Gbps 的接入速率，可为每个用户提供 1G 以上超高带宽。12 月，国家 973 项目——“超高速超大容量超长距离光传输基础研究”在武汉通过验收，在中国首次实现一根普通单模光纤以超大容量超密集波分复用传输 80 公里，传输总容量达到 100.23Tb/s，相当于 12 亿对人在一根光纤上同时通话。这一技术对未来宽带互联网接入的应用会非常广泛。

2014 年我国光通信产业存在的一个重要问题是光纤光缆产能过剩。受益于宽带和 3G、4G 市场推动，中国光纤产量过去 5 年来高速增长，2012 年达到了全球一半份额，2014 年进一步增长到 54%。据统计，2014 年全球光纤年产能超过 1000 万芯公里的厂商有 11 家，其中 7 家在中国。并且部分中国光纤厂商仍在继续扩产，2015 年产能还将扩大，将导致产能过剩，预计 2015 年中国市场光纤需求量为 1.4 亿芯公里，而产能将达到 2.4 亿芯公里，产能过剩率超过了 50%。这个数字表明，光纤光缆行业已经到了必须调整和转型的关头。

（二）电子视听产品制造业

2014 年，我国电子视听行业进入向智能化、网络化、绿色化转型升级的深度转型期，由单纯整机生产向内容服务、生产服务等领域渗透的变革、创新和融合格局正在逐渐形成。但由于近几年来行业存在的新旧体制交错、市场需求疲软、成本上升、需求不振等问题持续发酵，电子视听产品市场整体还在低位运行。2014 年，电子视听行业实现销售产值 7647 亿元，同比增长 4.2%。2014 年 1—11 月，共生产彩色电视机 1.42 亿台，其中液晶电视 1.32 亿台，同比增长 17.4%，而 CRT 电视、PDP 电视下降幅度则超过 50% 以上。受补贴政策退市及内销不振等因素的影响，国内彩电市场需求疲软，2014 年，全行业内销产值仅增长了 2.4%，在前三季度，国内彩电市场上的 30 英寸、40 英寸、50 英寸产品价格同比降幅均超过了 20%。

1. 智能电视

2014 年是智能电视发展较快的一年。随着信息技术的飞速发展和跨界融合创新的新业态的不断出现，电视已不是传统意义上的收视工具，而是被赋予了智能化功能，成为客厅应用中心乃至智能家居的关键设备，智能化功能也逐渐成为彩电的标准配置和基础功能。据统计，截止到 2014 年 9 月底，智能电视的家庭渗透率已达到 62%，与智能手机一同成为人们工作、学习和居家生活的必备装备。

2014 年，我国彩电行业以产品变革带动企业发展模式变革的浪潮正在兴起。

市场消费需求升级和互联网潮流的结合，带来了产业发展方式转变和商业模式转型变革，出现了“智能终端＋增值服务＋大数据精准营销”的盈利模式。企业加速调整策略，加快转型积极应对，使智能电视无论是在硬件配置，操作系统还是在网络资源聚合上，都得到了很大提升，例如TCL倡导以“智能＋互联网”和“产品＋服务”为内容的“双＋”策略；创维、康佳、海信向互联网转型布局；长虹以家庭互联网取代PC互联网和移动互联网的回归家庭战略等。

2. 电视芯片

2014年，得益于“核高基”等国家重大科技专项的成果，一批电视芯片研发成功，有力支撑了我国智能电视和高清电视的发展。8月20日，创维集团发布了采用华为海思Hi3751智能电视SOC芯片研制的GLED 8200系列超高清智能电视，是采用国内智能电视芯片研发成功并实现量产的首款电视产品。创维集团在2014年采用我国自主研发智能电视芯片的智能电视产量达到30万台以上。

2014年8月22日，又一款电视芯片——全球首颗AVS+高清编码芯片“博华芯BH1200”在中关村诞生。BH1200是一款专业级AVS+高清编码芯片，采用40nm工艺，支持1路高清或4路标清视频的实时编码。BH1200于2014年3月流片成功，2014年6月正式量产商用。BH1200高清编码芯片完全符合2012年颁布的国家广电行业标准AVS+，兼容AVS国家标准，对完善AVS+产业链、支撑我国高清电视发展具有重大意义。

（三）计算机产品制造业

2014年，受全球计算机市场整体疲软的影响，我国计算机行业增速继续回落。2014年，计算机行业实现销售产值22729亿元，同比只增长了2.9%，低于行业平均水平7.4个百分点。1—11月微型计算机产量3.14亿台，下降0.2%，其中笔记本产量2.49亿台，下降0.2%，二者增速同比分别回落8.1和7.8个百分点。

2014年，计算机行业受外需市场继续低迷的影响，实现出口交货值17373亿元，同比只增长了1.0%。市场需求不足促使行业加快向中西部地区转移以寻求低成本优势，1—11月计算机行业中西部地区占比达到26.0%，同比提高6.2个百分点。其中四川、重庆、河南等地区销售产值、出口交货值增速均超过20%。尽管计算机产品市场整体呈现不景气状态，但仍有一些与科技进步相关的发展亮点。

1.“天河二号”超级计算机

国际组织TOP500于2014年11月17日发布了全球超级计算机500强排行榜，由中国国防科技大学研制的“天河二号”超级计算机，以每秒33.86千万亿次的浮点运算速度获得四连冠。超级计算机是从事科研工作的重要基础工具，在地质、气象、石油勘探等领域发挥着重要作用，也是汽车、航空、航天、化工、制药等行业的重要科研工具。

2.个人计算机（PC）

随着PC技术的日益成熟，超级本和商务本逐渐成为2014年笔记本电脑重要的产品形态。各大厂商也纷纷将轻薄、便携作为PC机创新的主要方向，更轻薄的融合触控体验、可变形的PC正逐步成为市场热点。2014年个人计算机的另一亮点是处理器技术及Windows 10的发布成为产品更新换代的推动力，随着Intel“Haswell”酷睿处理器的发布，其强大的计算功能、更低的功耗、超长待机时长等优势，为PC制造商设计更轻薄的可触控式笔记本电脑提供了更强的灵活性。希捷发布的厚度仅为5mm，重3.3盎司的2.5英寸硬盘，容量可高达500GB，较上一代7mm硬盘产品，其占据空间减少25%，节省了内部空间，为设备厂商提供了更大的设计灵活性。

3.PC外设

在PC外设领域，2014年也有新的发展。在打印机方面，彩色激光打印机成为2014年中国打印机市场的热点。出货量比上年增长20%以上，市场占有率由2010年的4.8%上升至2014年的7.5%，惠普、佳能、联想等打印机厂商加大投入进行产品研发和市场推广，促进了彩色激光打印机的普及程度。在显示器方面，由于LED具有的节能超薄、价格平易的特点，不断获得消费者认同，成为显示器市场的热点，在面板厂商和品牌厂商的共同推动下，LED背光源面板成本不断下降，渗透率迅速提升，并广泛应用于18.5—27英寸全系列产品。

4.物联网产业

物联网是新一代信息技术产业的重要组成部分，已成为催生新型业态、加速我国经济振兴与社会转型的战略支点，具有广泛的发展前景。随着物联网产业的发展，物联网在行业应用领域和政府服务方面不断拓展并呈现一些新的发展态势。

近年来我国物联网产业的发展风生水起。2013年我国物联网市场规模近

5000 亿元，从智能安防到智能电网，从二维码普及到智慧城市落地，物联网正在四处开花，悄然影响着我们的生活。随着我国物联网产业的迅猛发展和产业规模集群的迅速形成，物联网时代特征下的新产业革命也初露端倪。我国物联网技术已经全面融入纺织、冶金、机械、石化、制药、食品加工等工业领域，在工业流程控制与再造、生产链管理、物资供应链管理、产品质量监控、设备维修、检验检测、安全生产、用能管理、产品追溯等生产环节着重推进物联网的应用和发展，建立应用协调机制，提高了工业生产效率和产品质量，实现了工业集约化生产、企业的智能化管理和节能降耗。

2014 年我国物联网产业继续得到重视和发展。2 月 27 日中央网络安全和信息化领导小组成立，有力地推动了国家网络安全和信息化法制建设。8 月，《国务院关于加快发展生产性服务业促进产业结构调整升级的指导意见》（国发〔2014〕26 号）出台，提出要积极运用云计算、物联网等信息技术，推动制造业的智能化、柔性化和服务化，促进定制生产等模式创新发展。在专项资金支持方面，财政部和工信部印发了《国家物联网发展及稀土产业补助资金管理办法》（财企〔2014〕87 号）及《关于做好 2014 年物联网发展专项资金项目申报工作的通知》，支持物联网领域的技术研发和产业化、应用示范、标准研究与制定、公共服务平台建设及国家级物联网创新示范建设。科技部和财政部还联合发布了《关于 2014 年度科技型中小企业创业基金项目申报工作的通知》，为物联网领域企业提供支持。国家政策激励、示范工程推进、各省市智慧城市建设、各种资金支持，都为我国物联网产业发展不断注入新的活力。物联网应用带动了技术突破、标准成型和产业发展，在国家发改委 7 项重大示范工程和 10 个物联网专项行动计划的基础上，我国物联网产业正沿着技术、标准、应用三条主线扎扎实实向前推进，2014 年我国物联网产业市场规模达到 5700 亿元。

5. 云计算产业

近年来，在新一轮产业和技术变革下，基于云的柔性制造、网络制造、绿色制造和智能制造日益成为各国生产方式变革的方向，正在加速构建新型工业生产体系。云计算、互联网技术与能源、材料、生物和空间技术日益交叉融合，促使全球产业和市场的竞争重心正逐步由“产品”向“应用和服务”转变，构建未来经济和社会进步的发展新格局。

2014 年，云计算进一步得到了国内各行各业的广泛认可，国外三大云服务提供商亚马逊、微软、IBM 相继宣布落地中国，引发中国云计算市场的激烈竞争。面对国际云服务提供商的咄咄逼人，国内云计算服务商于 2013 年 12 月发起大范围的营销活动，先是天翼云率先发起价格战，以四川新资源池上线为营销主线，开展促销；随后阿里云推出 1218 营销活动，宣布全线产品降价；腾讯云宣布将进行为期一周的年终大促，在云服务器、IDC 带宽上实行超级优惠。同时，包括华为、中兴在内的服务器厂商也纷纷加入云计算竞争的浪潮，价格战全面爆发。2014 年中国云计算的市场规模达到 1333 亿元，同比增长约 65%。

2013 年 8 月，国际标准化组织 ITU-T 正式公布了由中国联通主导的标准《Y.3501—Cloud computing framework and high—level requirements》（云计算框架及高层需求），标志着中国在云计算标准化领域取得突破性进展，对中国尽早入局国际云计算标准化体系并取得话语权具有重要意义。

（四）集成电路产品制造业

据中国半导体行业协会统计，2014 年，集成电路产业销售额为 3015.4 亿元，同比增长 20.2%。根据海关统计，2014 年中国进口集成电路 2856.6 亿块，同比增长 7.3%；进口金额 2184 亿美元，同比下降 6.9%。出口集成电路 1535.2 亿块，同比增长 7.6%；出口金额 610.9 亿美元，同比下降 31.4%。2014 年，在集成电路技术研发和产业化方面，也取得一些可喜的成绩。

1. 国家集成电路产业纲要出台

2014 年 6 月，国务院印发了《国家集成电路产业发展推进纲要》（简称《纲要》），加快追赶和超越的步伐，努力实现集成电路产业跨越式发展。并提出到 2015 年，集成电路产业销售收入超过 3500 亿元。《纲要》明确了推进集成电路产业发展的 4 大任务。一是着力发展集成电路设计业，围绕重点领域产业链，强化集成电路设计、软件开发、系统集成、内容与服务协同创新。二是加速发展集成电路制造业，抓住技术变革的有利时机，突破投融资瓶颈，持续推动先进生产线建设，兼顾特色工艺发展。三是提升先进封装测试业发展水平，推动国内封装测试企业兼并重组，提高产业集中度。四是突破集成电路关键装备和材料，加强集成电路装备、材料与工艺结合，加快产业化进程，增强产业配套能力。

2. 国家集成电路产业投资基金设立

2014 年 9 月 24 日，在工信部、财政部的指导下，国开金融有限公司、中国烟草总公司、北京亦庄国际投资发展有限公司、中国移动通信集团、上海国盛集团、中国电子科技集团等共同签署了《国家集成电路产业投资基金股份有限公司发起人协议》和《国家集成电路产业投资基金股份有限公司章程》，标志着国家集成电路产业投资基金正式设立。该基金的问世，有望以千亿规模撬动地方、社会2—3倍的资金量，以及4—5倍规模的银行贷款，万亿规模资金将进入集成电路领域，为这一行业注入发展动力。目前，各地方的集成电路发展政策已相继出台。除2013年12月北京成立IC产业发展基金外，2014年天津滨海、安徽、甘肃、山东、四川等地也已相继出台地方版集成电路扶持政策。产业基金的建立有望破解发展瓶颈，为中国本土芯片企业崛起带来契机。

3. 三业发展情况

据中国半导体行业协会统计，2014年集成电路测封业累计销售额仍处于行业主导地位，销售收入为1255.9亿元，同比增长14.3%，占全行业比重为41.7%；集成电路设计业一直保持28%以上的高增长率，2014年销售收入为1047.4亿元，同比增长29.5%，占全行业比重为34.7%；集成电路制造业受到西安三星投产的影响，2014年销售收入为712.1亿元，同比增长18.5%，占全行业比重为23.6%。

表7-1　2014年集成电路行业发展情况

类别	2014销售收入（亿元）	同比增长（%）	占全行业比重（%）
IC设计业	1047.4	29.5	34.7
IC制造业	712.1	18.5	23.6
IC测封业	1255.9	14.3	41.7
合计	3015.4	20.2	100.0

资料来源：中国半导体行业协会。

4. 技术研发成果

近年来，我国集成电路企业持续创新研发、整合并购、扩充实力，研发成功多款专用芯片，为移动通信终端产业、电子视听产业及各应用电子产业的发展创造了有利条件。除了之前提到的智能电视、高清电视专用芯片外，2014年4月，展讯通信设计开发出新一代3G智能手机平台主芯片，并实现了多芯片fcCSP封装测试量产，为大批量承接智能手机等应用高端集成电路产品加工业务创造了条件。6月20日，国内首条8英寸IGBT（绝缘栅双极型晶体管）专业芯片生产线在南车株洲电力机车研究所有限公司投产，将实现年产12万片8英寸IGBT芯片，配套生产100万只IGBT模块，是我国电力电子行业关键技术取得的产业化突破。8月4日，华大电子推出国内第一颗55纳米智能卡芯片，已实现量产供货。11月27日，上海北伽导航科技有限公司发布北斗导航芯片“航芯一号”，将于明年量产，这标志着我国北斗导航产业大规模应用的最大瓶颈得到突破。

（五）电子元器件制造业

根据中国电子元件行业协会的统计，2014年电子元器件行业销售收入为16934亿元，同比增长10.5%，实现出口交货值7201亿元，增长4.1%。纵观2014年元件行业，也有诸多发展亮点。

1. 2014电子元件百强企业发布

2014年6月26日，工信部运行监测局、中国电子元件行业协会联合发布2014年（第27届）中国电子元件百强企业。本届电子元件百强在2013年共完成主营业务收入2161亿元，实现利润总额176亿元，上缴税金总额83亿元，出口创汇90.3亿美元，拉动就业近30万人。亨通集团以296亿元的主营业务收入位居首位，而且其线缆业务的销售额也位居各企业的电子元件类业务收入之首，综合得分排在首位。表7-2是排名前十位的企业。

表7-2　2014年中国电子元件百强企业前十位名单　（单位：千元）

排名	企业	主营收入	主营业务
1	亨通集团有限公司	29610360	光电线缆
2	瑞声科技控股有限公司	8095889	电声器件
3	中天科技集团有限公司	14527713	光电线缆
4	歌尔声学股份有限公司	9748677	电声器件
5	永鼎集团有限公司	12632181	光电线缆
6	富通集团有限公司	13386659	光电线缆
7	长飞光纤光缆股份有限公司	7760000	光电线缆
8	广东生益科技股份有限公司	6479221	覆铜板
9	浙江富春江通信集团有限公司	11081554	光电线缆
10	潮州三环（集团）股份有限公司	2019650	陶瓷插芯、基座、阻容元件、陶瓷材料

数据来源：电子信息产业网。

2. 超级电容器生产线投产

2014 年 9 月，由湖南耐普恩电能科技公司自主研发的年产 100 万只超级电容器生产线正式投产，这条生产线包括了极片制备和单体组装的全工艺流程，打破了国外公司对我国超级电容器产业的长期垄断局面，将有力地促进我国超级电容器产业的发展。该产品可大电流充放电，充放电的时间短，循环次数可达 50 万次以上，功率密度远高于锂电池，使用寿命长达 10 年，可广泛应用于轨道交通、新能源汽车和军事装备等领域。

3. 锂电池产业稳定发展

2014 年，我国锂离子电池产业（包括正负极材料、电解液、隔膜及专用设备等）保持了稳定发展，全行业总产值约 900 亿元。

2014 年上半年，全行业锂离子电池产量近 150 亿瓦时，销售收入近 280 亿元，同比增长约 8%。正负极材料、电解液、隔膜及关键设备与电池产量保持同步增长，销售收入近 100 亿元。特别是电动汽车用的动力电池产量增长较为明显，上半年产量为 8 亿瓦时，超过 2013 年全年产量 3.6 亿瓦时。主要原因是新能源汽车产销量快速增长，带动了动力电池市场快速增长。

4. 太阳能光伏产业继续回暖

2014 年，我国太阳能光伏产业延续了上年的回暖态势，但总体上仍处于调整发展状态。到 2014 年 6 月，我国多晶硅产品均价同比上涨 29.3%，光伏组件产品均价上涨 7.3%。全国在产多晶硅企业增至 16 家，多家光伏电池企业扭亏为盈。上半年，我国多晶硅产量达 6.2 万吨，同比增长约 100%；硅片产量达 18GW，同比增长约 20%；电池组件产量达 15.5GW，同比增长 34.8%，据统计数据，上半年我国太阳能光伏制造业总产值达 1500 亿元，行业技术水平有所提高。与 2013 年相比，多晶硅、晶硅电池生产线投资均有所下降，多晶硅生产的平均综合能耗和每瓦电池耗硅量分别下降 10%。骨干电池企业的单晶及多晶电池平均转换效率也有所提高，分别由 18.8%、17.3% 升至 19.3%、17.8%；太阳能光伏发电系统投资成本也由 10 元 / 瓦降至 9 元 / 瓦以下。

但是，产能过剩问题仍不可忽视。一是 2013 年以来因为产业回暖，部分企业逐渐扩大产能，闲置产能也开始启动，且落后产能未能及时退出，产能过剩问题仍将困扰产业发展。二是产业兼并重组进展缓慢，受制造业利润薄利化、融资成本高等因素影响，企业对于兼并意愿不强。三是价格战仍将再现，低价竞争还将引发产品质量问题。

5. 传感器产业机遇再现

近年来，随着全球范围内物联网的快速发展，作为物联网的基础产品—传感器的重要性日益突出。但是我国传感器行业发展落后，国内传感器需求，尤其是高端需求严重依赖进口，国产化进展缓慢，缺口巨大，目前传感器进口量占比达80%，传感器芯片进口量占比达 90%，国产化的要求十分迫切。

传感器在我国主要应用于各类工业产品、汽车电子产品、通信产品和消费电子产品,其中用于工业和各类汽车电子产品的传感器数量占市场份额的42%左右，其市场规模达到近 160 亿元，传感器整个市场份额突破 500 亿元。近年来，我国工业和电子信息产业高速增长，带动了传感器市场的快速发展，传感器在医疗、环保、气象等一些专用电子设备中的应用也在快速增长，所用传感器数量占市场份额的 15% 左右。这些行业对各类传感器的大量需求，为国内传感器产业提供了良好的发展机遇。

6. MOCVD 等 LED 设备自主生产

2014 年在半导体照明产业方面，国产设备已经能够较好地代替进口设备，我国 LED 专用设备、仪器和材料配套能力正在形成。自主研发的金属有机源（MO源）实现大规模应用，占国内市场 60% 以上；蓝宝石衬底材料可满足国内市场需求的 50% 以上，图形化衬底已经在批量供应，产品结构调整已见成效；自主研发的荧光粉、塑封树脂已占有 30% 的市场份额。

目前，我国在半导体照明、LED 芯片专用设备方面主要有浙江晶盛生产的 90 公斤蓝宝石单晶炉；苏州赫瑞特、湖南宇晶、唐山晶玉、中国电子科技集团第 45 所等生产的多线切割机；中晟光电、中微半导体生产的 MOCVD 设备；45 所生产的清洗设备、光刻机;北方微电子生产的 PECVD 设备、ITO 薄膜溅射设备、AlN 薄膜溅射设备、GaN ICP 刻蚀机、PSS ICP 刻蚀机；深圳矽电半导体设备公司生产的全自动点测设备；45 所、大族激光、苏州德龙生产的激光划切机；45 所生产的自动粘片机、自动引线键合机，等等，各项技术指标均已接近或超过国外同类机型，部分型号已经成为主力量产机型。

（六）软件及信息服务业

2014 年，我国软件和信息服务业（下称软件业）整体呈平稳较快增长态势，收入增速比2013年同期有所放缓，但仍高于电子信息制造业平均水平，产业结构和布局得到良性调整，新兴领域业务快速增长。据统计，2014年我国软件业实现软件业务收入3.7万亿元，同比增长20.2%，增速比2013年下降3.2个百分点，但仍高于电子信息制造业10个百分点左右。2015年，软件业将保持缓中趋稳态势，传统软件企业加快互联网服务转型，信息安全、工业软件、开源软件等细分领域将继续呈现良好发展态势，增速将在20%以上。

1. 传统企业加快转型

2014年，在全球互联网化的大趋势下，传统软件企业纷纷加快自身互联网化转型。其原因，一是传统软件在功能和灵活度上不能满足客户的需求，以及人力成本上升的压力，给软件企业经营带来重大挑战；二是由于云计算、移动互联网、SNS等新业态、新模式的产生和普及，给传统软件企业带来前所未有的压力和挑战，迫使其改变传统的业务模式和商业模式，加快向互联网服务转型。从全球看，IBM通过剥离X86服务器业务，加大云计算和大数据等高端服务，获得丰厚回报，2014年上半年云计算业务营收同比增长50%以上。微软对市场策略及渠道进行整改，加快向云端转移。在国内，用友、金蝶也在加速向云计算转型并通过跨界结盟寻求差异化的竞争优势。用友旗下的畅捷通云公司以“全球领先的小微企业管理云服务与软件提供商”为定位，推出“畅捷通云平台与小微企业管理云服务生态圈”，积极打造小微企业应用生态圈。金蝶以“K3/cloud”为基础成立的“ERP云服务事业部”，与腾讯QQ结盟共同推出面向小微企业的互联网转型升级管理应用组合等，加快了SaaS云服务转型步伐。

2. 软件行业部分领域发展势头良好

一是基础软件取得新进展。在中间件领域，金蝶Apusic智慧云平台、一汽轿车的云化基础架构等中间件云服务器受到广泛关注。在开源软件领域，我国开源软件社区的发展步入快车道，企业积极参加开源社区建设，开源生态不断成熟。二是工业软件迎来新的历史发展机遇。为应对国际制造业竞争发展的新形势，2014年我国明显加强了工业转型升级的力度，积极组织实施智能推进计划，为工业软件提供了发展新机遇，软件企业纷纷加快布局。三是用友、金蝶等管理软件加速云转型，同时也引发了一批国际软件企业如SAP大幅度加快在中国的云服务进程。

3. 云计算等新兴领域备受关注

2014 年，在云计算、大数据等决定未来发展的新兴领域，国内外大企业围绕着市场、技术、人才等展开激烈竞争，市场竞争格局不断发生变化。如世纪互联与富士康签署一项战略合作协议，决定成立合资公司 SMART TIME，双方将发挥各自的软硬件优势，共同建设世纪互联电信中立第三方数据中心，实现软硬件结合。阿里巴巴与飞利浦签署一项基础设施服务框架协议，推出首个智能互联产品——飞利浦智控空气净化器。思科与 TCL 集团共同投资 8000 万美元成立合资公司，建设公有云和商用云服务平台，以此推动在云计算、下一代视频通信以及交互技术等领域的合作。

4. 国产操作系统推广应用仍面临很大困难

国产操作系统一直是国家重点支持和培育的软件领域，2014 年在中科红旗易主、WindowsXP 停止服务等事件的影响下，国产操作系统日益受到社会各界的广泛关注。倪光南等院士发起成立中国智能终端操作系统产业联盟的建议，得到国内数十家操作系统厂商的积极响应。Deepin、龙鑫等七家国产操作系统的产品已入围 2014 年中央国家机关政府采购协议供应商名单。尽管如此，国产操作系统的推广应用仍存在很大困难：一是核心技术研发能力有限，产品的综合性能与国外产品相比有较大差距；二是当前国外产品已占有绝大多数市场份额，国内用户的使用习惯又很难改变，致使国产操作系统生存空间极其有限；三是产业生态环境不良，国产操作系统得不到足够的应用方面的支持，产业力量和资源也比较分散，难以形成产业发展合力。

二、质量品牌建设

2014 年，国家和各省市主管部门积极推进工业领域质量品牌建设创新，在电子信息产业领域开展了一系列活动，取得了积极的成效。

（一）质量品牌工作力度显著加大

2014 年 2 月，工信部印发了《关于 2014 年工业质量品牌建设工作的通知》和《工业质量品牌创新专项行动实施方案》，采用常规工作与专项行动相结合的形式推进工业质量品牌建设工作。根据质量品牌工作的要求，针对我国还没有形成一批有国际竞争力的品牌的现状，2014 年 3 月，工信部又连续印发了《关于加快我国彩电行业品牌建设的指导意见》（工信电子〔2014〕69 号）和《关于加快我国手机行业品牌建设的指导意见》（工信电子〔2014〕82号），旨在以品牌建设作为促进经济结构调整、转变发展方式的重要抓手，推动我国上述两个行业发展方式由规模扩张向规模和品牌效益并举发展，对促进我国电子信息产业健康持续发展、实现由大变强具有重要意义。两个《指导意见》倡导我国手机和彩电行业把握国家实施信息消费战略的重大机遇，以持续提升品牌价值和创新能力、增强国际竞争力为主线，坚持企业主体与政府引导相结合，坚持市场导向与政策支持相结合，坚持品牌建设与创新驱动相结合，坚持行业自律与社会监督相结合，积极营造有利于行业公平竞争的品牌建设环境，积极推动企业从规模成本优势向品牌效益优势转型，实现我国由手机大国向手机强国、彩电大国向彩电强国的转变。与此同时，通过参与中央电视台“3.15晚会”、“全国质量月”、“中国质量（北京）大会”等重要质量活动，大力宣传贯彻质量品牌建设工作，力争将这项工作落到实处。

在地方政府层面，各地工业主管部门密切结合地区和行业特点，积极开展工业质量品牌建设工作，取得了可喜的成效。如“好品山东”网络营销管理服务平台是山东省经信系统开展网络营销的综合服务平台，是国内首家第四方应用服务平台，也是国内最大的地域性名优工业产品门户型网站。该平台自2013年11月开通以来，集中宣传各地市名牌产品和企业，拓展了企业销售渠道，提高了营销成效。目前，该平台分别与阿里巴巴、中国制造、慧聪网、马可波罗、传神翻译、ECVV等30余家国内外知名网站签订合作协议和合同，已有17个地市千户企业入驻平台，其中不乏海信、浪潮等大型电子企业。又如上海市在2014年8月启动了一片老城区改造，将老厂房改造成为一个创意产业园区，并冠以一个产业集群园区的品牌——江南智造。近年来，上海出现了多个创意产业集聚区，但都没有像“江南智造”这样，将目标明确地定位在建设“以信息服务为主的文化创意产业集群”，也没有像“江南智造”那样，为打造创意产业集群区域的品牌，向国家工商总局提出商标注册的申请。目前，由“江南智造”与园区内企业共同打造的园区5大重点项目已成功启动。

（二）主要电子产品质量品牌情况分析

1. 手机产品

2014年我国手机产业继续发展，总体上呈现良好的发展态势。国内手机品牌在近两年取得了较大的进步，我国手机生产企业已经掌握了手机的结构外观设计技术、应用层软件开发技术和射频模块设计技术，并且在配套元器件方面也实现了多个“零”的突破，锂电池、片式元器件和多层印制板等关键配套元器件等都有了自主知识产权。但是，目前国产手机仍然面临许多问题，与国外品牌相比还有不小差距。专用芯片、底层软件、TFT 显示屏等核心技术都掌握在国外厂商手中，因此缺乏综合竞争优势；国产品牌手机企业在规模扩大的同时，对手机产业链却没有控制权，虽然目前我国国产品牌数量占据了大多半，但手机的品质却不如国际品牌。

表 7–3　2014 年主要国产手机品牌及生产厂商

序号	手机类型	品牌（厂商）
1	普通手机	华为、中兴、OPPO、联想、步步高、金立、亿通、MANN、小酷 、寸草心等。
2	智能手机	华为、中兴、金立、HIKe、英特奇、信得乐、ⅣT（艾炜特）、酷派、小米、魅族、IUNI、锤子手机等。

数据来源：电子信息产业网。

2. 计算机产品

据不完全统计，我国目前的微型计算机、笔记本、服务器及相关产品生产企业有 100 多家，大多采取 OEM 或 ODM 方式生产，年产量超过 3 亿台。总体来讲，知名微型计算机企业的产品质量控制得比较好，也比较稳定。尤其是“3C”认证制度经过这么多年的推行，对提高微型计算机整体质量水平起到了有力的促进和保证作用。

在个人计算机（PC 机）方面，根据 2013 年对微型计算机国家产品质量抽查结果看，计算机总体产品质量控制较好，抽查合格率基本上达到 100%。但也发现，在接受检测的 1600 多个型号的产品中，除去新产品委托改进检验项目，对投标产品、政府采购产品、强制认证产品等成品检测合格率只在 90% 左右。其中不合格项目主要集中在硬件的电磁兼容性、电气安全性、通信协议（含空中接口）、产品行业应用性能等方面。

另外，目前高性能计算机及系统的总体性能还缺乏统一控制和管理，国家已经立专项支持研发相关高性能计算机及计算机海量存储系统，但是国内对其核心技术掌握和研发还在起步阶段，需要高度关注相关技术和产品全质量的发展态势。

表 7-4　2014 年主要国产电脑品牌及生产厂商

序号	电脑类型	品牌（厂商）
1	平板电脑	联想（联想集团有限公司）、台电（广州商科信息科技有限公司）、华硕（华硕电脑股份有限公司）、昂达（广州市敖科信息科技有限公司）、E人E本（北京壹人壹本信息科技有限公司）、华为（华为终端有限公司）、五元素（深圳五元素科技有限公司）、海信（海信集团）、原道（深圳市原道（Vido）数码电子有限公司）、本易（深圳腾中电子公司）等。
2	台式电脑	联想（Lenovo）、戴尔（DELL）、惠普（HP）、华硕（ASUS）、苹果（Apple）、宏碁（Acer）、神舟（Hasee）、清华同方、ThinkCentre（联想集团台式电脑品牌）、海尔（Haier）等。
3	液晶显示器	三星SAMSUNG（三星电子）、冠捷AOC（武汉艾德蒙科技股份有限公司）、LG电子、飞利浦PHILIPS（飞利浦电子）、优派ViewSonic、明基BENQ（明基电通）、戴尔DELL（戴尔公司）、华硕ASUS（华硕电脑股份有限公司）、惠科HKC（惠科电子（深圳）有限公司）、宏碁Acer等。

数据来源：中国产业信息网、中国品牌网。

3. 电视机产品

我国是电视制造大国，在国内市场，国内品牌占据绝对优势地位。总体来看，国内外企业的电视质量水平基本持平。部分国外企业掌握上游器件和关键技术，以高端高价产品占领市场，而国内企业主要依靠价格优势占领市场。

在平板电视智能化水平质量方面，2011 年 1.0 版规范发布实施以来，随着技术进步，各种新功能层出不穷，企业技术进步明显，相应测试方法不断升级，技术要求不断提高。尤其是 2.0 版规范发布后，产品的智能化水平较之前有了极大提升，显示出对产业极大的推动作用。

从彩电类产品市场质量抽查结果看，国内品牌与国外品牌在强制性国标指标的符合性上整体差距不大，但也存在部分国内品牌产品总体质量不高，主要表现在部分非强制性指标的水平偏低（低于国标和行标的要求），产品质量的稳定性较差。从检验结果来看，电、光、安全项目检验全都合格，但在电磁兼容方面，存在个别不合格批次，主要电源端骚扰电压项目和辐射骚扰项目不合格。

智能电视是目前平板电视产品的热点技术之一，2014 年其渗透率已经超过 50%，智能电视的发展给用户带来了新的体验，电视机除了收看传统的电视节目以外，还可以上网、点播视频、玩游戏、手势语音操控等新功能。但目前智能电视还存在以下问题：一是电视机厂商使用的软件平台均为独立开发的系统，互不兼容，导致软件开发者需要针对不同厂商开发不同的软件，难以满足用户需要。二是目前很多厂商都推出了具有语音识别、手势识别技术的产品，能够实现简单的人机交互，但是存在操作复杂、识别率低等问题。

近年来，各大电视机厂商纷纷推出了超高清电视（4K）产品，超高清成为平板电视行业最热门的技术。但存在下列问题：一是超高清显示技术尚未成熟，国际上主要电视机企业都在开展超高清产品的研发，但某些处理器和解决方案尚未成熟，仍处于技术的探索时期。二是超高清显示相关标准缺失，国内虽然已经开展了相关标准化工作，但标准的立项及研制工作存在一定的滞后期，且超高清相关标准体系建设还不够完善。三是超高清电视节目源匮乏，影响了消费者购买超高清电视的积极性，制约了产业和市场的快速发展。

表 7–5　2014 年主要国产电视机品牌及生产厂商

序号	电视机类型	品牌（厂商）
1	4K电视机	小米、乐视、创维、海信、酷开、TCL、康佳、长虹、海尔、联想等。
2	液晶电视机	长虹、康佳、海信、海尔、创维、TCL、清华同方、乐华、易美逊、创佳等。

数据来源：电子信息产业网。

三、电子产品标准化工作

2014 年，我国电子产品标准化工作取得一系列成果，为电子信息产业的健康、稳步、快速发展做出了积极贡献。

（一）我国在国际标准化工作方面的“话语权”不断提升

2014 年我国积极主导制定了云计算、物联网、同轴通信电缆等领域的国际标准。《信息技术云计算概述和词汇》《信息技术云计算参考架构》《同轴通信电缆第 9 部分：柔软电缆分规范》等 8 项云计算、同轴通信电缆领域国际标准正式发布。基于我国自主技术的《物联网参考体系结构》及《传感器网络测试框架》2 项物联网领域的国际标准获 ISO/IEC 批准立项。这标志着我国国际标准化工作进入了一个新的阶段，进一步提升了我国在国际标准化工作中的话语权。

（二）我国企业主导制定的北斗卫星导航系统等标准成为国际标准

2014 年，我国企业主导的《船载北斗系统接收机设备性能标准》提案获得国际海事组织（IMO）的正式批准，这是国际海事组织批准通过的首个北斗卫星导航系统应用的国际标准，标志着我国在北斗全球化应用方面迈出了坚实的第一步。除此之外，信威通信的 McWiLL 技术正式成为 ITU 国际电信联盟公共安全和救灾通信领域（PPDR）国际标准；闪联信息设备资源共享协同服务第 7 部分 ISO/IEC 国际标准正式发布；IEEE 音视频 1857 工作组秘书处落户中关村视听产业技术创新联盟；IEC 智慧城市系统评估组“智慧家居用例”工作组秘书处落户闪联。这些重点领域国际标准实现不断突破，使得我国企业在国际标准化活动中扮演的角色发生重要转变。

（三）海峡两岸首次签署信息产业合作备忘录

2014 年 7 月 5 日，海峡两岸有关企业在第十一届海峡两岸信息产业和技术标准论坛上签署了《海峡两岸推动传感器领域标准研究及产业合作备忘录》，商定以智能手机传感器为切入点开展先期合作，这是海峡两岸首次签署有关产业合作的备忘录，是两岸产业合作的新突破。两岸在论坛上同时公布了半导体照明、平板显示、太阳能光伏 3 个领域的 10 项共通标准，达成了 30 项共识，并签署了《海峡两岸推动锂离子电池共通标准合作备忘录》《海峡两岸推动云计算共通标准制定及产业协作合作备忘录》《海峡两岸推动 4G/TD-LTE 第二阶段共通标准制定合作备忘录》等 3 个备忘录。

（四）锂离子电池安全强制性国标发布

近年来，锂离子电池的安全受到各界高度重视，特别是手机、平板电脑、笔记本电脑等便携式电子产品用锂离子电池的安全，因与消费者日常生活紧密相关而更加受到社会各方的关注。针对上述情况，工信部牵头制定了锂电池安全领域强制性的国家标准《便携式电子产品用锂离子电池和电池组安全要求》（GB31241-2014），并于 2014 年 12 月 5 日正式发布。该标准补充修改了保护电路和标识耐久性等相关要求，针对便携式电子产品用锂电池和电池组提出了安全性要求和试验方法，并在质量控制、产品设计等方面提出了附录要求。

（五）两部委联合推动 AVS+ 标准产用结合取得阶段性成果

为加快 AVS 标准产业化和应用，2014 年 3 月，工信部与国家新闻出版广电总局联合发布《广播电视先进视频编解码（AVS+）技术应用实施指南》（以下简称《指南》）。《指南》的颁布是AVS发展历程中的一个重要的里程碑，对加快实现AVS+技术的应用推广，推动AVS+标准在广播电视领域的广泛应用，带动我国电子信息产业发展，具有重要意义。为了贯彻落实《指南》精神，在工业和信息化部和国家新闻出版广电总局指导下，AVS技术应用联合推进工作组和全国广播电影电视标准化技术委员会举办了《AVS+技术应用实施指南》宣贯会，同时，中央电视台、湖南电视台率先采用AVS+标准播出高清电视节目，AVS+标准产业化和应用推广取得了阶段性重大突破。

四、重要数据

（一）知识产权

表7–6　2013年电子产品专利申请统计表　（单位：件）

企业类别	专利申请数（#发明专利）	有效发明专利	拥有注册商标数	备注
电子行业	88960（50516）	97994	23552	
大型企业	51892（36564）	77706	13746	
中型企业	19219（7991）	11469	5828	
#国有企业	18261（11573）	23896	5533	
#内资企业	54082（29521）	68388	17157	
#港澳台资企业	12956（6629）	10163	3670	
#外资企业	21922（14366）	14366	2725	

数据来源：《工业企业科技活动统计年鉴2014》。

（二）研发情况

表7–7　2013年电子信息行业R/D活动统计表　（单位：人、万元）

企业类别	研发人员（#女性/研究人员）	研发经费（#内部支出/外部支出）	备注
电子行业	476612（96438/168143）	13093354（12525008/568346）	
#大型企业	308965（61076/122866）	9932867（9432241/500626）	
#中型企业	106401（22774/28813）	1860227（1827793/32434）	
#国有企业	101537（20255/45318）	3164457（3089080/75377）	
#内资企业	275831（53839/127710）	8136822（7789402/347420）	
#港澳台资企业	82890（19303/19257）	1996494（1929556/66938）	
#外资企业	117891（23296/21176）	2960039（2806050/153989）	

数据来源：《工业企业科技活动统计年鉴2014》。

（三）新产品产值

表 7-8　2013 年电子新产品开发销售统计表　（单位：项、万元）

企业类别	新产品开发项目数	新产品销售收入（#出口）	备注
电子行业	45390	241635186（113450701）	
#大型企业	18405	207064943（105078311）	
#中型企业	12519	25277083（6665254）	
#国有企业	12367	36602837（8820496）	
#内资企业	32555	73824785（21861049）	
#港澳台资企业	5638	53823336（30814407）	
#外资企业	7197	113987065（60775245）	

数据来源：《工业企业科技活动统计年鉴 2014》。

第二节　主要问题

从保持电子信息产业稳中求进、健康发展角度看，2014 年主要存在下列三个方面的问题：

一、全球经济低迷，影响产业发展

2014 年国际大环境未见明显好转，全球性经济危机尚未完全解除，人民币汇率不断上升，给中国电子信息产业发展带来多种不利影响。纵观 2014 年电子信息产业增加值增速情况，全年基本上都在 12% 上下波动，虽然比全国工业发展增速值高出约 2 个百分点，却也高得有限，总体上还是处于中低位运行，而且近几年来一直处于逐年走低态势。从各主要子行业的发展情况来看，也不能令人乐观，除通信设备产业稍高一些外，电子计算机、电子视听、电子器件、电子元件四大子行业的工业增加值全年平均增速都低于 10%。全球经济发展低迷还导致我国电子信息产业出口不畅，全年出口增速低于 10% 以下，比内销增速约低 10 个百分点，致使拉动产业发展的“三驾马车”之一出现乏力。这种状况将给电子信息产业的结构调整和转型发展带来不利影响。

二、产业基础薄弱，创新能力不强

十八大以来，我国国民经济围绕着工业化、信息化、城镇化和农业现代化建设而迅猛发展。在这种经济发展的新常态下，电子信息产业的发展对于拉动“四化”建设进程尤为重要。但从当下产业发展情况看，产业基础薄弱、创新能力不强的顽疾依然存在，致使产业发展与“四化”的要求还存在诸多差距。我国大多数电子产品，如各种通信产品、视听产品、计算机产品等，我国都能自主生产，说明我国电子信息产业的生产组装能力确实十分强大，但其中最核心的技术我们并没有真正掌握，如智能手机、智能电视、各种电脑中的核心芯片和操作系统软件，以及其他一些关键元器件，我国还不得不依赖大量进口，而这一块恰恰是附加价值最高的部分。另外，在物联网、云计算等新兴产业领域，虽然从国家到地方都十分重视其发展，但由于基础薄弱，建设所需的各种高端传感器、大型数据库软件等支撑发展的关键部件基本上依赖国外。

三、产能过剩频发，结构调整艰行

近年来，国家十分重视电子信息产业的发展，各地也积极响应，据统计全国有2/3以上省、市、区将电子信息产业列为本地区支柱产业予以大力发展。但由于很多地方在发展方式上急功近利，以招商引资方式大量引进电子产品生产线，致使一些长线产品生产能力大大超出市场需求。如光纤、光缆、光伏电池片的生产能力超出实际市场需求一倍以上，我国也因此成为全球最大的光纤、光缆和光伏电池片的生产国。产能大量过剩直接导致下列结果：一是浪费大量国家和地方的财力，一条生产线动辄几百万、几千万甚至上亿元，上马后不能满负荷生产，造成投资难以回收；二是浪费大量资源，在投入大量人力、物力、财力后生产出来的产品却卖不动，造成大量积压；三是大打价格战，同时引发人为降低成本，以次充好，偷工减料等不正当竞争。针对产能过剩问题，国家有关部委也曾三令五申，但由于地方保护主义的存在，收效并不明显，产业结构调整任重而道远。

第三节　对策建议

一、发挥政府主导作用，营造良好发展环境

面对全球经济不景气给电子信息产业带来不利影响的现状，政府要发挥主导作用，积极为企业创造良好发展环境。一是进一步完善支持电子信息产业的政策体系，从财政、税收等方面给予更大力度的支持，尤其要支持产业发展急需的集

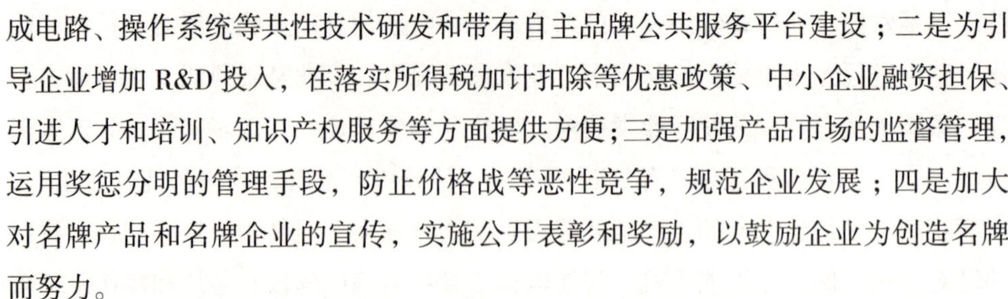

成电路、操作系统等共性技术研发和带有自主品牌公共服务平台建设；二是为引导企业增加 R&D 投入，在落实所得税加计扣除等优惠政策、中小企业融资担保、引进人才和培训、知识产权服务等方面提供方便；三是加强产品市场的监督管理，运用奖惩分明的管理手段，防止价格战等恶性竞争，规范企业发展；四是加大对名牌产品和名牌企业的宣传，实施公开表彰和奖励，以鼓励企业为创造名牌而努力。

二、发挥企业主体作用，加强产业品牌创新

目前，我国电子信息产业自主创新能力有所提高，但与国际水平仍有很大差距，因此，要把自主创新作为电子信息产业可持续发展的根本动力，进一步完善企业创新体系。一是不断强化企业的技术创新主体地位，不断完善产学研创新体系，在开展集成创新和引进消化吸收再创新的同时，积极开展原始创新活动。鼓励企业将产业发展定位在高端产品、高附加值、低能耗和绿色生态，大力培育核心技术产品。二是引导企业坚持品牌投入，建立自主可控的品牌经营管理体系，加强诚信体系和社会责任体系建设。支持企业建设自主可控的多渠道、多业态、多模式的国际化品牌营销网络。鼓励企业建立或依托技术中心，创新产学研合作模式，借鉴跨国公司经验，利用两个市场、两种资源，积极布局并做大做强研发设计中心（机构）。建设以企业家为核心的品牌人才队伍，建立实施品牌战略的人才保障体系。支持企业提炼、赋予品牌以特定的中国文化内涵，增强品牌的附加价值。

三、控制产能调整结构，创新驱动产业升级

目前，产能过剩已经成为我国经济发展面临的严重问题，在电子信息产业方面也很突出。对此，一是要在政策上实施市场准入控制，加强在安全、环保、能耗、质量等方面的指标约束，提升发展电子信息产业急需的关键元器件产业创新能力，增加 R&D 投入，重点研发和推广高附加值的生产工艺，逐步减少整机组装生产能力，以创新驱动电子元器件产业转型升级；二是完善监督检查管理制度，一方面加强对落后产能的淘汰监督管理，另一方面完善企业创新体系建设制度，以促进企业走上高科技、高质量、绿色、环保的健康发展之路。

地 方 篇

第八章　北京市工业技术创新发展状况

2014 年是北京发展史上不平凡的一年，一方面顶住了全球经济复苏缓慢的压力，实现了平稳发展。据统计，2014 年全市实现地区生产总值 21330.8 亿元，比上年增长 7.3%，基本与全国 7.4% 的 GDP 增速持平。另一方面，北京又承载了新的使命，习总书记强调，北京不但是全国的政治中心、文化中心、国际交往中心、科技创新中心，也要建设成为国际一流的和谐宜居之都，推动京津冀协同发展。其中，为制定实施加快全国科技创新中心建设的意见，北京市发布促进科技成果转化和协同创新的系列政策，并在中关村示范区先行推进。据统计，示范区企业总收入 3.57 万亿元，增长 17.2%，全市技术合同成交额增长 10%，发明专利授权量超过 2 万件，位居全国首位。

第一节　工业发展回顾

在经济增速方面，近年来，北京经济增长呈现逐年放缓的平稳回升趋势。其中，2010 年呈现了快速增长之势，地区生产总值和工业增加值的增长幅度相对较高，分别为 10.3% 和 14.9%；随后逐年回温，2013 年两项指标基本同速增长，分别为 7.7% 和 7.8%。2014 年全市实现地区生产总值 21330.8 亿元，比上年增长 7.3%。

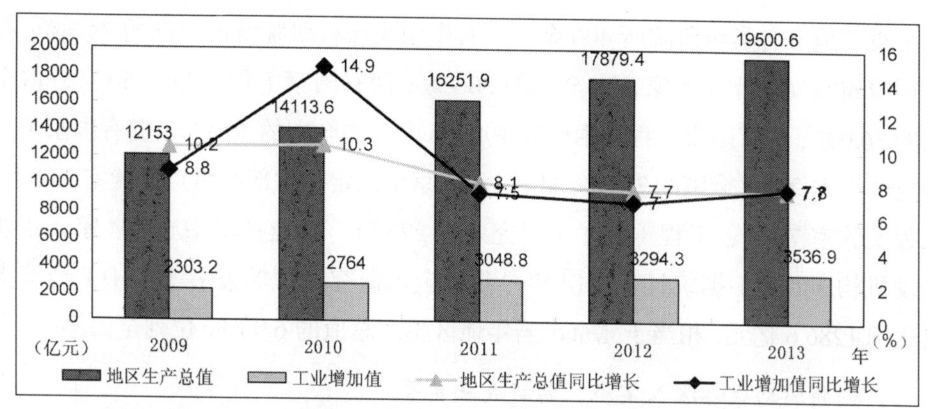

图8-1　2009—2013年北京地区生产总值、工业增加值及其增长速度

数据来源 :《北京市 2014 年国民经济和社会发展统计公报》。

在产业结构方面，北京市有两项重要表现：一是服务型经济特征越来越明显，2014 年北京市第三产业占 GDP 比重达到 77.9%，其中，科学研究和技术服务业、信息传输软件和信息技术服务业及金融业的增加值增长较快。二是产业结构高端化趋势明显，2014 年，北京市规模以上工业增加值比上年增长 6.2%，其中，包括战略性新兴产业、计算机及通信和其他电子设备制造业、汽车制造业、医药制造业在内的重点行业增长较快，增速分别为 17.9%、17%、12.3% 和 9%。据统计，现代制造业增加值年均增长 11.9%，高技术制造业增加值年均增长 10.3%，远远高于规模以上工业的平均增速。

在产业空间布局方面，北京市自“十二五”期间打造的“两城两带、六高四新”工程实施以来，取得了很大成效。据统计，2013 年，六大高端产业规模以上企业收入达 5.3 万亿元，占全市的 38.8%。2014 年 1—11 月，六大高端产业规模以上企业收入已超 4.7 万亿元，占全市的 45.2%，同比增长 14.4%，比北京市平均增速高出 7.1 个百分点，集聚化的发展特征愈加明显。[1]

一、技术创新发展情况

（一）总体情况

北京是我国智力资源和科技力量的重要集聚区，拥有大量的国家重点高校和科研机构。据统计，截至 2014 年 6 月，北京地区科技资源总量占全国的 1/3，拥

[1]　资料来源：北京市统计局网站，http://www.bjstats.gov.cn/sjjd/jjxs/201501/t20150122_287257.htm。

有中央和地方各类科研院所400余所，其中中央级科研院所占全国的74.5%；拥有国家重点实验室111家，占全国的30.9%；拥有国家工程实验室50家，占全国的36.0%；拥有国家工程技术研究中心66家，占全国的19.1%；拥有国家工程研究中心41家，占全国的31.3%。此外，经北京市认定的省部级重点实验室330个、工程实验室74个、工程（技术）研究中心275家、企业技术中心464家，企业研发机构348家。据统计，2014年，北京全市研究与试验发展（R&D）经费支出达到1286.6亿元，相当于北京市当年地区生产总值的6.03%，位列全国第一。[1]

1. 创新驱动战略深入实施，创新成果显著

自创新驱动战略实施以来，北京市取得较大成果。据2015年1月召开的“2014年度国家科学技术奖励大会”公布，2014年度北京有82个项目获国家科学技术奖，其中包括特等奖1项、一等奖6项、二等奖75项，占全国通用项目获奖总数的32.3%，比去年提高约2个百分点。[2] 特别值得强调的是2014年度唯一的国家最高科学技术奖获奖者和自然科学奖一等奖均来自北京，充分显示了北京作为全国科技创新中心的强大资源优势和创新实力。

2. 积极深化改革，构建高精尖经济结构

备受瞩目的“星地融合广域高精度位置服务关键技术”项目由北京邮电大学、中卫星空移动多媒体网络有限公司等单位联合完成，并获得了国家科技进步奖二等奖。该项技术创造性地将通信与定位进行融合，构建了北斗天地一体无缝深度融合定位新体系，攻克了广域室内外无缝高精度立体定位的国际难题。在此基础上，他们建立了位置服务关键技术及应用平台，开发了系列装置与装备，率先解决了北斗和GPS室内“最后一公里”瓶颈。基于该技术的地理信息服务市场居国内首位，已在我国数十个城市实时交通、上千个大型场馆管理、消防救援、多个机场应急导航等应用。同时位置服务平台已实现出口创汇，在多个国家成功应用实现位置服务技术跨越，为大幅提升国家公共安全与应急救援能力提供强有力的技术支撑，对我国现代信息服务业发展有显著推动作用，社会经济效益重大。[3]

3. 勇于突破，打造京津冀协同创新体系

2014年9月，在科技部与北京市、天津市、河北省人民政府共同主办的“协

[1] 全国科技创新中心：《北京新的战略定位》，http://news.xinhuanet.com/chanye/2014-09-28/c_1112655596.htm。

[2] 资料来源：http://finance.eastmoney.com/news/1350,20150112466689183.html。

[3] 资料来源：2014年国家科学技术奖励大会，http://www.bjkw.gov.cn/n8785584/n8904761/n8904900/n10162614/10173917.html。

同创新、应对挑战——京津冀在行动”科技专题展会上，北控磁浮公司作为北京市单位展出了自主创新的“中低速磁浮交通系统”的重大科技成果。中低速磁浮列车是北京市科委连续10余年持续支持的重大科技成果，由北控磁浮联合国防科技大学等单位共同研制，将在北京市S1线（S1线东起石景山苹果园枢纽，终点为门头沟石门营站，全长10.2公里，运行时速100公里/小时）中实现应用。

（二）主要措施

1. 加大创新支持力度，完善创新政策体系

随着创新驱动发展战略的深入落实，北京市对创新发展的支持力度不断加大。2013—2014年先后出台了《2013年度北京市科学技术奖励的决定》、《建设中关村军民融合科技创新示范基地行动计划（2013—2015年）》、《北京市进一步促进软件产业和集成电路产业发展的若干政策》、《北京技术创新行动计划（2014—2017年）》、《关于进一步创新体制机制加快全国科技创新中心建设的意见》、《关于在中关村国家自主创新示范区深入开展新技术新产品政府采购和推广应用工作的意见》及《加快推进科研机构科技成果转化和产业化的若干意见（试行）》。并且，这些政策文件的推行取得了良好效果。

例如，自《北京技术创新行动计划（2014—2017年）》发布以来，开展了一系列的重大专项活动，包括新一代移动通信技术突破及产业发展、数字化制造技术创新及产业培育、生物医药产业跨越发展等，并取得显著成效。如生物医药产业跨越发展重大专项，形成了以北部中关村生命科学园、南部大兴生物医药产业基地为代表，建立了“一南一北”的生物医药产业园区布局，加快了生物医药产业向“高精尖”产业结构发展。

2. 全面积极落实创新政策，促进重大科技成果转化

2014年，北京市科委提出了建设首都科技大数据平台计划，目的是要建设首都科技大数据平台，希望通过社会的广泛参与、提供方案，将数据、信息、成果都能连通起来，实现创新资源共享。为了落实《加快推进科研机构科技成果转化和产业化的若干意见（试行）》，2015年1月，北京市科委与北京市金融局联合举办“北京市落实国家科技成果转化引导基金推进工作会”，旨在推进北京市科技成果转化基金的落实，引导社会资源加大对科技成果转化的投入，进一步促进科技成果的资本化和产业化。

此外，为贯彻落实北京技术创新行动计划，推动全国科技创新中心建设，促进小微企业及创业团队与高校院所之间的产学研用合作，北京市财政局与北京市科委共同组织实施首都科技创新券。其使用方法为：小微企业和创业团队按规定在有效期内登记了科研活动时创新券生效，使财政投入的使用更加精准，较大限度发挥了财政资金的使用效率，解决了小微企业在创新研发活动中面临的资源短缺问题，为科技创新提供了强大的推动力。[1]

3. 抓住机遇，构建京津冀协同发展体系

为推进京津冀协同发展，实现优势互补、互利共赢，北京市开展了很多活动，例如，由科技部、北京市政府、天津市政府、河北省政府共同主办的“协同创新、应对挑战——京津冀在行动”科技专题展在河北省秦皇岛市展出。凸显了“促联合、促对接、促转化、促市场”的主题，突出了京津冀三地的协调、上下游产业链条联动和市场一体化，推动京津冀协同发展的探索实践成果，对加强三地对接协作，促进科技成果转移转化和产业化起到重大作用。

（三）重点领域

2014年，北京市继续坚持“十二五”发展规划的发展原则，并深入落实创新驱动战略，在电子信息、高端装备制造、生物医药及新材料等方面都做出了突出的成绩，推动了北京市经济向高精尖方向发展。据统计，2014年，计算机、通信和其他电子设备制造业增长17%，汽车制造业增长12.3%，医药制造业增长9%，3个行业对全市工业增长的贡献率达到74.2%。[2]

1. 装备制造业加速发展

近几年来，北京着力打造高端装备制造业板块，并且拥有了北一机床、北二机床、中国中车（中国南车与北车合并）、北控磁浮等领军企业。2014年，北京继续扩大“北京制造”的影响力。要实现的不只是卖出一台设备、一项技术，而是一整套解决方案的系统性输出。例如，在轨道交通制造方面，2014年，是中国高铁企业走向国际市场最重要的一年，有几项重要的里程碑：一是7月25日，中企在海外承建的第一条高铁——土耳其安伊高铁二期工程顺利通车；二是11月30日，中国为马来西亚生产的世界最高运营速度米轨动车下线；三是中德、

[1] 资料来源：科技部，http://www.most.gov.cn/dfkj/bj/zxdt/201501/t20150121_117847.htm。
[2] 资料来源：北京统计局，http://www.bjstats.gov.cn/。

中英、中美连线高铁也已开工或在谈判商讨中。总之，中国的高铁以其性价比高、综合优势及竞争力明显等特点走出国门，走向国际市场。[1]

北京是我国轨道交通产业的集聚区，工信部在北京成立轨道交通研发中心，科技部将北京评为轨道交通装备国家新型工业化产业示范基地。据统计，北京市共有 160 多家规模以上轨道交通企业，其中 120 多家集中在丰台区，2014 年丰台区轨道交通企业的营业收入超过 1000 亿元。随着 2015 年的“南车北车科技创新产业园”、“轨道交通专业孵化器”、“中国铁路通信信号产业园”等项目的开展，丰台区打造“中国轨道交通智能控制中心”的目标越来越近。

2014 年，也是轨道交通技术成果丰收的一年。如 2014 年 12 月 27 日，由中国北车自主研发的 JZ-8 型机车制动系统在 HXD2 型电力机车安装，并在包头西机务段圆满完成了 10 万公里的运营考核，即将进入小批量的正式装车运营阶段。JZ-8 型机车制动系统拥有大脑和神经功能的制动控制柜、司机控制器和显示屏，安全保障钢铁巨龙的特征，目前，已达到国际领先水平，比传统的制动系统有着质的飞跃，这标志着中国在轨道交通装备行业最核心的牵引系统、制动系统和网络控制系统“三大件”上均实现“中国创造”。

2. 新能源汽车成重点布局

随着资源、环境约束的不断增强，工业转型升级的节奏不断加快，北京市的经济逐渐向节能环保型发展，尤其是加大新能源汽车发展力度。在《节能与新能源汽车产业规划（2012—2020 年）》中，强调北京市要积极研究纯电动汽车的商业运营模式，在租赁、物流等领域拓展示范应用规模，加快体验中心建设，加快轻量化纯电驱动车辆的研发和样车试制，探索出一条纯电动汽车的产业化道路。2014 年，北京市在新能源汽车技术领域取得多项突破，如：北京电控爱思开科技有限公司（BESK）已经建成我国首条新能源汽车动力电池全自动生产线，引入韩国 SK 集团先进的三元体系动力电池组生产技术，较现有的磷酸铁锂体系动力电池，其能量密度提高 50% 以上，功率密度提高 100%，车辆续航里程可提高 30% 以上，电池包设计寿命达到 10 年（20 万公里）。

再如，2014 年 12 月，北汽新能源汽车股份有限公司在青岛莱西的生产基地全面开工建设，预计 2015 年 7 月竣工。该生产基地占地 1000 亩，项目一期年产

[1] 资料来源：http://finance.chinanews.com/cj/2014/07-27/6429189.shtml。

能达5万辆纯电动汽车，二期完成后最终将形成10万辆纯电动乘用车整车生产能力，将是目前全球规模最大的电动汽车生产基地。

二、质量品牌发展情况

（一）总体情况

品牌作为无形资产，是一个国家、地区软实力的具体体现。根据世界品牌实验室（World Brand Lab）发布的2014年（第十一届）“中国500最具价值品牌”排行榜显示，北京入选101个品牌，位列全国第一，比2013年的98个增加了3个。[1]此外，在Interbrand发布的“2014全球百大品牌价值排行榜（Best Global Brands 2014）”中，现代汽车以104亿美元的品牌价值排名第40位，品牌价值比去年增长16%，排名提前了3个位次。

（二）主要做法

2014年，北京市适应经济新常态化发展，积极转变管理服务方式，大力实施首都标准化战略，并深入贯彻国务院质量发展纲要，保证首都质量安全形势平稳，努力提高产品品牌影响力。具体措施如下：

1. 完善配套政策，优化质量品牌发展环境

2014—2015年，北京市先后出台了《2014年北京市生产领域工业产品质量监督抽查工作计划》（京质监产发〔2014〕46号）《北京市贯彻质量发展纲要实施意见2014年行动计划》（京政办发〔2014〕42号）《2014年质量管理工作要点》（京质监质发〔2014〕40号）《关于印发北京市质量技术监督局燃煤质量监督管理办法的通知》（京质监发〔2014〕104号）等一系列政策文件，充分显示了北京市对发展质量品牌建设工作的高度重视。

2. 实施品牌战略推动首都经济转型

近年来，北京积极实施品牌战略，以提高首都经济核心竞争力。形成了以企业主体、市场导向、政府推动的发展机制。据统计，2013年，北京市有效注册商标395664件，位居全国之首；其中中国驰名商标157件、北京市著名商标559件、地理标志8件。预计到2015年，将实现企业的商标注册、运用、保护和管理能力进一步增强；首都的品牌自主化、高端化、集聚化、国际化程度进一步提高；

[1] 资料来源：http://www.phbang.cn/finance/corporation/143802.html。

品牌战略实施的法制环境进一步优化。[1]

3. 严把质量关，形成大质量工作格局

根据《北京市贯彻质量发展纲要实施意见 2014 年行动计划》强化品牌建设，开展了首届北京市人民政府质量管理奖评选活动。从地理分配上看，海淀区的“质量强市示范城市”创建工作已经进入验收阶段，东城区、昌平区筹建工作正加快推进，通州“张家湾葡萄”、平谷“北寨红杏”获批地理标志产品，东城区获批筹建“全国传统饮食文化产业知名品牌示范区”。此外，在构建京津冀三地协同发展的基础上，签署了《京津冀质量发展合作框架协议》，形成了三地质监部门共同加强产品质量监督、标准、计量、检验检测认证等区域合作。据北京市质量技术监督局统计，对 1939 家重点企业的 2199 批次产品进行了抽样检验，产品质量不合格发现率为 8.9%，对获得“3C”认证的手机产品抽查，其合格率为 85%。

（三）重点领域

北京的高端产业功能区集聚程度在持续提高。据统计，2014 年 1—5 月份“六高”功能区高技术制造业、现代制造业、信息服务业、科技服务业收入占全市相关行业的比重分别达到 96.3%、80.2%、82.8% 和 66.5%。“四新”功能区建设稳步推进，产业加快集聚。结构高端化、服务化步伐加快。信息服务、金融、科技服务等生产性服务业保持较快发展，增加值分别增长 12.6%、12.5% 和 9.3%。[2]

三、知识产权发展情况

（一）总体情况

专利是衡量一个国家或地区自主创新能力和成果的重要指标，在创新驱动的经济发展中作用显得越来越重要。近几年，北京的知识产权发展很快，并取得突出成绩，据北京市 2014 年国民经济和社会发展统计公报显示，2014 年北京的专利申请量与授权量分别为 138111 件和 74661 件，分别增长 12.0% 和 19.1%，其中发明专利申请量与授权量分别为 78129 件和 23237 件，增长 15.7% 和 12.3%。此外，全年共签订各类技术合同 67278 项，增长 7.2%；技术合同成交总额 3136

[1] 数据来源：北京市政府网，http://www.pkulaw.cn/cluster_form.aspx?Db=lar&EncodingName=&search_tj=fdep_id{3a80102。

[2] 数据来源：《2014年上半年“促改革、调结构”取得新成效》，见http://www.bjrd.gov.cn/xwzx_1/xwkx/yfly/201408/t20140806_136100.html。

亿元，增长 10.0%。[1]

例如，2014 年中关村示范区企业发明专利申请量排名显示，联想和京东方发明专利申请量均超过 2000 件，奇虎科技和小米科技发明专利申请量超过千件，这 4 家企业发明专利申请占比均超过该企业全部专利申请量的 80%。

（二）主要做法

1. 完善工作机制，深入实施首都知识产权战略

依据《深化实施首都知识产权战略行动计划（2014—2020 年）》，充分发挥北京市知识产权办公会议和首都知识产权战略联席会议作用，增强推动北京市知识产权工作的合力。以知识产权与经济社会深入融合为主线，启动“十三五”知识产权工作规划编制研究工作。在区县层面，推广“聚核工程”经验，与条件成熟的区县签订合作协议。

2. 大力发展知识产权服务业

为了提高知识产权对经济的贡献，北京大力实施知识产权战略，并将知识产权服务月作为重要突破。据统计，截至 2014 年底，北京市共有专利代理机构 307 家，占全国专利代理机构总量的 27.96%；共有执业专利代理人 4143 名，占全国执业专利代理人总数的 39.41%。[2]

此外，北京市大力发展知识产权研究交流平台与知识产权品牌服务机构。将促进北京知识产权学院、研究院合作建设知识产权研究交流平台，助力于首都知识创新体系建立，促进北京市经济发展。

（三）重点领域

构建“高精尖”经济结构是北京市的主要发展方向，也是北京市知识产权发展的重要领域。首先，中关村是知识产权战略实施的重要基地，2014 年北京市中关村审查员实践活动的申报企业达到 63 家，在推进中关村示范区自主创新方面已取得明显成效。此外，知识产权联盟是北京知识产权局打造创新型北京的重要举措，是专利导航产业发展的重要承载体和支撑力量。2014 年，北京市新增射频识别产业和抗肿瘤生物医药产业两个知识产权联盟。截至目前，北京市拥有了包括电子信息、生物医药、新材料、光机电、节能环保等领域在内的 13 个重

---

[1] 数据来源：北京市统计局网站。
[2] 数据来源：北京市知识产权局。

点产业知识产权联盟。

第二节 工业创新发展特点

一、完善创新政策体系，打造新常态下的创新环境

2014年,北京着力完善创新政策体系,提出了构建“1+N”[1]创新政策体系内容,并发布了《北京市促进中小企业发展条例》《北京市专利保护与促进条例》和《关于全面深化市属国资国企改革的意见》等政策文件，进一步完善了激励创新的政策体系。同时发布实施了“京校十条”、“京科九条”等实施细则,以促进高等学校、科研机构科技成果转化和协同创新。在区县方面也有很大进展，例如，海淀区出台了科技创新“1+4+1”政策体系，全力推动南部中关村科学城和北部生态科技新区建设；东城区实施文化和科技融合发展行动计划，加快数字版权、移动互联网、文化演出服务等板块发展。朝阳区推进国家级科技与文化融合示范基地建设，积极构建区域科技创新孵化体系，服务中小企业创新发展。西城区形成了以现代服务业为主体，设计服务、出版创意、科技金融为主要特色的产业格局。丰台区积极推动新兴金融产业和轨道交通产业集群发展，丽泽金融商务区、总部基地产业聚集效应显著。[2]

二、发挥北京创新优势，构建高精尖产业经济结构

2014 年，北京关停退出了一般制造业和污染企业 392 家，给予符合条件的关停企业以 1.95 亿元的资金奖励，引导并鼓励其主动调整退出。据统计，2014 年中央和市级下达大额专项资金 26.8 亿元，其中支持战略性新兴产业的比例超过 60%，今年已投项目的 90% 以上属于高精尖领域[3]。例如，全国首个 55 纳米智能卡芯片在中芯国际实现量产；国产首台 28 纳米等离子硅刻蚀机通过验证并实现销售。此外，北京加快推动发布本市高精尖产业行动计划和高精尖产品目录，实施“三四五八”战略，即力争通过 3—5 年的努力，培育 100 家以上高成长性、带动力强的创新型企业，使“高精尖”产品的营业收入占全市制造业收入比重超

[1] “1”是指北京市政府发布实施《关于进一步创新体制机制 加快全国科技创新中心建设的意见》，以探索放开科技成果管理权限为突破口，围绕科技成果转化、构建“高精尖”经济结构等8个方面，提出了20条重大改革举措。“N”是在高等学校、科研机构、财政税收、金融、人才、知识产权、工商、国资国企改革等领域出台的配套政策，促进科技体制改革和经济社会领域改革协同推进。

[2] 资料来源：http://zhengwu.beijing.gov.cn/gzdt/bmdt/t1382395.htm。

[3] 资料来源：《北京：着力构建“高精尖”产业体系》，http://cyyw.cena.com.cn/2014-12/22/content_255299.htm。

过50%，相关产品及服务的增加值占全市GDP比重超过15%，在京津冀地区初步形成5—8个具有国际竞争优势的高端产业集群。[1]

三、构建京津冀协同发展体系，加强三地技术创新资源整合共享

2014年是京津冀产业协同跨出实质性步伐的一年。在组织方面，京津冀相关部门共同组成了京津冀区域科技创新推进工作组。在战略布局方面，三地科技部门共同签署战略研究和基础研究、国际科技合作框架协议，研究编制中关村服务京津冀区域创新合作行动计划，明确打造特色产业带等7项工作任务。在项目布局方面，2014年以来已有30多个重大项目进行对接，并优先选择对津冀辐射具有带动性强的项目，加强在京津冀范围内的产业链布局。例如：三地共同开展"区域大气污染联防联控支撑技术研发与应用"项目，获得国家认可。还有共建中关村海淀园秦皇岛分园、京津中关村科技新城等项目。又如共同主办了很多科技专题展，促进了科技成果转化应用。在创新资源整合方面，支持"首都科技条件平台"和北京技术市场在天津、河北建立合作站、服务平台，加快创新要素区域流动。据统计，2014年向天津、河北输出技术合同约2500项，成交额超过65亿元。

四、加强知识产权保护，提升北京市的整体竞争力

2014年，北京在知识产权建设方面做了很多努力：一是发布了《深化实施首都知识产权战略行动计划（2014—2020年）》，目的是要将北京发展成为全国知识产权创造的核心区、知识产权保护的示范区、知识产权国际交流的窗口区等，以凸显北京市知识产权首善之区特色。二是出台了《北京市专利资助金管理办法》，引导专利申请从重数量向数量与质量并重转变。三是推动世界知识产权组织中国办事处落户北京。四是成立我国首家知识产权法院，探索完善以审判为中心的知识产权诉讼制度。五是推进国家技术标准创新基地建设，开展标准创新试点，据统计，2014年创制标准141项，其中国际标准18项，国家标准99项。[2]

---

[1] 资料来源：北京市经济和信息化系统2014年上半年经济形势分析会。
[2] 资料来源：北京政务网，http://zhengwu.beijing.gov.cn/gzdt/bmdt/t1382395.htm。

第三节　典型案例

一、北大方正集团有限公司

（一）公司简介

北大方正集团有限公司（以下简称“方正集团”）是一家拥有北大方正集团信产集团、北大医疗集团、北大资源集团、方正集团金融、方正集团物产集团的多元投资控股公司。方正集团一直秉承“创新”理念，即“企业为主体、市场为导向、产学研结合”，依托北京大学，拥有并创造对中国 IT、医疗医药产业发展至关重要的核心技术。作为国家首批 6 家技术创新试点企业之一，方正集团多次荣膺“国家技术创新示范企业”等荣誉称号，2014 年被北京产权交易所授予“合作创新奖”，2013 年荣获“中国软件创新力 20 强企业”称号。

（二）重要成果

方正集团一向重视知识产权工作，成果丰硕。截至 2013 年底，方正集团拥有申请专利 3069 余件。到目前为止共有 743 件发明专利、188 件实用新型专利、5 件外观设计专利获得授权。国际专利申请方面，方正集团已申请 135 余件 PCT 专利，通过巴黎公约直接申请 52 件，目前共有 47 件获得授权。注册商标几千件，拥有“北大方正集团”，“方正集团、FOUNDER 及图”两个驰名商标，拥有国家专利金奖 2 项、专利优秀奖 1 项，拥有国家最佳外观设计奖 1 项。同时，积极主持方正集团字库知识产权保护；建立标准工作制度，推进技术标准工作；支持大新药业出口美国的专利风险防范；通过培训推进知识产权工作，完善知识产权机制体制，参加各级政府知识产权计划，完成了集团知识产权工作的目标。

（三）主要措施

1. 建立专利信息工作组织和机制，打好有效利用基础

建立健全专利信息工作队伍，不断完善专利检索平台和工具。目前，方正集团已建立起一套较为完善的知识产权管理体制，在集团和下属公司都有专员负责知识产权工作。医药行业是跨国医药公司专利布局严密的领域，对于我国医药企业有较大的专利风险，因此专利信息工作就成为风险预警的关键环节。方正集团坚持对竞争对手的专利（国内、国际），特别是涉及方正集团主营业务的进行密切关注和监察，一旦发现垃圾专利，立即启动专利无效宣告等程序，以尽可能为

方正集团的业务发展和知识产权战略实施扫清障碍。

2. 灵活利用专利信息，成功击溃行业巨头专利壁垒

拜耳公司的莫西沙星氯化钠大输液制剂自从问世以来，在世界范围内一直有着优良的销售业绩。该药品除了性能稳定、副作用小等诸多优点以外，价格却非常昂贵，使得国内诸多厂商都加紧对其仿制。在仿制过程中发现其专利壁垒后，各个厂商试图规避，方正集团则选择了挑战专利。经过长时间的研究和搜寻，方正集团终于找到突破口，通过专利信息的有效利用，成功击溃了世界医药巨头拜耳公司的专利壁垒。整个案例，以“仿制——发现专利壁垒——挑战专利——专利无效”为主线。这不仅是制药行业中少有的由国内企业主动挑战国际大公司专利并获得成功的案例，也是近年来制药行业专利无效请求案件中，在中国大陆涉案品种销售额最大的专利无效案。

3. 建立高效组织，积极采取应对策略

方正集团意识到该案的重要性及可能形成的多方影响，成立了莫西沙星无效案工作小组，确定了该小组的工作方式及请示、决策等流程。在与拜耳公司的“过招”过程中，工作小组高效运转，通过不断优化挑战方案，一份十几页的无效请求书最终完成，每个细节都经过精心准备：哪些理由应该用并用在前还是用在后，哪些话应如何描述才能不留缝隙，哪些证据应该放在第几位进行出示。由于组织得力，准备充分，掌握了案件胜诉的关键，方正集团终于掀翻了拜耳的“专利收费站”。

（四）经验总结

方正集团在发动专利无效请求过程（具体应对过程见表8–1）中，积累了重要的经验：

1. 无效请求的策略

由于主要对比文件对除第一和第二个之外的权利要求来说，只有创造性的影响，而第三个权利要求又是临床制剂中通常采用的配比（最佳配比），在创造性的判断方面，国家专利复审委合议组有相当的自由裁量权。所以，对第三个权利要求的攻击，是该无效请求中最需集中火力之处，在请求书的撰写过程中，理由和证据应主要集中于此。

2. 重要证据的固化

这份重要的对比文件虽以电子期刊的方式公布于网络，但目前网络公开时间

的认定在我国的司法实践中还存在一些争议，纸质材料的公开时间则稳妥的多，因此需要找到纸质期刊。而发表该文献的医药类期刊，全国只在北京一家专业图书馆有订阅记录。为保证该份纸质证据来源能万无一失的得到认可，工作人员前往证据所在地，进行了证据保全的公证，公证选在对方收到无效请求书之前完成，以防拜耳公司采取不利行动，并在口审时才进行出示，让对方无法挑战该证据的真实性和合法性。

3. 谈判筹码的积累

拜耳集团专利战略的全球化意味着该专利很可能也在其他各国进行了布局，该份重要证据不但对中国专利构成巨大挑战，其各国同族专利亦可能受到威胁，一旦任何上述需要保密的事项之一公之于众，拜耳公司在北美、欧洲拥有的莫西沙星制剂的巨大市场岌岌可危。因此，在谈判材料的准备中，除了充分的无效理由和证据，各同族专利依其本国专利法而将受到的挑战也有充分准备，这也是拜耳公司倾向于和解撤案的重要因素。

4. 信息安全的保证

在整个无效请求过程中方正集团在信息安全方面加强管控，这具有关键意义。一者，因无效过程中面临着可能的和谈，如果达成和解，被撤销的无效请求之相关材料包括关键证据将被无限期密封存档。二者，如果对该专利发动无效请求的事实遭到泄露，引起其他厂家的警觉，“任何人都可以获得的”这篇公开文献可能被其他厂商发现，方正集团的有利地位将瞬间瓦解。

表 8–1　方正集团破除拜耳专利壁垒主要事件

时间	事件
2011年12月	科研人员发现拜耳“莫西沙星氯化钠制剂”专利创造性不足
2011年12月—2012年1月	技术人员重复了专利中的实验，为无效的思路奠定了基础
2012年2月	检索出影响拜耳专利新颖性和创造性的重要文献证据,并组成无效请求撰写团队
2012年4月	向国家知识产权局专利复审委员会提出无效请求
2012年5月	专利复审委员会发出受理通知书
2012年7月	专利权人拜耳向复审委递交了答辩书，答辩书中主动删除了第1、2个权利要求，对其余即第3—10个权利要求进行了答辩

（续表）

时间	事件
2012年8月	复审委发出口审通知书
2012年9月	方正集团和拜耳公司向复审委申请了口审延期并进行和解谈判，历时近1个月，双方最终未能达成一致，无效程序继续进行
2012年10月	专利复审委员会发出新的口审通知书
2012年11月	专利复审委员会开庭口审，双方当庭进行了意见陈述及论
2013年2月7日	国家知识产权局专利复审委员会发出了“无效宣告请求审查决定书”，宣告拜耳公司的“莫西沙星氯化钠制剂”专利全部无效

二、北京东方雨虹防水技术股份有限公司

（一）公司简介

北京东方雨虹防水技术股份有限公司（以下简称“东方雨虹”），成立于1998年3月，是一家集防水材料研发、制造、销售及施工服务于一体的中国防水行业龙头企业，是行业内唯一一家拥有“军队保密资质认证”的企业，公司各种专项防水系统成功应用于高速铁路、全国棉粮库、军事工程、机场、水利设施等众多领域。东方雨虹的主营业务包括两大部分：防水材料生产和工程施工服务，自主承接大型基础设施建设和房屋建筑防水工程业务，并通过工程和零售渠道经销商为顾客提供服务。随着国际化战略的全面实施，东方雨虹生产的优质防水产品已远销德国、巴西、委内瑞拉、波兰、土耳其、安哥拉、尼日利亚、南非、印度等七十多个国家和地区。

（二）主要成果

东方雨虹对创新研发和知识产权工作高度重视。在投入方面，从上市之初就投入6000多万元建设企业技术中心，接着投资2500多万元购置了700多台国际上最先进的试验仪器及设备，每年创新和技术服务投入超出年收入的3%，这一投入相当于规模以上防水企业的全年营业收入。在论文产出方面，2013年，东方雨虹研发人员共发表论文34篇，其中在核心期刊发表20篇、国外核心刊物发表论文4篇（1篇为SCI所收录）。在专利产出方面，东方雨虹积极通过申请专利保护和运用研发成果，截至2013年，东方雨虹主要产品和技术已申请专利共

174项，其中授权专利55项（含发明26项、实用新型23项、外观设计6项），另有78项专利进入实质审查阶段。在项目承担方面，公司承担3项国家火炬计划项目，2项国家重点新产品技术，1项国家863计划项目，拥有44项自主创新产品，4类产品通过“全国建设行业科技成果推广项目”，另有4项技术达到国际先进水平，填补国内技术空白。在获奖方面，东方雨虹以第一名的高分被科技部火炬中心认定为“2013年国家火炬计划重点高新技术企业”，曾荣获“中国建筑防水行业技术进步奖”、“2013年度全国工商联科技进步奖”等多种奖项。

（三）经验总结

东方雨虹出色业绩离不开其有效的产学研合作模式。围绕“以知识产权战略打造创新型企业”这一长期目标，东方雨虹高度重视产学研合作，将知识产权创造、运用、管理一体化思维贯彻在产学研合作全过程中，坚持“需求为基础、项目为核心、企业为主体、实效为根本”的基本原则，积极搭建外部智囊团，开创校企合作新模式。

东方雨虹围绕创新项目的知识产权获得和转化运用，探索形成了一套行之有效的产学研合作协同发展机制，践行了“需求为基础、项目为核心、企业为主体、实效为根本”的原则。在权责清晰、注重实效的产学研合作新模式中，企业、科研机构职责明确，组织架构搭建精练有效，合作方式、权利归属等规定明晰。这种创新模式将产学研用各方资源优化整合，高效运用，形成合力，推动企业创新不断达到新高度，给企业的创新和知识产权转化带来不竭的动力。

第九章　上海市工业技术创新发展状况

上海地处我国长三角经济圈核心，有着得天独厚的地理优势、经济优势和科技优势，上海自贸区的设立和建设，以制度创新为转型发展提供新动力，引领长三角，为我国在新形势下进一步改革开放提供了新思路和有效路径。2014 年，习近平总书记在上海视察工作时，提出“希望上海努力在推进科技创新、实施创新驱动发展战略方面走在全国前头，走到世界前列”，并对上海提出加快向具有全球影响力的科技创新中心进军的要求。按照习总书记的要求，为提高上海在全国以至全球科技创新中的地位，上海深入落实创新驱动发展战略，积极推动工业转型升级，进一步加快两化融合，增强工业企业技术创新能力及盈利能力，着力提高工业企业知识产权运用能力，促进上海经济稳定发展。

第一节　发展回顾

2014 年，上海市全年实现生产总值（GDP）23560.94 亿元，比上年增长 7.0%。工业总体发展稳中有升，全年实现工业总产值 32237 亿元，增长 1.6%，对全市经济支撑作用显著。其中，规模以上工业增加值 7163 亿元，增长 4.5%；战略新新兴产业（制造业部分）工业总产值 8113 亿元，增长 5.5%。另外，根据“2014 新华·道琼斯国际金融中心发展指数”，上海与香港并列全球金融中心城市第五位，成功跻身第一梯队，上海国际金融中心建设迎来新时代。

2014 年，上海主要行业呈现“七升六降”。船舶、汽车、烟草、医药、建材、机械、轻工等 7 个行业呈现上升趋势，电力、石化、纺织、电子、钢铁、有色等

6个行业下降。由于国家推动船舶行业转型升级及船东抄底购船等对船舶行业发展的带动，使得行业增长12.9%。受中高端车型销售带动，汽车行业增长10.5%，上海大众产量增长11.4%，上海通用产量增长9.8%。石化行业下降6.0%，主要是受化工产品和成品油市场疲软影响。受笔记本电脑生产线转移影响，电子行业下降2.9%。

战略性新兴产业中，由于新能源汽车政策的推动，上海新能源汽车领域增长56%，其推广完成情况居全国第一位。同时，受国家新能源政策的推动，新能源领域增长22%，光伏设备及元器件制造行业恢复性增长58.2%。

一、技术创新发展情况

（一）总体情况

2014年，上海市深化科技体制改革，多举并措，汇聚各类创新资源，突出市场导向作用，强化企业主体地位，完善创新体系建设，并取得优异成绩。2014年，上海共有54项牵头及合作完成的重大科技成果荣获国家科学技术奖，其中国家科学技术进步特等奖1项、一等奖6项，[1] 充分显示了上海在我国科技版图中的作用和地位。根据《2014亚太知识竞争力指数报告》显示，上海在亚太地区33个区域经济体中排名第六，居中国内地之首。

1. 人才、资金等创新资源汇集

上海在科技创新人才与资金聚集方面具有优势。至2014年12月，上海拥有两院院士共165人，国家“千人计划”专家626人，拥有研发人员20.9万人。研发投入也十分充沛，2013年全年上海市用于研究与试验发展（R&B）经费支出达到737亿元，占全市生产总值的比例为3.4%，比全国平均水平高出1.31个百分点，投入仅次于东京和硅谷。

2. 各类创新主体支撑全市科技创新

2013年末，上海拥有国家级创新型企业15家，国家级创新型试点企业19家，市级创新型企业500家；科技小巨人企业和小巨人培育企业共1014家，高新技术企业5140家，技术先进型服务企业298家。2014年年底，累积落户上海的外资研发中心达到378家。此外，“四个中心”和自贸区加速建设等，都给上海发

[1] 资料来源：http://www.stcsm.gov.cn/xwpt/gzdt/339494.htm。

展科技创新中心带来支撑和优势。同时，86家产业技术创新联盟和12个产业共性技术研发和创新服务平台成为产业发展壮大的重要支撑力量。

3. 科技创新成果涌现

2013年，上海科技成果推广率达到87%，该年认定的高新技术成果转化项目中，电子信息、生物医药、新材料等重点领域项目占86.3%。2014年度，来自企业或产学研合作完成的科技创新成果更是不断涌现，并获得嘉奖。

在2014年度国家科学技术奖励大会上，上海多项技术创新成果荣获奖项。上海外高桥造船有限公司参与完成的“超深水半潜式钻井平台‘海洋石油981’研发与应用”项目获得了国家科技进步奖特等奖，在国内首次建立了半潜式钻井平台坞内总装建造技术，并第一次独立完成世界上最先进的钻井设备负荷试验和钻井系统的联合调试；宝山钢铁股份有限公司“600℃超超临界火电机组钢管创新研制与应用”重大科技成果跃居国际先进水平；中国科学院上海生命科学研究院“TRPC通道促进神经突触形成机制的研究”等一批基础研究领域项目取得突破性进展；展讯通信（上海）有限公司“无线通信终端核心芯片关键技术及产业化平台”架构起具有国际领先水平的无线通信专用基带芯片、射频芯片、多媒体芯片、协议软件和软件应用在内的研发创新体系，为打破国外产品垄断、带动国内无线通信和集成电路产业的整体提升发挥了重要推动作用；沪东重机有限公司成功制造出全球首台安装于瓦锡兰船用低速机的选择性催化还原反应装置（SCR）系统，可使集装箱船的氮氧化物污染下降80%；以及来自企业或产学研合作完成的科技创新成果，如12英寸大硅片攻关稳步推进，刻蚀机、200毫米SOI晶圆生产线、40纳米北斗导航芯片等一批重大自主创新成果加快突破和产业化。

（二）主要做法

1. 加快改革创新和政府职能转变

一是对全球科技创新中心建设内容开展专题研究，已初步形成《上海加快实施创新驱动发展战略、系统推进全面创新改革试验工作方案》，包括建立健全人才发展、创新投入、科技成果转移转化、收益分配、政府管理、开放合作等6方面制度。二是加快转变政府职能，建立行政权力清单制度，进行行政审批改革，将行政审批事项减少至24项。从2014年开始，上海将高新技术企业认定、技术先进型服务企业认定和高新技术企业认定三项初审权下放园区。三是强化政府公共服务职能，完善人才服务培训工作，打造包括智慧照明在内的约 10 家高技能人才培养基地。深化开展“大协作”与合作交流，与闵行区人民政府、新疆维吾尔自治区经信委等分别签订战略合作协议。

2. 建立健全技术创新体系

一是支持开展企业为主导的产学研协同创新。利用跨部门大协作的工作机制，上海市教委、中科院上海分院、市政协科促会等加强合作，围绕上海市产业发展重点方向和上海市教委重点布局的高校知识服务平台，组织高校和企业对接。围绕重点产业领域的龙头企业，对在产学研合作机制上有特点、模式上有创新、项目上有成效和产业链上有配套的产学研合作建立示范基地。二是组织实施产学研专项。聚焦基础前沿研究、战略高技术研究，组织开展产学研合作计划，联合支持国产大飞机碳纤维主承力件、智能喷涂机器人、3D 打印装备产业化等一批重要项目。积极承接国家科技重大专项任务，加快推进大飞机、极大规模集成电路装备及成套工艺、新一代宽带无线移动通信网、重大新药创制等国家专项任务的实施。三是推进科技成果应用示范。综合技术攻关、商业模式创新和产业政策的创新和运用，推动科技成果走向市场。2014 年，北斗卫星导航、文化科技融合、新能源汽车、高温超导和崇明生态岛的应用示范和产业化取得了明显进步，北斗卫星导航在关键芯片研制成功的带动下全面进入消费领域；借助新能源汽车加快推广（接近 7000 辆）和“新能源汽车万里行”巡游活动，上路示范新一代燃料电池汽车；崇明生态岛建设经联合国环境规划署评估并获高度评价。

3. 完善产业发展支撑体系

一是整合资源，建设功能性平台。围绕科学前沿探索领域，积极建设张江国家科学中心，组建成立上海微技术工业研究院等研发类功能性平台。大力推进上海产业技术研究院的发展，加快建设共性技术研发服务功能性平台，突出第三方研发服务平台的智囊、平台、桥梁和枢纽作用。加快建设国家技术转移东部中心，解决科技创新和成果转化的脱节现象，发展非研发类服务功能性平台，如科技信贷服务和上海市科技金融信息服务平台等。二是大力发展科技服务业。2014 年，发布了《上海工业及生产性服务业指导目录和布局指南》(2014 版)。实现产业投融资机制的创新，落实针对中小企业等的普惠性政策。2014 年，98% 以上的中型企业创新资金投给了初创期和成长期企业，各类普惠性政策共为企业减免 2013 年度税额达 177.74 亿元。积极探索“孵化 + 投资”新模式，优化创业孵化服务链、上海研发公共服务平台、科技金融服务体系以及技术交易服务，2014年全市科技企业孵化器达到110家。上海建成全国首个“科技114”呼叫中心，加盟服务机构超过1100家。

4. 吸引集聚各类人才，营造全社会创新氛围

一是聚焦重点领域，集聚人才队伍。坚持实施各类人才计划，努力培养领军人才；大力实施专业技术人才知识更新工程，加强专业性强的高技能人才的培养。二是培育创新创业文化。建设完善创新创业服务平台，完善人才引进。三是营造万众创新的氛围。举办2014浦江创新论坛和2014“创业在上海”的创新创业大赛，加强创新发展理念的传播。

（三）重点领域

上海市的八个高新技术产业化重点领域分别是：新能源产业、新能源汽车产业、民用航空制造业、新材料产业、电子信息制造业、生物医药、先进重大装备产业、海洋工程装备产业等。其中，制造业一直是上海市的重点优势产业。近年来，由于新一代信息技术与传统产业和新兴领域的融合加深，催生出诸多新产业、新技术、新业态和新模式。本小节将选取软件信息服务业和装备制造两个领域，重点阐述其在过去一年里的主要发展特点及重点技术创新成果。

1. 软件和信息服务业

2014年，上海软件和信息服务业全行业实现经营收入5106.94亿元，同比增长20.02%，其中软件产业收入3001.36亿元，互联网信息服务业实现经营收入1095.98亿元，电信传输服务业实现经营收入689.5亿元。截至2014年底，上海规模以上软件和信息服务企业近5000家，产业集聚效应更加明显；上海规模以上的信息服务业基地共有50多个，2014年新增市级信息服务产业基地17个。

2014年，上海市软件产业不仅支撑了传统产业的技术创新和发展，也有大批新兴产业脱颖而出。一是对工业的促进作用进一步加强。上海工业软件通过强化在钢铁冶金领域的既有优势，不断拓展业务空间，形成自动化工程总包能力；加快轨道交通领域应用的国产化进程，集聚产业优势，推进产业创新；紧密结合石化领域的应用需求、瞄准领域高端产品，形成生产过程三优技术的产业优势。二是新兴产业脱颖而出。2014年上海云计算继续快速增长。IaaS平台在规模和数量上有大幅提升，市场竞争者多样化；基于移动互联网的ERP、CRM、OA等

企业级 SaaS 服务和企业移动应用成为新亮点。涌现出华存数据、华院数据等一批企业，和在面向对象的数据库、分布式存储、分布式内存计算等大数据关键技术具有领先优势的企业。聚胜万合、易传媒、分享传媒等互联网企业在大数据研究与商业模式创新上已经成长为行业龙头企业。银联商务、理想信息、万达等数据资源企业在各自领域建立了行业大数据平台。移动互联网利用优势行业基础，汇集国内领先的支付平台、数字内容及 O2O 服务平台，形成了具有上海特色的移动互联网的产业集群。

上海互联网产业 2014 年保持高速增长。一是 2014 年上海从事网络游戏运营研发的企业 300 多家，产值约占全国市场份额的三分之一。其中网页游戏、移动游戏高速增长，市场份额逐步增加。二是互联网金融业态得到发展，产业初具规模。东方财富、诺亚财富等首批获得第三方基金销售牌照并开展网上销售；重点跟踪的 21 家网络信贷企业交易额达到 331.97 亿元，2014 年上海网络信贷交易额超过 400 亿元，平安陆金所、融道网、点融网等国内主要 P2P 网络融资中介平台均集聚上海。三是网络视听领域优势资源不断汇集，吸引培育了天翼视讯、中移动咪咕视讯、聚力传媒（PPTV）、众源网络（PPS）、土豆网等领先企业和喜马拉雅、哔哩哔哩等高成长性企业。2014 年经营收入超过 110 亿元，较上年同期增长 50% 以上，占据全国市场约 1/4 份额。四是互联网教育 2014 年新增企业 60 家，产品覆盖互联网教育产业链各环节，并初步形成了竞争力。英语流利说、卓越睿新、爱乐奇等一批企业在各细分市场取得了优势地位和良好发展前景。

2. 智能制造业

2012 年，上海装备制造业共有规模企业 1398 家，在加速制造业转型的趋势下，加快推进高端装备制造业的发展，取得显著成效。2014 年，上海装备制造业保持稳中求进、平稳增长的发展态势。上海装备制造业（大口径）产值始终占据全市工业“半壁江山”。面对全球经济和产业发展环境深刻变化，上海牢牢抓住战略性新兴产业发展和装备制造业振兴的机遇，加快发展高端装备产业，以不断提升装备制造业智能化、自主化水平。

民用航空方面，基本完成大型客机总装制造中心周边配套市政项目建设，做好大型客机强度试验项目建设初期服务保障，启动上飞伊顿航空管路项目建设。智能制造装备方面，启动新时达大功率港口起重专用变频器的关键技术开发与应用项目；机器人领域，新时达电气股份公司完成首条机器人生产线开发，完成首台使用自主控制软件的机器人样机，6、16、25 公斤机器人实现小批量试生产；微松机器人完成“基于模块化理念设计、针对智能手机屏柔性组装测试生产流程”的机器人化生产线解决方案，首套设备顺利下线；上海微电子先进封装投影光刻机实现批量化生产和销售。卫星导航方面，协调推进国家卫星导航质检中心建设；推动完善上海卫星导航平台系统的 CORS 站并网及相关子系统建设。船舶与海洋工程装备方面，优化中海长兴二期工程入驻项目；“船舶工业创新驱动转型发展的评价指标体系研究”已开题。轨道交通信号系统方面，委托第三方机构对国内轨道交通信号系统自主化研制企业进行综合评估工作已完成，6 月底前完成轨道交通信号系统首台套突破。

上海电气集团股份有限公司（以下简称“上海电气”）坚持发展工业自动化，大力进行传统产业的改造，提高了智能制造水平。其将智能制造的要求与公司现有技术、产业和工艺升级结合，推动企业自动化水平的提升，以期实现数字化工厂的生产模式。在上海电气的临港产业基地，大范围采用工业机器人，提质增效。同时，完成了 ERP 外围应用系统的自主研发，将系统管理延伸至生产现场。并将 MES 系统、质量管理 QMS 系统和管理看板系统应用于工厂车间，达到“可视化”数字工厂精细化、精益化、数字化的管理。

二、质量品牌发展情况

（一）总体情况

1. *产品质量不断提升，质量管理形成标杆示范*

2013 年，上海制造业质量竞争力指数为 93.14，连续 5 年位居全国第一。[1] 上海市为进一步发挥领先优势，大力推进全市的质量工作，通过标杆示范形成典型带动。到 2013 年，上海市获市长质量奖组织 9 家、个人 4 位，获质量金奖组织 108 家、个人 66 位。[2] 在首届中国质量奖评选中，上海锅炉厂有限公司等 4 家组织和上海电气液压气动有限公司工段长李斌获中国质量奖提名奖。[3] 截止至 2013 年年底，上海已有 9 家企业成为“全国质量标杆”，包括 2012 年的 6 家企业及新增的上海空间电源研究所、上海汽车集团股份有限公司乘用车公司和上海

[1] 资料来源：http://www.chinatt315.org.cn/news/2014-9/4/29937.aspx。
[2] 资料来源：http://www.chinatt315.org.cn/news/2014-9/4/29937.aspx。
[3] 资料来源：http://www.aqsiq.gov.cn/xxgk_13386/tzdt/gzdt/201312/t20131231_392633.htm。

宇航系统工程研究所。上海市通过“全国质量标杆”学习实践活动和工博会质量创新论坛等宣传标杆企业先进的质量管理实践经验。

2013 年，上海电力设计院有限公司获得电力设计企业的首个“全国质量奖”。2014 年，上海大众汽车二次获得“全国质量奖”，为汽车行业树立了质量标杆。

2. 品牌效应初显，品牌园区建设加快

品牌经济支撑着上海市的“四个中心”和国际大都市建设。上海汽车、宝钢、中华、上海电气、老凤祥、豫园商城等入选“2013 年中国 500 强最具价值品牌”，上海名牌从 1995 年首次评选时的 152 项增长到 2013 年的 1206 项，名牌企业的总资产也发展到如今的 1.44 万亿元。至 2013 年底，上海市共拥有中国驰名商标 165 个、上海市著名商标 1156 个、上海名牌 1216 项、中华老字号 180 个，总量位居全国前列。2014 年，按照《上海市质量改进两年行动计划（2014—2015 年）》有关开展名牌培育和建设上海名牌孵化基地等方面的要求，首批“上海名牌孵化基地”试点创建单位名单在会上发布，上海市市北高新技术服务业园区、上海杨浦科技创业中心、上海市新材料协会获得此项称号。目前，上海产业园区品牌建设工作推出品牌园区 29 家，其中制造业型园区 15 家，综合型园区 2 家，农业园区 1 家，服务业型园区 11 家。推选出品牌建设优秀园区 15 家，其中制造业型园区 5 家，服务业型园区 10 家。

（二）主要做法

1. 政策先行，着力提升企业质量管理水平

2013 年，为提高上海市整体质量水平，上海市政府印发《上海市质量发展规划（2011—2020 年）》，指导产业提质增效发展。同年，上海大力实施《上海市产品质量条例》，并建立市政府质量安全议事机构——质量安全工作领导小组——领先于全国建立了省级层面的市标准化联席会议、市特种设备联席会议、行业质量促进会、重点骨干企业质量工作网络等一系列质量工作机制。一是，印发《关于加强政府质量工作考核开展质量强区活动的指导意见》，对各区县质量工作明确进行年度考核。二是，出台《质量教育 3 年行动计划》《上海市质量改进两年行动计划（2014—2015 年）》，推高企业的质量意识；并在加强监管的同时，出台《上海市加快自主品牌建设专项资金管理办法》、《上海市标准化推进专项资金管理办法》等系列政策，对企业进行扶持，引导企业以质量、技术、品牌、标

准等手段提升市场竞争力。三是，充分发挥市行业质量促进会与政府的沟通连接作用，动用千家行业协会的力量，推动行业协会承接履行政府转移的质量职能，鼓励引导行业协会参与上海名牌与政府质量奖培育、标准制修订、监督抽查后续处理与规范、质量安全突发事件应急处置、质量信用分级评价等质量工作。

2. 实施品牌战略，保障品牌经济发展

一是把实施品牌战略作为提高综合竞争力的重要抓手，促进经济又好又快发展。围绕标准化示范区、高新技术产业园区、服务集聚区等，开展知名品牌创建示范区建设工作。上海张江高科技园区和“东方绿舟”青少年校外活动营地共同获得“全国知名品牌创建示范区”称号。同时，上海正在积极创建市北高新技术工业园区、梅泰恒商圈、佘山旅游度假区三大品牌示范区。

二是提升质量工作服务本市产业发展的能级，不断夯实标准、计量、认证认可、检验检测等技术基础。围绕战略性新兴产业、社会管理和公共服务等领域努力推动标准化试点建设、制修订地方标准、重点领域标准体系研究等工作。陆续开展各级、各类社会管理和公共服务标准化示范试点项目 70 余个。量传溯源体系覆盖 10 大专业计量领域，全面支撑上海经济社会发展并辐射华东地区。[1]

三是建立了由 19 个部门组成的上海市品牌建设工作联席会议制度，注重品牌发展生态的优化。首先，充分发挥第三方专业服务机构作用，通过外包服务来提升品牌价值和市场份额，激发企业品牌建设内动力。目前已经举办 17 场掌门人培训和品牌创新沙龙，包括光明集团、妩 WOO 等在内的企业都成功开展了服务外包。

四是支持品牌标准制定、价值评估、设计咨询、交易运作、宣传推广、人才培训等各类品牌公共服务平台建设，创造品牌建设的外部环境。同时，联席会议 19 个成员单位，上海 17 个区县市区和社会、市场形成联动互动态势，支持企业品牌创新发展。静安等区县设立了品牌专项资金，其他区县也配套支持。工商银行上海分行在自贸区设立了“品牌支行”并运营，开创了品牌无形资产的投融资新渠道。

[1] 资料来源：http://www.chinatt315.org.cn/news/2014-9/4/29937.aspx。

三、知识产权发展情况

（一）总体情况

1. 知识产权政策环境日趋完善

上海市为加强知识产权的运用与保护，充分利用已有的工作机制，强化顶层设计，以促进知识产权发展为目的，完善政策环境。一是上海市知识产权联席会议相关部门参与起草《中国（上海）自由贸易试验区总体方案》及《中国（上海）自由贸易试验区管理办法》中知识产权领域的相关政策和措施，明确了上海自贸区行政管理部门在知识产权领域的审批事项，提出了上海自贸区知识产权保护、监管、服务机制的设计。

二是出台《加强战略性新兴产业知识产权工作的实施意见》《计算机软件著作权登记资助管理办法》《知识产权试点和示范园区评定与管理办法》《计算机软件著作权登记资助实施细则》《集成电路布图设计登记资助管理办法》《专利工作试点示范项目管理办法》《上海市教育委员会系统高等学校科技成果转化及其股权激励暂行实施细则》，鼓励企业完善知识产权管理制度，提升知识产权能力。

三是综合《增强国有企业技术创新能力工作方案》《关于企业技术创新和能级提升项目专项扶持办法（试行）》等政策的力量，并修订了《张江国家自主创新示范区企业股权和分红激励试行办法》等，以促进企业提升知识产权运用和保护能力。

2. 知识产权创造、运用和保护能力得到提升

一是知识产权创造数量迅速增长。2013 年，上海有效发明专利拥有量为 48370 件，同比增长 20.0%。按照常住人口 2380 万计算，上海每万人口发明专利拥有量为 20.32 件。[1] 专利申请量 86450 件，同比增长 4.6%。其中发明专利申请量为 39157 件，增长 5.4%，发明专利授权量为 10644 件。上海市专利合作条约（PCT）国际专利申请量为 886 件。截至 2014 年 4 月，上海有效注册商标总量 36.5 万件，著名商标 1156 件，驰名商标为 165 件。一般作品登记量、计算机软件著作权登记量分别增长 16.8%、16.98%。2013 年，累计已获得集成电路布图设计登记数 1767 件，总量位居全国省市之首。2014 年，上海市专利申请量为 81664 件，专利授权量为 50488 件，其中发明专利授权量同比增长 9.1%。2014 年，

[1] 资料来源：《2013年上海知识产权白皮书》。

上海市 PCT 国际专利申请量为 1038 件，增长 17.2%。截至 2014 年底，上海拥有有效发明专利 56515 件，同比增长 16.8%，每万人口发明专利拥有量为 23.7 件（按照常住人口 2380 万计算），排名居全国第二位。

二是知识产权运用转化能力得到提升。上海国家知识产权局专利局代办处率先开展了专利权质押登记试点工作，包括浦东新区在内的 12 个城区全年共完成约 300 件知识产权质押登记，实现贷款 10.8 亿元。在首届中国（上海）国际技术进出口交易会上设立了专利技术与产品交易馆，组织 100 家境内外企业的 2000 余项专利技术与产品参展，达成技术合作意向金额约 7641 万元[1]；"松材线虫检测试剂盒及其检测方法"专利技术已在全国 15 个松材线虫病疫区推广应用；认定登记的技术交易 26297 项，达成成交额 620.87 亿元，同比增长 5.5%。

三是知识产权保护得到强化。为优化知识产权保护环境，上海市知识产权联席会议各部门和区县政府积极开展打击侵犯知识产权和制售假冒伪劣商品专项工作。上海全市法院受理各类知识产权案件 6656 件，仲裁委员会全年受理各类知识产权合同纠纷 180 件，上海版权调解中心和浦东新区、杨浦区知识产权人民调解委员会全年受理纠纷案 260 件，调解成功 77 件。

（二）主要做法

1. 全面提升企业知识产权意识，营造社会氛围

一是加强知识产权文化建设和宣传。2013 年，组织举办以"实施知识产权战略，支撑创新驱动发展"为主题的知识产权宣传周活动，并举办首届"上交会"知识产权专业论坛和第二届上海品牌发展论坛，加强宣传推广，大力推进社会知识产权文化建设。

二是形成知识产权标杆示范效应。认定上海鸿辉光通科技股份有限公司等 22 家企业为 2013 年上海市知识产权优势企业给予资金支持，并累计推荐 80 家企业入选工业企业知识产权运用能力培育工程试点企业。

三是继续深化试点示范活动。上海包括宝钢集团有限公司等 3 家企业入选第一批国家级知识产权示范企业，包括上海复星医药（集团）有限公司在内的 21 家上海企业入选第一批国家级知识产权优势企业。[2]

四是在徐汇区和杨浦区开展街道社区知识产权保护长效机制建设试点工作，

[1] 资料来源：《2013年上海知识产权白皮书》。
[2] 资料来源：《2013年上海知识产权白皮书》。

形成有效的社区知识产权保护工作经验。

五是开展推优工作。积极推荐企业参评中国专利奖，中国石油化工股份有限公司上海石油化工研究院的“C4烯烃催化裂解生产丙烯的方法”发明专利项目获第十六届中国专利金奖，上海电气电站设备有限公司等单位的17项发明专利项目获第十六届中国专利优秀奖。

2. 强化知识产权区域服务功能

至2013年，上海市知识产权局认定了35家专利工作示范单位、3个上海市知识产权示范园区；[1]启动开展张江高科技园区生物技术药物及医疗器械产业“国家专利导航产业发展实验区”建设工作，大力推进漕河泾新兴技术开发区进行“国家知识产权服务业集聚发展试验区”的建设。上海市科委继续支持闸北、杨浦、浦东等区在落实区县“创新热点”计划中实施知识产权战略，将知识产权的产出指标列为“创新热点”计划绩效考核的重要内容；积极探索更多更新的知识产权服务模式，尝试依托第三方机构在园区内开展知识产权监理工作。

3. 强化资金与信息服务支持

上海市知识产权局成为国家级专利信息传播与利用基地建设单位，为市公共信用信息服务平台开通了专利数据接口。知识产权（专利信息）公共服务平台全年对各类专利文摘数据更新180余万条，[2]增加350余万条；全国注册用户达到6548家；为企业提供专利信息检索分析报告40余个，企业依托平台自主建立的网上专题数据库达到977个。[3]为充分发挥企业在知识产权工作中主观能动性，对企业注册境外商标、申请境外专利和产品认证等给予一定扶持；指导企业在涉外贸易中做好知识产权风险防范、支持企业积极应对美国337调查起诉。

（三）重点领域

1. 稳步推进战略性新兴产业知识产权工作

上海建立了市区联动、项目共管、成果共享的工作机制，启动开展战略性新兴产业政府重大专项产业化知识产权评议试点办法和操作指南的制定工作，举办了知识产权评议试点工作培训班和经验推介会，并对“超大直径盾构国产化研制”、“医用机器人研究”等5个国家级、市级项目进行了知识产权评议。通过高技术

[1] 资料来源：《2013年上海知识产权白皮书》。
[2] 资料来源：《2013年上海知识产权白皮书》。
[3] 资料来源：《2013年上海知识产权白皮书》。

服务业专项工程，上海大力支持“新一代信息技术知识产权公共服务平台”项目建设，该项目新增投资2180万元。同时，上海市支持和引导战略性新兴产业技术标准的研究，成功立项33项。并新建“上海汽车轻量化产业技术创新战略联盟”等11个市产业技术创新战略联盟，累计在战略性新兴产业重要领域布局支持了78家联盟。同时，深入推进海洋工程装备—自升式钻井平台国家综合标准化示范项目、国家重大专项标准化示范项目，并围绕上海市重点产业创建技术标准（创新）联盟试点，推动开展车联网、电器行业、改性塑料等11项技术标准联盟工作。

2. 建立示范试点园区，完善服务体系

根据《上海市知识产权试点和示范园区评定与管理办法》，认定上海漕河泾开发区松江新兴产业园、上海市市北高新技术服务业园区、上海浦东康桥工业区、上海祝桥空港工业区为2014年上海市知识产权示范园区，认定上海张堰工业园区、松江工业区洞泾分区、上海工程技术大学国家大学科技园、上海临港产业区为2014年上海市知识产权试点园区。分批启动了包括15个战略性新兴产业产学研合作开发中心、6个现代服务业知识服务中心、5个高级战略研究中心共26个知识服务平台建设，完善本市高校技术转移市场、提升技术交易服务水平；支持9所高校开展技术转移中心建设试点[1]，建立健全知识创新、知识服务、科技成果转化和产业化有机衔接的管理运行机制；认定了45个产品为2013年度上海市专利新产品。

第二节　发展特点

一、推动“四新”经济发展，助力转型升级

2014年，上海市围绕“创新驱动发展，经济转型升级”的要求，不断完善促进“四新”经济发展的工作推进机制，细化具体措施，推进“四新”企业发展，助力转型升级。一是从企业需求入手，建立服务“四新”企业各阶段需求的问题反映和解决机制。二是通过现有政策调整、政策创新和支持方式上研究制定适应“四新”经济特点的支持政策，从人才和税收等多方面支持“四新”经济发展。三是探索建立“四位一体”的“四新”工作推进模式。通过“基地＋基金＋实训

[1]　资料来源：《2013年上海知识产权白皮书》。

基地 + 创新联盟”相结合的新模式，打造产业生态系统。围绕“规划、主体、载体、项目、投融资、环境”等六要素，制定重点方向的创新发展施工图；聚焦张江国家自主创新示范区的二次开发，建设“四新”经济发展的新载体；并研究设立“四新”重点领域的产业基金和并购基金，引导创投等创业基金与产业园区和基地的合作；依托产业园区、行业协会和龙头企业，建设人才实训基地；由龙头企业、中小企业、科研机构联合建立创新联盟，强化创新团队和人才的培育和集聚，形成创新链。

二、完善创新服务体系，建设全球科技创新中心

2014 年 5 月 24 日，习近平总书记在上海考察调研时对上海提出了“加快向具有全球影响力的科技创新中心进军”的新要求。上海市对此做出重要部署，深化体制机制改革，举全市之力加快建设具有全球影响力的科技创新中心。这是一项系统工程，需要科技领域和经济社会领域多方同步，力推制度创新。一是，基本制订形成了《上海加快实施创新驱动发展战略、系统推进全面创新改革试验工作方案》，推动全面创新改革试验。二是，进一步跟踪研究国家创新驱动发展战略顶层设计和重大科技项目、工程考虑，聚焦重大产业方向，梳理分析上海的优势领域，研究论证若干新的重大科技项目与工程。三是，完善功能性平台的建设，支持创新。围绕科学前沿探索领域，建设研发平台，开展世界前沿、多学科交叉的重大科学研究；建立资源网络、技术转移、知识产权及科技金融等服务平台，有效支撑创新活动。

三、多方联动，产学研用协同运用知识产权

上海紧密围绕本市经济社会转型发展和产业结构调整升级的需要，大力倡导和推进产学研用协同运用知识产权，坚持产学研用结合的知识产权合作创新机制，坚持产学研用协同创新项目的知识产权产业化，坚持产学研用各方建立规范的知识产权管理体系架构，坚持发挥政府部门的协调引导作用，立足市场，多方共赢，进一步凸显知识经济时代知识作为一种核心资源，对新兴产业的拉动和溢出作用，不断提升上海产业发展的自主创新能力和核心竞争力。在完善工作协调推进机制、加强产学研示范基地建设、聚焦重点领域加大项目支持、做好案例宣传和培训服务等一系列措施的基础上，上海的产学研用协同运用知识产权工作取得了一定的进展。一是产学研合作日益紧密，知识产权运用能力大幅提升。二是创新平台建

设稳步推进，产学研合作环境不断优化。至2014年6月，上海已建设了中航商发、振华重工、联影医疗等10家上海市产学研合作创新示范基地，组建一批产学研技术创新平台。进一步发挥了龙头企业的产业牵引作用和溢出效应，牵头同高校、院所开展多种形式的产学研合作，组织引领产业价值链的技术发展方向。三是创新成果不断涌现，企业核心竞争力日益增强。2013年全年，上海市产学研合作专项资金共支持102个项目，总研发投入9.41亿元，专项资金支持9510万元，带动研发投入9.43亿元。先后取得了高速双轴拉伸聚丙烯专用料、先进高强钢、高温超导带材、SOI晶片等重大自主创新成果，地铁复合盾构等先进装备已走向国际市场。

第三节　典型案例

一、上海化工研究院

上海化工研究院是我国化工行业最早建立的重点科研院所之一，现已成为国内化工领域从事技术开发、工程应用和专业技术服务的新型科研院所，其自主开发能力和工程化能力处于化工领域的前列。公司围绕企业的长远发展目标，与产业集团（企业）、高等院校以及科研院所进行产学研合作，以前沿科技的突破和应用促进企业技术升级。

上海化工研究院作为“上海改性塑料产业技术创新战略联盟”的牵头组织单位，会同金发科技、上海普利特、华东理工大学等15家产、学、研单位，共同组建成立“上海改性塑料产业技术创新战略联盟”。联盟组织建立了共享网站、示范基地、技术促进服务中心，通过联盟内的共性技术，促进联盟内以及相关产业链的技术体系的创新发展。同时，联盟制定《上海改性塑料产业技术创新战略联盟专利池管理办法》规范联盟内知识产权和标准使用，目前联盟已形成29项专利和5项国家和行业标准的知识产权共享成果。在联盟内的企业交叉许可使用在联盟平台共享的专利，共同形成行业标准，提升联盟的行业话语权。

联盟建设运行过程中推动了多项重点科技攻关工作，具代表性的工作有：“高品质多功能塑料系列助剂的千吨级产业化建设项目”，“万吨级聚烯烃基功能母粒关键技术、装备研发及产业化”项目等。在2012年联盟建设项目专家评审中，绩效评估优良，成效显著。2010 年成立之初联盟主要企业的产值约为 50 亿，2013 年联盟主要企业的产值近 100 亿元[1]。更重要的是，通过合作攻关，取得了重点行业产业链关键技术和共性技术的重大突破，实现了自主知识产权核心技术的掌握，引领产业技术高点，提升了核心竞争力，有利于促进产业结构优化升级。

二、上海振华重工（集团）股份有限公司

上海振华重工（集团）股份有限公司成立于 1992 年，是重型装备制造行业的知名企业，经过二十几年的发展，现今拥有 3.5 万员工，产品涉及港口用大型集装箱机械和矿石煤炭等散货装卸机械、海工及大型钢构钢桥梁等多个领域。公司始终坚持科技创新发展，大力推进创新成果转化，以此为依托，将企业做大做强，最终成为世界范围内同行业的佼佼者。其集装箱起重机市场占有率达到 75%，已经连续 11 年居世界占有率榜首，成为以“ZPMC”品牌闻名世界的大型集装箱机械制造商。

上海振华重工（集团）股份有限公司深刻认识到自主创新是企业的核心竞争力，未来知识产权、品牌、质量、技术的竞争将会成为全球竞争的核心内容。公司依靠核心技术和一批高质量的知识产权，在市场竞争中居于优势地位。由于掌握着港口机械设备方面的核心技术，公司集装箱机械连续 8 年市场占有率达到世界市场的 70% 以上，例如公司的核心产品双 40 英尺集装箱起重机，共申请了 35 件国家专利，并在 8 个国家和地区进行了专利申请，垄断了全球销售市场，自研发问世以来共销售 300 余台，总价达到 225000 万美元，该产品获得专家认可，被认为是二十一世纪世界岸边集装箱起重机的更新换代产品，做到了“世界上凡是有集装箱作业的港口，就应有中国生产的集装箱机械在作业”。

上海振华重工（集团）股份有限公司有序推进知识产权各项工作的科学布局，按照“与市场接轨，与政策相融，与实际结合”的原则，充分发挥独特的创新理念、创新团队优势；注重产学研的强强联合，加强技术创新与安全、质量、环保等方面的有机融合，建立系统的科技支撑体系；加强技术管理工作的标准化、规范化、国际化，总结提炼振华重工独特的技术创新和管理创新模式，并向节能减排等工程领域寻求高端技术合作，实现由“中国制造”向“中国创造”的完美转变。

[1] 资料来源：《工业企业知识产权运用服务平台》，http://ieipas.com/news/detail/48。

第十章　广东省工业技术创新发展状况

2013年，广东省实现地区生产总值6.78万亿元，比上年增长7.8%；人均生产总值首次突破1万美元。广佛肇、深莞惠、珠中江三大经济圈的蓬勃发展，有力带动了全省创新实力提升。根据《2014中国区域创新能力报告》显示，2014年广东区域创新能力连续7年居全国第二位。从几个关键创新要素维度来看，广东省的创新绩效、产业结构、创业水平、产业国际竞争力等指标位居全国第一，知识创造、知识获取、创新环境、企业创新也领先全国大多数省份。综合来看，2013年，广东省经济结构调整和产业转型升级进入快车道，自主创新推动新一轮工业技术改造和战略性新兴产业发展，工业质量水平在全国处于领先地位，专利、商标等知识产权数量和质量稳步增长。

第一节　发展回顾

近年来，广东省以加快经济发展方式转变为主线，新兴产业、技术创新、质量保证、品牌引领“四轮驱动”，大力实施创新驱动发展战略。在调整经济结构的工作下，广东经济增速放缓、持续发展。2014年1—10月，广东省规模以上工业增加值23618.4亿元，同比增长8.4%。规模以上工业企业实现利润总额4890.6亿元，同比增长17.4%。[1] 作为体量巨大的“世界工厂”，在经济下行的压力下，广东省经济企稳回好，技术创新的系列举措功不可没。

[1] 数据来源：《广东：做大做强先进制造》，《中国电子报》2014年12月22日特刊。

一、技术创新发展情况

（一）总体情况

1. 区域创新能力稳步提升，科研成果不断涌现

多年的研发经费投入总量、研发强度、研发人员等指标都显示出广东省对于创新研发的关注和高投入，创新要素的集聚积累导致区域创新能力持续提升。2013 年，广东全社会 R&D 经费占 GDP 比重达 2.32%，比全国平均水平高出 0.24 个百分点；其中珠三角地区 R&D 经费占 GDP 比重达 2.56%，接近世界发达国家和地区水平。全省 R&D 人员总量居全国第一，达到 65.24 万人。[1] 科研投入持续增高，创新成果转化加快，高水平的技术研发推动广东企业抢占产业制高点。

高水平的科研投入带来科研成果的快速增长。2014 年广东省科学技术奖励大会上共颁发广东省科学技术奖 261 项，获奖成果涉及的领域包括装备制造、电子信息、生物医药、新材料、新能源、环保等。2014 年 11 月全省有效发明专利 110674 件，增长 17.1%，形成授权发明专利 828 件，创造价值 386 亿元。随着广东企业“走出去”的脚步加快，知识产权国际布局加强，1—11 月 PCT 申请量达到 11620 件，占全国 PCT 国际专利申请总量的一半以上。建成各类产学研创新平台 1600 多家、标准创新联盟 167 家、技术创新联盟 100 多家，新增 2 项国家重大科技基础设施。

2. 聚焦智能制造，生产方式转型升级

伴随人工智能、数字化制造和物联网等技术创新融合步伐加速，广东省将智能制造业作为全省经济转型升级的重要抓手，用信息化手段改造升级传统制造业。以重大项目、重大平台、重大科技专项这“三重”为带动，物联网、电子商务、信息消费等信息技术新型业态为助力，广东这一传统制造大省正在加速向智能制造大省转变。2013 年，广东省先进制造业增加值占规模以上工业比重达 48%，现代服务业增加值占服务业比重达 57.8%；前 11 个月规模以上工业企业利润增长 25.9%，增速比全国平均水平高 12.7 个百分点。此外，计算机辅助设计（CAD）在全省大规模普及，电机行业企业的二维 CAD 应用比例超过 90%，100% 的大型

[1] 数据来源：《广东加快创新驱动发展区域创新综合能力稳居全国第二》，2014年12月26日，见 http://www.gdstc.gov.cn/HTML/zwgk/zwyw/1419557500791-6837721342339858491.html。

企业和超过 60% 的中小企业建立了企业管理信息系统。[1] 据统计，2014 年 1—10 月，全省工业技改投资 1352.4 亿元，较去年同期增长 24.1%。

在制造业转型升级的进程中，企业实施智能改造，推进生产流程自动化，探索出一条制造行业转型升级的新路。佛山在制定实施百企智能改造计划中，鼓励制造业逐步实现“以机器代替人，以自动化代替流水线”，支持传统制造企业采购本地机器人企业提供的装备，本土工业机器人产业市场占有率提高至 30%，国产的无人搬运车（AGV）、智能冲压机器人、注塑件机械手等机器人，开始在物流配送、陶瓷、金属材料加工、机械装备等领域广泛应用，诞生了利迅达、嘉腾等一批机器人行业领跑企业。

3. 企业创新主体发挥积极作用，达到国际国内顶尖水平

企业的创新主体地位日益突显，日益形成以企业为主体，高校、科研机构为依托的科研创新体系。企业方面，共有 21 家企业获得国家技术创新示范企业称号，占全国总数的 7.42%；获得国家认定企业技术中心 74 家，省级企业技术中心 743 家，市级企业技术中心超过 1000 家，形成国家、省、市三级企业技术中心创新梯队。区域层面，建设产业集群各类公共创新平台近 400 个，在产品研发、技术推广、产品检测、信息服务和人员培训等方面为中小企业提供公共服务和技术创新支撑。2014 年广东省科学技术奖励大会的获奖项目中 59.7% 是由企业独立承担或参与完成的，显示企业、高校、科研单位之间的协同创新成效显著。

创新体系的运行释放了企业的创新能量，促使企业科研成果涌现。中国南方电网有限责任公司等单位完成“交直流并联大电网关键技术研究及工程实践”项目，在南方区域建成了“八交五直”交直流并联电网，这是世界上最大规模的交直流并联电网，输电能力达 2470 万千瓦时，运行高效稳定，引领国内电力装备制造企业跨越式的技术创新。中兴通讯股份有限公司开发完成高性能 LTE 基站系统，创新性地提出全球领先的“4G 云接入”解决方案，基于扁平化的网络架构，不但在有限的频谱资源前提下获取最大的吞吐量和峰值速率，还能最大限度降低系统时延，促进了用户体验的优化。

[1] 资料来源：《广东先进制造业增加值占规模以上工业比重48%》，2014年02月11日，见http://tech.southcn.com/t/2014-02/11/content_92043368.htm。

（二）主要做法

1. 推动新一轮技术改造，立足先进装备制造业做大做强

广东省始终坚持发展先进装备制造业与改造提升传统产业相结合工作思路。重点突破先进装备制造业高端龙头项目和工业信息化改造，通过先进装备制造业的发展，带动和促进传统产业转型升级，实现产业价值链从中低端向高端跃升。

面对区域发展不平衡、产业结构不合理、经济增长与资源环境约束趋紧等发展瓶颈，2014 年 10 月，广东省政府制定发布《广东省人民政府办公厅关于推动新一轮技术改造促进产业转型升级的意见》，明确提出用 3 年左右时间推动 50% 以上工业企业完成新一轮技术改造，工业技术改造投资年均增长 25% 左右，2015—2017 年将累计完成工业技术改造投资 9000 亿元以上。[1] 制定实施《广东省工业企业技术改造指导目录》，提出要建立超过 1000 项动态技术改造项目库，并且深入企业和基层摸底技改情况。2014 年 1—10 月，全省完成工业技术改造投资 1352.4 亿元，同比增长 24.1%。为进一步推动先进装备制造业转型升级，促进珠江西岸快速发展，广东省制定《关于加快先进装备制造业发展的意见》，将省政府专项督办范围扩大至加快先进装备制造业发展，同时通过政策宣讲等手段积极推动基层和企业深入了解运用，对于招商引资采取逐户入户招商等模式，积极争取装备领军企业和大型企业入驻珠江西岸各市。

2. 发挥园区引擎作用，扩能增效带动发展

产业园区是广东经济转型升级的重要载体，在带动地区经济发展和实施区域发展战略中发挥着领军作用。在同济大学研究院发布的《2014 中国产业园区持续发展蓝皮书》及中国产业园区百强榜单中，广东省有 8 家产业园区上榜，数量居全国第三，广州经济技术开发区在全国百强园区中排名第六。在园区工作中全省各地都增加投入规模，为园区提供政策支持，加大项目建设力度，2014 年 1—10 月新落地工业项目 527 个，新建成项目 240 个，新签约未开工项目 250 个。1—10 月广东省产业园完成固定项目投资 896.7 亿元，已超额完成 2014 年全年任务。实现规模以上工业产值 4573.8 亿元、规模以上工业增加值 1112.3 亿元、税

[1] 资料来源：《广东省人民政府办公厅关于推动新一轮技术改造促进产业转型升级的意见》。

收 192.6 亿元，分别同比增长 25.2%、30.0% 和 16.2%。[1]

茂名市把茂名产业园区作为促进粤东西北地区推进工业化的重要引擎，紧抓产业园区扩能增效发展机遇，着力改善园区投资硬环境。截至 2014 年 6 月底，该市各地重点工业园（区）已有入园工业企业 409 家，竣工投产项目达 300 多个。上半年，该市各地重点产业园区实现工业总产值 157.9 亿元，同比增长 36.26%；规模以上工业增加值 42.06 亿元，占全市规模以上工业增加值的 13.73%。

（三）重点领域

1. LED 照明灯具产业

自 2008 年广东在全国率先启动 LED 照明示范工程以来，广东省制定了一系列政策措施推动 LED 产品规模化、标准化生产和应用。截至目前，广东已累计推广应用 LED 路灯 130 万盏、室内 LED 照明产品超过 200 万盏，总体节能 55% 产生了佛山照明、开元、胜球等多家行业领军企业。。

据相关数据显示，2014 年广东省 LED 产业总产值达到 3460.06 亿元，同比增长 23.09%，产业规模稳居全国之首。LED 照明灯具产业顶住全省进出口总额下降的压力，仍保持高速增长，在全球照明市场中的渗透率持续扩大。今年产业涌现三点新动向，一是在全国“禁白”政策和补贴利好引导下，传统照明企业大规模转型 LED，产业规模由 2013 年的 3000 家左右增长至 4000 多家；二是龙头企业实力增强，并购不断，金达、聚科等企业在新三板上市；三是电商的融入为 LED 照明灯具产业带来新的增长点。

2. 新能源汽车

经过近十年来的发展，广东省新能源汽车产业目前总体技术水平居全国前列，产业链条基本建立，拥有国家电动汽车试验示范区、国家汽车质量监督检验中心（广东）以及一批省级工程实验室、工程中心、重点实验室等创新平台和公共测试平台。2014 年广东省大力推进新能源汽车产业集聚发展，采取多种政策措施开辟新能源汽车市场，设置财政奖励鼓励新能源汽车充电设施建设，通过创新商业模式，吸引社会资本。先后制定实施《关于加快推进珠江三角洲地区新能源汽车推广应用的实施意见》《广东省新能源汽车产业发展规划（2013 2020 年）》等

[1] 资料来源：《广东：做大做强先进制造》，2014年12月23日，见http://www.miit.gov.cn/n11293472/n11293877/n16325971/n16328493/16346401.html。

政策，给予新能源汽车一系列优惠政策，并设定明确发展目标。

根据省统计局数据，2014 上半年，广东新能源汽车产业实现增加值 12.84 亿元，同比增长 31.7%，增幅高于全省规模以上工业增加值 23.5 个百分点，高于全省汽车制造业 20 个百分点；实现销售产值 45.16 亿元，同比增长 37.3%，增幅高于全省规模以上工业销售产值 28.3 个百分点，高于全省汽车制造业 20.3 个百分点。目前，广东的发展方向是是以公带私，推动新能源汽车私人消费市场的开发。

二、质量品牌发展情况

（一）总体情况

1. 质量建设工作取得新成效

广东省大力落实国家工业产品质量发展“十二五”规划，以习近平总书记“三个转变”的重要论述为统领，制定实施《广东省建设质量强省 2014—2015 年行动计划》《加强工业企业质量管理实施方案》，进一步确保 2020 年基本建成质量强省的目标。多年来广东省一直将质量建设放在社会经济发展的突出位置，取得一系列成果。广东省在国家质检中心项目数、主要工业品平均采标率、中国驰名商标数、有效发明专利量和 PCT 国际专利申请量等指标上表现突出，居全国首位；广东省共有 8 家企业获得“质量标杆”企业称号，共有过万家优质制造商，深圳市被评为全国第一个“质量强市示范城市”，华为、格兰仕、格力 3 家企业获中国质量奖提名等。

2. 以点带面，以试点示范带动品牌建设上新台阶

制定实施《推动广东省工业企业品牌建设实施方案》等推进政策，开展企业、区域、集合三个维度的品牌试点。截至目前广东省共有省著名商标 2759 件、省名牌产品 2360 个。广东省高度重视开展区域品牌培育试点工作，深圳时尚产业、中山古镇灯饰产业、汕头澄海玩具产业、东莞清溪光电通讯产业等四个产业集群被列为工信部首批区域品牌建设试点名单，数量位居全国第一。将“全国知名品牌示范区”工作作为重要抓手，目前向国家质检总局申报的有 31 个园区，其中佛山南海区获批“全国铝合金建筑型材知名品牌示范区”、深圳罗湖区被评为“全国黄金珠宝产业知名品牌示范区”，在品牌示范带动下实现产业逆势增长。

3. 信息化平台进一步增加，服务能力提升

经过多年的推进和积累，广东省进入各类质量平台建成投入使用的丰收之年，信息化和数据化服务平台为质量建设工作提供了有效的支撑，切实为企业节省时间和资金成本。广州市质监局日前建设完成广州市产品质量风险信息管理系统，动态监测国内1700多个网站发布的日用消费品、工农业生产资料等产品质量安全风险信息，收集8类风险信息来源，用信息化手段提升产品质量安全风险预警效率。顺德区特种设备监管数据平台正式投入使用，已录入全区45009台设备的相关信息，初步实现设备“数据化”监管。佛山市质监局打造产品质量监管信息化平台，初步实现监督抽查、日常巡查的网络化，为中小企业提供科研试验服务150多次，减免试验费用110多万元。珠海、中山、茂名、江门等地也因地制宜打造信息化平台，为各类企业提供质量公共检测、安全管理、创新研发等需求。

（二）主要做法

1. 构建完善的质量安全工作体系

第一，广东质监系统以产品质量监督抽查改革为着力点，大力开展产品质量监督理念、标准、机制创新。在产品抽查中，在全国率先以“不合格产品发现率”取代产品质量“合格率”表述抽查结果，提升质检的问题导向性，得到国家质检总局肯定和全国推广试行；第二，认真贯彻落实《质量发展纲要》，继续深化质量强省、强市建设，突出示范，在全社会树立质量标杆，分地区和企业两个层次推进标杆工作，营造重视工业产品质量信誉的良好氛围。第三，建立质量工作投入持续机制。建立省市两级政府质量奖制度，地市政府质量奖覆盖率达95%，东莞等地设立专项资金，提升企业加强质量工作的主动性。

2. 开展多维度立体试点工作

企业层面，集中力量促进工业企业品牌培育试点。在前期工作基础上，指导试点企业制订品牌培育管理体系，开展品牌培育能力自我评价。目前共有69家企业入围试点名单，其中11家企业被评定为工业企业品牌培育示范企业，数量位居全国第二。区域层面，依托产业集群升级示范区开展区域品牌培育提升试点工作，组织区域品牌建设发展情况摸底调查，在此基础上进行针对性的培育工作。集合品牌层面，推广广东优质制造GMC集合品牌模式，按照“政府引导、市场运作”原则，开展培育广东优质制造商群体，打造广东优质制造集合品牌，让更多中小

企业共享广东优质制造集合品牌。并且启动广东优质制造商地方标准制订，力争以标准的形式确定广东优质制造品牌模式。

（三）重点领域

在食品药品领域，2014—2016年确定为广东省食品医药行业品牌建设年，相关政府部门及行业协会采取组合拳，着力打造“广东粮、珠江水、岭南药”新增长点，推动以自主创新为支撑、具有行业主导能力的优势企业和名牌产品发展。加大对违法违规的打击力度，广东自2014年10月起正式实施食品、药品、化妆品违法违规企业“黑名单”制度，并探索运用大数据、云计算等互联网技术，监测追踪制假售假行为。食品药品安全协管员制度在东莞试点取得良好反响。佛山食品药品安全百日行动，全市共立案1157宗，端掉388个黑窝点，涉案货值1626.83万元。

三、知识产权发展情况

（一）总体情况

1. 知识产权司法执法进一步完善

2014年12月，广州知识产权法院正式挂牌成立，这是继北京之后全国设立的第二家专门性知识产权法院。作为全国领先的试水，广州知识产权法院采取创新模式，提高法院的中立性和司法公正。第一，打破区划限制，实现跨区域集中管辖全省专利、技术秘密、植物新品种等一审案件；第二，首次成立法官遴选委员会，负责主审法官的公开遴选；第三，法院不设行政级别，各主审法官、审判庭之间没有行政等级之差。执法方面，广东进一步加强打击侵权假冒工作力度，成效显著。2014年，全省公安机关破获制假售假案件10334件，涉案金额约220亿元。

2. 积极推进培育工程，运用能力显著提升

在工信部科技司的指导下，广东省经济与信息化委员会（以下简称“经信委”）积极推进2014年工业企业知识产权运用能力培育工程，填报企业信息和需求表格，举办了广东工业企业知识产权运用能力实务培训，组织专家进行《工业企业知识产权管理指南》和《评估指标体系》的宣贯。在培育期间，广东省试点企业由2011年的38家，增长到2013年的91家。作为知识产权资本化应用的重要渠道，

知识产权质押融资在广东取得突破，佛山南海区、广州市、东莞市等地知识产权质押融资试点工作从2009年开展至今加速了知识产权和金融要素集结，中国（广东）知识产权投融资项目对接会作为撮合知识产权与资本对接的平台已连续举行四年。

（二）主要做法

1. 加强政策导引，有重点地完善政策体系

广东省进一步完善知识产权政策体系，加强激励力度。2014年10月《广东省专利奖励办法》（以下简称《办法》）正式实施，为了鼓励发明创造，《办法》对之前的奖励体系进行一系列改进，一是提升奖励级别，将广东省自2003年以来开展的专利奖励活动从部门奖提升为省政府奖；二是缩短评奖周期，《办法》规定广东专利奖的评选表彰的周期从二年一次缩短为一年一次；三是增设新奖项，除了金奖、优秀奖以外，单设广东发明人奖。2014年11月制定颁布《广东省知识产权局关于广东省专利奖励办法的实施细则》，以保障奖励办法落到实处。在完善知识产权服务业发展体系方面，2014年1月，广东出台了《广东创建知识产权服务业发展示范省规划（2013—2020年）》，从发展基础与形势、指导思想、发展原则、发展目标与区域布局、主要任务、重点项目和保障措施等方面全面规划创建知识产权服务业示范省的措施体系，制定了明确的发展目标。

2. 全面布局知识产权服务系统

广东省注重根据各行业、各项工作的实际需求提供知识产权服务。2014年3月，广东省成立中国东莞（家具）知识产权快速维权援助中心，这是我国家具行业知识产权维权中心建设的首次探索尝试。广东省知识产权维权援助中心在暨南大学成立知识产权维权援助志愿者服务队，江门市分中心也已正式成立。知识产权服务融入各大会展中，如在广交会中主办方设立了知识产权投诉站，第十一届中国国际中小企业博览会在会场设立知识产权保护服务处，为会展参展商和客商提供便利的知识产权咨询和保护。

（三）重点领域

经过多年积淀，广东知识产权产出重要指标和综合指标继续领先全国。根据最新发布的《2013年全国专利实力状况报告》和《2013年全国知识产权发展状况报告》，广东省连续3年位居全国专利综合实力状况排名第1位，连续两年位

居全国知识产权综合发展指数首位。广东省知识产权创造和运用能力建设都走在全国前列，截至 2014 年 4 月底，广东省有效发明专利达到 100869 万件，成为全国第一个突破十万件的省份。同时注重知识产权的转化应用，2013 年，全省专利实施许可合同备案就达 1030 宗，涉及专利 2243 件；利用专利质押融资 126 宗，由此或获得融资 49.82 亿元。

第二节　发展特点

一、创新发展思路，夯实创新能力基础

作为智能制造的领军省份，广东省拥有自主创新的优势积累和巨大的市场需求，结合广东制造业大省的实际情况，以加速产业转型升级为主线，广东省大力实施创新驱动发展战略。2014 年 6 月，广东省制定颁布了《关于全面深化科技体制改革加快创新驱动发展的决定》（以下简称《决定》），这在全国处于领先地位。在《决定》推动指引下，2014 年的创新工作站在新的起点呈现很多的新思路、新举措。一是聚焦关键共性技术研发，原始创新成果大量涌现。广东省在 2014 年新增 9 项国家“973”计划首席科学家项目，连续六年蝉联第一名。新型研发机构新建设 120 多家，东莞散裂中子源、大亚湾中微子实验室、国家超算（广州、深圳）中心等国家大科学工程建设持续平稳推进。二是区域创新成果显著。制定发布《科技创新促进粤东西北地区振兴发展专项实施方案（2014—2020 年）》《珠江三角洲地区科技创新一体化行动计划》等政策文件，在国际方向也加强与英国、德国等国的科技合作，今年深圳率先获批成为国家自主创新示范区。三是创新产业集群快速发展。2014 年，全省 23 个省级以上高新区预计实现营业总收入 2.9 万亿元，同比增长 20%；新增 20 家省级专业镇，381 家专业镇预计实现生产总值超过 2 万亿元；LED 产业预计实现产值 3500 亿元，同比增长 24.6%。[1]

二、聚焦战略性新兴产业，取得新进展

广东省将战略性新兴产业作为提升自主创新能力、发展高端产业的新高地，提出打造全国战略性新兴产业发展的重要策源地和高端产业集聚地、建设成为国

[1] 资料来源：《广东加快创新驱动发展区域创新综合能力稳居全国第二》，2014年12月26日，见 http://www.gdstc.gov.cn/HTML/zwgk/zwyw/1419557500791-6837721342339858491.html。

家战略性新兴产业发展示范区的“两地一区”战略定位。以骨干企业、重大项目、产业基地为抓手，引导技术、人才、资金向基地和骨干企业集聚，推动战略性新兴产业集聚发展。广东省财政在“十二五”期间设立220亿元战略性新兴产业发展专项资金重点支持核心技术突破、产业化政银企合作、市场培育、高端人才引进、风险投资、担保和创业投资引导等，引导千亿元社会资金投入，打造万亿元规模产业集群。

根据国家战略性新兴产业“十二五”规划和国务院关于加快培育发展战略性新兴产业的意见，广东省结合产业发展的实际情况，发挥制造业基础优势，率先发展高端新型电子信息、半导体照明和新能源汽车三大优势产业，布局发展生物、高端装备制造、节能环保、新能源、新材料五大新型潜力产业。2013年，全省战略性新兴产业实现工业增加值3177.71亿元，比上年增长8.1%，占全省规模以上工业比重达12.4%；实现工业销售产值12667.40亿元，增长10.5%。其中，高端新型电子产业发展态势强劲，2014年上半年高端新型电子信息产业实现工业总产值2619.76亿元，同比增长4.6%，规模占全省八大战略性新兴产业总产值的41.1%，工业增加值613.26亿元，同比增长6.2%。

三、信息化水平继续提升

为进一步深化“两化融合”，广东省加快信息基础建设，积极培育信息消费等新业态。2014年全省电子信息制造业增加值增长10.7%，软件业务收入增长18.5%。以“光网城市”工程和宽带广东规划为切入点，全面推动物联网、卫星遥感、大数据、云计算等发展，以打造信息化先导区为目标，设立专项资金支持扶持五大领域。2014年新增光纤入户357万户；2014年1—9月新增3G\4G基站12.9万座，新增WiFi热点2000个。

初步测算，2014年1—9月全省物联网产值、信息消费总额分别约为1824亿元、6470亿元，分别增长28%、22%。海格通信集团等企业承担了18个国家物联网发展专项。在这批项目的带动下，全省4C（计算机、通信、消费电子、内容）融合催生出一批新型业态，使物联网、云计算、北斗卫星导航等产业呈现爆炸式发展，生产与服务融合、软件与硬件融合的服务型趋势日益明显。

第三节 典型案例

一、广州广电运通金融电子股份公司

广州广电运通金融电子股份有限公司（以下简称：广电运通）于1999年由拥有50多年历史的国有军工企业广州无线电集团组建，主要业务领域涉及银行自动柜员机（ATM）、清分机、远程智慧银行（VTM）、智能交通自动售检票系统（AFC）等自助设备产业。广电运通坚持以技术创新为用户创造价值，注重积累和灵活运用知识产权，积极开展知识产权的国际化布局，打造核心竞争优势，短短15年间，公司已成长为全球领先的货币处理设备及系统解决方案提供商，其生产的ATM产品的中国ATM市场销售占有率连续六年位居全国第一，并且服务于全球70多个国家和地区的1000多家银行，行业综合实力跻身全球前五强。

自公司成立以来，广电运通一直将技术创新视为企业成长的基石，并始终坚持对研发的高投入，年度研发投入占产品销售收入比重平均保持在7%左右。为提高自主研发能力，广电运通建立了在亚洲乃至全球首屈一指的ATM和AFC权威研究机构——广电运通研究院，汇聚了业内实力最强的研发精英队伍，研发活动十分活跃。依靠强大的自主创新能力，丰富的技术创新成果，公司已经成为全球第三家掌握核心现金循环技术的企业，也是唯一一家掌握这一核心技术的中国企业。

广电运通非常重视技术创新成果的知识产权化，年度专利申请量逐年增加，特别是近三年，专利申请总量逐年翻倍增长，自主研发专利数位居行业前列。目前，拥有核心技术专利的核心模块有出钞模块、存款模块、识别模块、钞票循环处理模块、高速多张存款模块、票卡发售模块、票卡回收模块、加密键盘模块等30多个。多项核心技术专利被广泛应用在公司各类产品中，70%左右专利被不同程度的实施，80%左右的发明专利应用在公司的核心产品上。

公司在以较高速度不断扩大专利数量规模的同时，保持了较高的专利质量。截至2014年6月31日，公司专利申请总量为903项，其中，国内申请472项，国际申请431项，国际申请数量占比几乎达到专利申请总量的一半。在有效授权专利方面，公司拥有国内有效授权专利271项，国际有效授权专利42项，其中

发明专利授权共计158项，占比超过50%。目前，公司国内专利年申请量保持在100件以上，国外专利年申请量150—200件，其中发明技术专利申请占60%左右，且44%的发明专利获得了授权，专利驳回率仅13%，远远低于45%的国内发明驳回率平均值。

二、广东威创视讯科技股份有限公司

广东威创视讯科技股份有限公司（以下简称“VTRON公司”）于2002年成立，专注于可视化信息沟通领域，致力于成为可视化信息交流解决方案的世界级品牌。公司位列首批国家级知识产权示范企业、国家规划布局内重点软件企业、全国首批91家“创新型企业”，产品获得中国第十一届专利奖金奖等多项荣誉。依靠领先的知识产权优势和突出的知识产权运用能力，公司在行业内确立了其竞争优势地位，市场份额长期领先，自2004年起拼接显示业务保持中国市场占有率第一。

VTRON公司在专利方面现阶段主要采取“以防为主－攻防结合”的知识产权策略，同时加强对公司专利的保护。首先做到尽可能不侵犯他人专利权，其次利用基本专利策略、外围专利策略等多种形式专利布局来保护研发成果。

基本专利策略。VTRON公司将核心技术作为基本专利加以严格保护，这有助于保持本公司新技术竞争优势，掌控该技术领域的制高点。比如在大屏幕显示的核心产品——处理器，公司把核心技术、关键技术均申请了发明专利，进行重点维护。

外围专利策略。VTRON公司围绕专利核心技术，开发与之配套的外围技术，并及时申请专利，以形成专利保护网。比如：在多屏处理器领域除了核心技术申请了基本专利外，围绕该专利进行多项外围专利的保护，在该领域有任何技术上的改进都及时申请了外围专利。形成以实时信号交换技术、基于PC构架的处理技术、分布式技术等的专利保护网。

取消对方专利策略。掌握并充分运用专利法赋予的权利，发现竞争对手专利上的漏洞、缺陷或不符合专利条件的情况，启动专利无效程序，争取对方专利部分无效或全部无效的结果。比如利用文献公开，无效他人专利策略，目的是使对方的专利无效，使产品能够合法生产，不会陷入他人的专利壁垒。

通过战略性地运用知识产权，VTRON公司已完成了在主要海外市场的知识产权布局。有关核心技术均已按照专利策略进行专利保护，其中一项核心专利成功获得在美国和日本授权，处理器、颜色调整等核心技术也已通过或准备以 PCT 申请的渠道进入相应国家。2010 年开始以日本、美国、欧盟、韩国等为重点区域的知识产权布局初步形成。2012 年在中国台湾建立合资公司，加强海外专利申请和整合，对合资公司产生的专利优先在国内进行申请。

第十一章　四川省工业技术创新发展状况

第一节　发展回顾

2013年，四川省工业经济发展以结构调整与稳定增长为主，增速高于全国平均水平，支撑了当地经济的发展。据统计，四川省全年实现地区生产总值26260.8亿元，实现工业增加值为11578.5亿元，环比增长11.0%，达到了51.7%的经济增长贡献率。其中，规模以上工业增加值为11139.4亿元，比上年增长11.1%，增幅比全国高1.4个百分点。

2013年，四川省工业产业结构持续优化。包括电子信息、装备制造、饮料食品、油气化工、钒钛钢铁及稀土、能源电力和汽车制造业在内的七大优势产业增加值占规模以上工业的75.9%，增长11.0%。高技术产业比重提高，高技术产业增加值占总量的13.3%，同比提高0.6个百分点。装备制造业占总量的17.2%，同比提高0.8个百分点。耗能产业和传统资源型产业分别比去年同期下降0.2和2个百分点。[1]

表11-1　2013年四川省特色优势产业增长率

特色优势产业	增长率
计算机、通信和其他电子设备制造业	20.1%
汽车制造业	30.0%
黑色金属矿采选业	14.4%
开采辅助活动	11.7%

[1]　四川省统计局：《四川省2013年国民经济和社会发展统计公报》，2014年3月4日，见http://www.sc.gov.cn/10462/10464/10465/10574/2014/3/4/10294729.shtml。

（续表）

特色优势产业	增长率
酒、饮料和精制茶制造业	13.4%
纺织业	8.6%
有色金属矿采选业	20.0%
化学纤维制造业	17.7%
家具制造业	9.5%
石油加工、炼焦和核燃料加工业	10.0%
金属制品业	10.3%

数据来源：《四川省2013年国民经济和社会发展统计公报》。

一、技术创新发展情况

（一）总体情况

2013年，在科技创新资源投入方面，四川省共拥有国家级重点实验室12个、省部级重点实验室158个，国家级工程技术研究中心16个、省级工程技术研究中心120个。全省有中国科学院院士26人、中国工程院院士33人。全年共申请专利82453件，专利授权46171件，其中新增专利实施项目8406项。[1]在企业创新层面，四川省企业普遍建有研发机构，其中建立省级以上研发平台的企业达21家。2013年，四川省企业投入研发资金5.7亿元，占主营业务收入的比例达3.1%。截至2013年底，四川省企业共拥有专利1312件，其中发明专利252件。[2]

（二）主要做法

四川省坚持科技创新，把提升自主创新能力作为突破口，推动“四川制造”向“四川创造”加速转型。

1. 加大财政扶持力度

2010—2014年，四川省共安排省级产业技术研究与开发项目2129项，安排资金9.1亿元，拉动企业技术投资382.9亿元。2014年，四川省设立了财政创新驱动发展专项资金，并将战略性新兴产业发展资金、生产性服务业发展资金等8

[1] 四川省统计局：《四川省2013年国民经济和社会发展统计公报》，2014年3月4日，见http://www.sc.gov.cn/10462/10464/10465/10574/2014/3/4/10294729.shtml。

[2] 四川省科技厅：《我省创新型企业建设取得新进展》，2015年1月8日，见http://www.sc.gov.cn/10462/10464/10465/10574/2015/1/8/10323014.shtml。

项资金合并，汇集成每年达20亿元的资金规模，这笔资金主要用于支持具有自主知识产权、成长潜力大、市场前景广阔的科技成果转化和产业化，企业的创新、研发及产业创新升级得到了更有力的支持。新兴产业区更重视对创新的财政扶持，比如成都高新区出台的《推进“三次创业”支持科技创新的若干政策》，明确每年将投入不低于10亿元用于鼓励科技创新。

2. 加强创新体系建设

建成国家、省、市三级企业技术中心管理体系。截至2014年底，国家认定企业技术中心达到51家，列全国第7位，省级企业技术中心达到591家，市级以上企业技术中心突破1200家。四川省在创新体系建设中特别重视国家技术创新示范企业，2011—2014年全省共有11家企业被认定为国家技术创新示范企业。

3. 提升企业创新能力

实施企业技术创新能力提升专项。四川省2010—2014年五年间获得16项共计6900万元国家级企业技术中心能力提升专项资金支持，在省产业技术研究与开发资金中安排7680万元，支持133项升级企业技术中心能力提升项目，引导企业投入13.7亿元建设技术研发平台。截至目前，四川省共拥有1623家创新型企业，其中国家创新型（试点）企业26家，省级试点企业490家，省级培育企业1107家。

4. 促进产学研联合

四川省积极采取一系列举措，引导和带动产学研合作。比如成都高新区规定，支持企业联合高校资源，开展产学研合作，共同进行技术和产品研发，给予的配套资金支持最高可达200万；对于联合国内外高校和科研单位、能够成功实现技术转移和成果转化的企业，或者牵头承担重大科技创新项目（国家科技重大专项、863计划等）的企业，分别按照技术合同发生额和到位资金的一定比例，给予配套支持和资助。2010—2014年，四川省五年共扶持企业完成重大产业技术专项项目515项，形成专利396项，专有技术322项，争取35项2.17亿元国家重大科技成果转化专项资金支持，同时完成省级重大创新成果产业化项目306项。

（三）重点领域

1. 电子信息产业

四川省电子信息产业正加快形成集成电路、软件、光电显示、电脑制造、网络通信产品等重要基地，涌现出英特尔、联想、仁宝、纬创和长虹、九州等一批龙头企业，产业影响力显著增强。2011—2013 年，四川省电子信息产业主营业务收入每年均跨越一个千亿元台阶，平均增速达到 37%。2013 年全省电子信息产业实现主营业务收入 5722 亿元，增长 23%，占全省规模以上工业比重达 16.2%，居全国第六位。

四川省电子信息产业以技术创新为驱动，助力产业向高端攀近。以物联网产业为例，四川省物联网产业通过科技创新、引进吸收，配合政策、资金的大力扶持，实现了快速有序发展。截至 2014 年，四川省各级政府投入资金近 4 亿元支持物联网发展，获得资金的企业和研发机构达到 80 多家，全省获得国家物联网发展专项资金的项目有 20 多个，共获得资金 5200 万元，2014 年整个产业销售收入达到约 900 亿元，实现了年平均 30% 以上的增长率。另外，四川省已经引进绵阳云计算中心等一批掌握核心技术的高端产业，浪潮集团成都西部研发中心建设也已在酝酿中，未来，四川省还将锁定软件、集成电路、新型平板显示等核心产业重点，进一步推进核心技术在本地电子信息产业中发挥更大的作用。

在技术创新的过程中，四川省涌现出一大批优秀企业。迈普通信技术股份有限公司拥有多项自主科研成果，包括 3G/4G 行业应用系统、高性能电信级交换机、多核开放式标准高端路由器等在内的关键技术产品均具备自主知识产权，获得了工信部信息产业重大技术发明、省部级科技进步一等奖等多项奖项。四川飞阳科技有限公司建成了平面光波导（PLC）芯片工程化平台，成功在国内闭合了设计、流片、检测、切割、研磨、测试等生产流程，从而摆脱了日韩厂商的掣肘。四川九州电器集团有限责任公司自主研发的数字电视前段系统、1550nm 光传输系统、0805RGB 全彩 SMD 等已经取得了显著的社会效益和经济效益。

2. 装备制造业

装备制造在四川省工业体系中的地位是基础性和战略性的。2013 年，四川省装备制造业实现主营业务收入 5098.8 亿元，增长 12.2%，占全省规模以上工业比重达 14.5%。成都、德阳、自贡三大基地占全省装备制造业比重达 64.5%。[1]2014 年以来，全省通用机械、汽车及零部件等重点行业增速达到两位数，轨道交通、工程机械等行业较去年有所复苏。

---

[1] 四川日报：《去年七大优势产业主营收入占规上工业八成》，2014年3月8日，见http://www.sc.gov.cn/10462/10464/10797/2014/3/8/10295089.shtml。

目前，四川省已经建成29家省级以上装备制造业技术中心，拥有中国二重、东方电机、东方汽轮机、宏华石油等一批龙头重装制造企业，企业通过技术创新，研发了一批具有自主知识产权和世界领先地位的产品。

由中国二重制造的CAP1400稳压器上筒体，是《国家科学和技术中长期发展规划纲要（2006—2020年）》确定的16个重大科技专项之一的第三代核电国家重大示范工程，这一研究成果标志着我国大型核电异型封头锻件关键制造技术进入世界先进水平。可量产的“百万千瓦级压水堆核电站控制棒驱动机构（ML–B型）”通过国家能源局委托举办的产品鉴定会，标志着“四川造”核电核心设备已经达到国际先进水平。成都自行制造的有轨电车已经进入最后测试阶段，“成都造”现代电车下线指日可待。

二、质量品牌发展情况

（一）总体情况

四川省质量品牌意识不断增强，工作取得长足进步。2013年，全省商标注册总量达到22万件，在全国排行榜上位居第8，其中地理标志商标注册量累计达119件，驰名商标认定总量达228件，是2008年四川省驰名商标认定总量的4倍。2014年，四川省商标注册成绩再次取得提升，总量突破23万件，在全国范围内保持了第8位的排名，其中省著名商标达1199件。

（二）主要做法

四川省坚持以提高质量和效益为导向，组织开展质量兴工活动和工业质量品牌建设活动，提升企业竞争力。

1. 紧抓质量控制、技术评价和创新工作

四川省紧抓工业产品质量控制和技术评价实验室工作。2014年，工业和信息化部认定成都工具检测所、国家轻工业井矿盐质量监督检测中心、中国电子科技集团公司第九研究所、四川长虹电器股份有限公司、四川省电子产品监督检验所等5家单位为第三批工业产品质量控制和技术评价实验室。至此，2012—2014年三年间，四川省共有8家机构获得工信部“工业产品质量控制和技术评价实验室”资质认定，这些机构在推动全省产业品种开发、品牌创建、质量提升和服务改善方面将发挥越来越重要的作用。

积极参与工业质量品牌创新系列活动。泸州老窖集团有限责任公司被工信部认定为“2013 年全国工业品牌培育示范企业”。德阳广汉高新技术产业园区管理委员会被工信部确定为第一批“产业集群区域品牌建设试点工作实施单位”。

2. 全力支持质量诚信体系建设工作

四川省全力支持质量体系建设工作，21 个市（州）、180 多个县（区、市）全部开展了质量强市（州）、强县（区、市）的创建活动。以食品行业为突破口，制定并组织实施《四川省食品工业企业诚信体系建设工作实施方案》。制定并实施《关于发挥四川名牌效应提升我省企业核心竞争力意见》，健全名牌淘汰退出机制。开展中国工业企业“质量信誉承诺”活动——“四川工业企业质量信誉承诺”活动和规范工业企业产品自我声明活动，促进工业企业落实质量主体责任。

3. 大力推广先进质量管理办法

省质监局、省工业与信息化委员会等多家部门联合大力推进质量管理（QC）小组活动。2014 年，四川省政府部门和企事业单位共同举办了各类质量管理培训班，其中包括 QC 基础理论知识培训班、诊断师班和中级诊断师考评班，实现了 1600 多人次的培训，共培训活动骨干 1100 人、初级诊断师 500 人、中级诊断师 80 人。2014 年以来，QC 小组共提出 3079 条合理化建议，达到 78% 的采纳率，提出 1187 项小改革，达到 80% 的实现率。2013 年 4 月至 2014 年 9 月，全省各 QC 小组共创下可计算经济效益 7.98 亿元，2014 年“中航工业成都飞机工业（集团）有限责任公司基于大数据分析的质量改进的实践经验、东方汽轮机有限公司全面推行 QC 小组活动的实践经验”被工信部确定为 2014 年度全国“质量标杆”。

4. 加快推进工业标准化建设

四川省组建了国家、省级标准化工作组，推动强制性标准管理改革。截至 2014 年上半年，全省安排标准化专项资金共 1700 多万元，颁布了 75 项省级地方标准；认定企业研发基地和创制中心 18 家，新建 14 个国家级、80 个省级标准化示范项目；指导企业主导或参与 68 项国家、行业标准制修订，完成了 89 项采标认可，完善了与产业需求之间的标准化对接。同时，推动长虹、九州等大企业大集团和高新技术企业走标准化创新之路，开展“标研科研同步、联盟标准孵化、军标民标融合”行动，推进“技术专利化、专利标准化、标准产业化”发展新模式。

（三）重点领域

在工业食品领域，重视标准化和质量监控工作。近年来，为应对食品安全的严峻形势，四川省制订了一批技术和管理标准，其中包括《四川特产食品生产管理规范》、《食品生产加工小作坊通用质量安全卫生规范》等；针对与市民日常生活关联密切的部分食品，完成了鲜辣椒、四川泡菜、等产品检验以及《禽蛋中三聚氰胺的测定》和《畜禽组织中三聚氰胺的测定》服务标准的制定。出台了《关于建立食品安全黑名单制度的意见》，要求全省建立和实施系统科学的"黑名单"制度，提升对企业监管管理和对生产经营行为规范的工作力度。

在装备制造领域，四川省名牌企业持续增加，成都畅越机械工程有限公司、四川天府电缆有限公司、四川三洲川化机核能设备制造有限公司、四川合能起重设备有限公司等企业进入新一届四川名牌名单。南车资阳机车有限公司、特变电工（德阳）电缆股份有限公司两家荣获质量管理先进企业称号。四川三洲川化机核能设备制造有限公司依靠科技改造提高产能，依靠质量管理提升产品信誉，拥有国家核安全局颁发的"民用核承压设备制造资格许可证（成套主管道及预制、核2级热交换器、核3级压力容器、核级锻件）"，是国内唯一一家具有成套主管道制造业绩的企业。

三、知识产权发展情况

（一）总体情况

2014年，四川省着力全面提升知识产权创造、运用、保护和管理水平，将实施《四川省知识产权战略纲要》和《四川省专利战略》两个年度推进计划作为工作主线，将建设政策和机制，全面深化改革作为工作重点，知识产权工作表现为稳中有进。2014年全省申请专利91167件，同比增长10.57%，居全国第七位，获得专利授权47120件，同比增长2.06%。全省新增专利实施项目9791项，同比增长16.48%，新增产值1310.44亿元，同比增长8.52%，新增利税154.15亿元，同比增长3.31%。[1]

[1] 四川省知识产权局：《2015年四川省知识产权（专利）工作会议召开》，2015年1月21日，见http://www.sipo.gov.cn/dtxx/gn/2015/201501/t20150121_1064974.html。

表 11–2　2014 年四川省专利申请与授权情况

	数量（件）	同比增长	国内排名	与2011年对比（倍）
发明专利申请	29926	27.3%	8	2.5
发明专利授权	5682	24.4%	7	1.7
有效发明专利	21209	27.2%	7	2.3
PCT专利申请	284	10.9%	10	1.4

数据来源：根据国家知识产权网站相关数据整理。

（二）主要做法

四川省围绕重点领域、重点企业、重点产品、关键技术，加强专利企业创造、运用、管理和保护能力。

1. 出台相关政策措施

知识产权作为重要内容在全局性的政策措施文件中不断得到体现。2014 年，在《关于贯彻落实党的十八届四中全会精神深入实施〈四川省依法治省纲要〉的决定》、《关于服务业改革发展的指导意见》、《关于加快发展对外文化贸易的实施意见》、《关于印发支持民营经济发展十五条措施的通知》、《关于深化国有企业改革促进发展的意见》、《关于支持中小微实体经济企业加快发展若干措施的通知》、《贯彻落实国务院关于促进市场公平竞争维护市场正常秩序若干意见的实施意见》等 15 个政策文件中，知识产权作为重要内容被纳入其中。

知识产权相关部门制定了一系列措施意见，不断完善知识产权政策。有关部门制定了《加强职务发明人合法权益保护促进知识产权运用的实施意见》、《关于加快培育和发展知识产权服务业的实施意见》、《关于大力推进体制机制创新扎实做好科技金融服务的实施意见》，出台了《四川省专利实施与产业化激励办法》、《百亿园区知识产权示范工程实施方案》、《百亿企业知识产权优势培育工程实施方案》和《战略性新兴产业重大产品知识产权保护工程实施方案》，制发了《进一步提升全省专利申请质量的实施意见》、《深入开展“双打”“护航”专项行动，进一步加强专利行政执法工作的意见》等系列文件。

2. 开展知识产权试点工作

2012 年全面启动四川省工业企业知识产权培训工程，筛选四川宏化是有设备有限公司、中昊晨光化工研究院有限公司等 65 家知识产权密集型、具备一定知识产权工作基础、规模和效益良好的企业进行试点培育。2014 年，推进培育中的知识产权试点示范企业包括第三批 310 家省级企业，完成“企业知识产权管理规范”国家标准贯标试点申报认证工作的企业达到 26 家。在国家层面，全省拥有国家知识产权示范园区 3 个、国家知识示范城市 2 个、国家知识产权强县工程示范县 3 个。在省级层面，全省拥有省级知识产权示范百亿园区 11 个、省级试点园区 18 个。

3. 专利创造运用水平不断提升

四川省企业专利申请数量及占比呈逐年递增趋势。2011 年，四川省企业专利申请和授权量占总量的比重首次过半；2013 年，全省企业新申请占总数的 62.4%，获得授权专利占总数的 61.4%；2014 年，全省企业新申请专利 58770 件，获得授权专利 34153 件，分别增长 14.27%、20.54%，分别占全省专利申请和授权总量的 64.46%、72.48%。[1]2014 年，全省获得 15 件中国专利优秀奖，3 件中国外观设计专利优秀奖，共获 18 件得第十六届中国专利优秀奖。通过扶持企业研发平台建设、搭建产学研合作渠道、支持企业创新成果产业化等措施推进企业知识产权获取、转化、产业化能力。专利申请资助资金、专利实施与促进专项资金引导作用进一步发挥。

（三）重点领域

知识产权服务平台建设方面，进一步加强了国家知识产权局（四川）专利信息中心、国家专利信息传播利用（四川）基地和国知局知识产权出版社专利信息利用试验基地的“一中心，两基地”建设，完成 16 家省重点企业专利数据库开发升级。全国范围内，四川省获批全国知识产权服务品牌机构和 2014 年国家知识产权分析评议服务示范机构创建单位各 2 家。全省有 99 人新通过全国专利代理人资格考试，总人数积累到 618 人。加强专利代理机构管理，新审批设立专利代理机构 4 家，分支机构 7 家，全省专利代理机构总计达 36 家，分支机构 21 家，居全国前列、西部第一。

在专利质押融资方面，国家专利质押融资和保险试点在成都、绵阳两市得到深入推进，知识产权质押融资平台搭建工作在郫县、双流、新都、绵阳科创园区顺利开展。2014 年，四川省实现专利权质押 395 件、质押金额 17.56 亿元，同比

[1] 四川省知识产权局：《四川2014年知识产权（专利）工作稳中有进》，2015年1月20日，见http://www.scipo.gov.cn/dtzwxx/ywdt/201501/t20150120_15073.html。

增长 67.72%。[1]

第二节　发展特点

一、积极发展科技市场，推动技术交易支撑产业发展

四川省实施四大举措推动技术市场工作跨越发展。一是建设扶持技术市场的政策体系。近年来全省先后制发了多条扶持政策，包括《四川省技术市场条例》、《四川省技术合同认定登记管理办法》、《关于加强自主创新促进科技成果转化的意见》等，积极推进营业税改增值税的税收优惠政策，建立健全针对技术市场的目标考核和激励制度，优化完善项目资金后补助制度，使得政策体系逐渐健全为可以支持技术市场生存发展的外围保障。二是建设技术转移服务机构。将建立以国家技术转移示范机构为核心，省级技术转移机构为辅助的技术转移服务体系作为目标，全省着力创建国家级技术转移示范机构，到 2014 年年底，机构数量已经达到 16 家，并拥有 40 家由国家科技部授权的技术合同认定登记机构；积极启动建设省级层面的技术服务机构和技术转移示范机构，已经在 21 个市（州）、8 个重点行业和部分高等学校和科研院有所布局。三是培养技术转移人才队伍。全省施行技术合同认定登记人员准入制度，目前在从事技术转移工作的 1500 多人中，拥有这一资质的人员已经达到 300 多人，人才队伍不断扩大；重视日常培训工作，不定期展开针对市场需求的业务培训，内容涵盖技术合同认定登记、“营改增”税收政策、技术转移服务模式、技术经纪人、科技咨询师等。四是发展技术交易支撑产业。从 1986—2014 年将近 30 年时间内，四川省累计实现技术交易合同 1000 亿元以上，其中登记技术交易合同额度从 1.25 亿元增长到 209 亿元，实现了 167 倍的增长。特别是从 2011—2014 年，全省登记技术交易合同额达到 571.71 亿元，保持了高达 44.16% 的平均增长率，实现全省生产总值占比约 5.55%，提升了技术交易的活跃程度，加快了生产力转化速度，支撑了产业又快又好发展。

二、加快科技型中小企业发展，提升产业竞争力

四川省科技型中小企业已经具备一定规模，结构、质量和效益也不断得到优

---

[1]　四川省知识产权局：《四川2014年知识产权（专利）工作稳中有进》，2015年1月20日，见http://www.scipo.gov.cn/dtzwxx/ywdt/201501/t20150120_15073.html。

化，对地区国民经济增长的贡献逐年加大。四川省注重发展科技型中小企业，主要做法包括以下四点。一是快速推进科技型中小企业的数量增长。在有关部门的扶持和推动下，截至2014年4月，全省共拥有74.2万家注册中小微企业，其中科技型中小企业的数量已经达到2.1万家，比2010年增长了两倍。二是积极优化科技型中小企业发展结构。2014年，四川省科技型中小企业三产增加值比例为12:58:30，在产业结构上趋于合理；全省85%的科技型中小企业为民营企业，在所有制结构上更富有生命力；科技型中小企业在经济相对发达地区发展更为快速，支持这些地方为全省经济发展做出更大贡献，2014年全省科技型中小企业分布地区和数量比重分别为，成都平原经济区52%、川南21%、攀西15%、川东北10%。三是积极推动中小企业行业集中化发展。四川省推动科技型中小型企业集中发展，表现为技术领域集中和产业集群集中，全省科技型中小企业主要在电子信息技术、航空航天技术、高技术服务业、新能源及节能技术等8个高新技术领域集中发展；在先行发展的龙头企业带动下，全省科技型中小企业形成一些特色优势产业集群，包括成都软件、德阳重装、攀西钒钛和绵阳数字家电等。四是不断增强企业自主创新能力。四川省科技型中小企业具备较强的科研能力，2013年，这些企业申请专利数量占到全省申请数量的41%，发明授权数量占到全省的38%，并建立总计135家省市级企业技术中心、工程中心，已经成为四川省经济自主创新发展的最活跃因素。

三、紧抓专利运用和产业化促进，推动自主创新

四川省知识产权工作以贯彻实施《四川省知识产权战略纲要》为主线，紧紧围绕服务创新驱动发展、建设创新型四川，紧抓创造运用、促进自主创新，取得了显著成效。一是推出举措培育和发展知识产权服务业。印发《关于加快培育和发展知识产权服务业的实施意见》，提出六个方面23条措施培育和发展知识产权服务业。二是积极保护知识产权合法权益。印发了《关于加强职务发明人合法权益保护促进知识产权运用的实施意见》，围绕保护职务发明人合法权益、促进知识产权运用，提出了七条措施；组织公开观摩专利侵权纠纷案的公开审理，作为对市（州）、县（区）执法办案工作加强指导的重要举措。三是大力推进专利权质押融资工作。绵阳市出台《绵阳市专利资助与奖励专项资金管理办法》，增

加了对专利权质押融资和专利保险的资助，缓解具有自主知识产权的科技型中小企业融资难问题，促进专利技术的转化运用；举办“四川省专利权质押融资、专利保险和专利价值分析培训班”，组织各市州知识产权局的分管领导和有关单位领导及业务人员参加培训。近年来，四川省专利权质押融资金额由2010年的1.6亿元增加到2013年的5.5亿元，增长了243%，仅2014年上半年，全省专利权质押融资5.7亿元，同比增长185%。[1]

四、深入开展质量强省战略，以质量升级推动经济升级

近年来，四川省十分重视质量工作，提出以质量创新促进四川质量强省建设，具体做法包括以下四点。第一，完善质量品牌工作机制。四川省30个省级部门作为成员单位参与质量强省工作领导小组，地市层面各政府和相关部门联动，共同开展质量工作，即形成政府是主导力量、部门之间参与联动、以企业为工作主体、行业参与监控和全社会共同参与的工作机制。第二，形成完善的政策体系。2014年,四川省政府出台《<关于加快建设质量强省的实施意见>年度工作计划》（简称《工作计划》），把质量强市、县纳入各级政府和相关部门议事日程。目前，全省根据《工作计划》制定实施方案的有16个市（州），已经开展示范城市创建活动的有31个城市。泸州、宜宾、巴中等城市正积极争创全国质量强市示范城市。第三，建立健全质量工作考核体系。四川省制发了质量工作考核办法，健全了工作绩效评价和考核体系，为进一步激励质量工作，四川省设立了政府质量奖，2014年有19个市（州）、30个县（市、区）设立这一奖项。第四，组织质量强省专题培训。四川省组织和举办了各类质量强省建设培训班，提高了相关各级领导、工作人员和企事业单位业务骨干的质量品牌建设意识和业务能力。

第三节　典型案例

一、四川川大智胜：产学研深度融合，推进协同创新

四川川大智胜软件股份有限公司（以下简称“川大智胜”）是我国领先的空中和地面交通管理系统产品开发和服务供应商，是由四川大学一批技术创新带头

[1] 四川省知识产权局：《四川省专利权质押融资、专利保险和专利价值分析培训班在成都开班》，2014年10月9日，见http://www.scipo.gov.cn/dtzwxx/ywdt/201410/t20141009_14462.html。

人创立的一个以多学科融合的技术创新和产学研结合为特色、自主研发大型软件为核心，以军民航空中交通管制、仿真模拟、地面智能交通、飞行模拟视景、低空空域管理、全景互动、三维测量等应用系统开发和集成为主业的高科技企业。川大智胜是四川省“航天航空及空管产品链”的牵头单位、四川省空管产业链龙头企业，连续三年被央视财经50指数评选为全国十佳创新公司，已获得1项国家科技进步一等奖、3项国家科技进步二等奖、5项省部级科技进步一等奖、7项省部级科技进步二等奖。

川大智胜经长期探索形成了一套“产学研深度融合”和“协同创新”的高效机制。在平等互利、合作共赢的原则下，川大智胜与四川大学已经实现了良好的“产学研用”联合。两家机构的产学研合作模式符合中共中央十七大关于“建立以企业为主体、市场为导向、产学研结合的技术创新体系”的要求。四川大学是国家布局在西部的重点研究型大学，拥有较强的基础研究能力、丰富的科研资源；川大智胜是四川大学参股的自主创新型重点软件企业，具备依托四川大学各类创新研发平台进行技术研发、并将研发成果进行产业化的能力。

在技术合作方面，川大智胜依托四川大学各类创新研究平台进行基础研究和技术开发，保持了持续的技术创新能力。四川大学则通过川大智胜实现了科技成果的产业化，在科研、学科建设、教学等方面取得了良好成绩。二者在基础研究和技术开发方面建立了长期的良好合作关系。

在人才培育方面，川大智胜依托四川大学“视觉合成图像图形技术国防重点学科实验室”、“现代交通管理系统教育部工程研究中心”、“四川大学985工程二期复杂多维信息处理技术科技创新平台”、“智能系统四川省重点实验室”等创新研究平台进行了基础研究和技术开发，保持了持续的技术创新能力。而游志胜科研团队的突出科研成果也促使四川大学计算机学院申请到计算机科学与技术一级学科博士学位授权点、“计算机应用技术”国家重点学科、计算机科学与技术博士后科研流动站、3个博士点和4个硕士点、“视觉合成图形图像技术国防重点学科实验室”、教育部现代交通管理系统工程研究中心以及两个四川省高校重点实验室。四川大学计算机学科排名也大幅晋升，跃升为西南地区重点大学第一名。

二、晨光院：运用多种手段，建设知识产权保护立体网络

中昊晨光化工研究院有限公司（以下简称“晨光院”）是1965年从全国24

家科研、生产单位内迁四川富顺组建而成，1999 年转制为科技型企业，2012 年 7 月改制后由原中昊晨光化工研究院更名为中昊晨光化工研究院有限公司。晨光院主要从事有机氟、有机硅、工程塑料等产品的研发、生产和经营，是我国高分子合成材料重点研究、开发和生产单位之一。晨光院坚持走科技创新的发展道路，狠抓知识产权工作，促进了企业经济快速发展。2007 年晨光院被确认为“四川省第一批知识产权示范企业”，2009 年晨光院被国家知识产权局确认为“全国企事业知识产权示范单位”,2013 年通过复核认定为“国家级知识产权示范企业”。

晨光院不断增强知识产权保护能力，充分运用专利、商标、版权、商业秘密等多种形式的知识产权保护手段，建成知识产权保护的立体网络。对全公司知识产权进行动态跟踪保护。到目前为止，晨光院累计申请专利 202 件，获得 116 件专利授权,其中 88 件发明专利,28 件实用新型专利,开展 11 件 PCT 专利国际申请，其中 1 件 PCT 专利分别获得美国、日本、韩国、俄罗斯授权，其他 PCT 专利国际申请已先后进入国家阶段。晨光院在国内申请注册商标 17 件，“CHENGUANG 及图”获中国驰名商标；在市场前景良好的美国、日本、欧洲等十个国家和地区申请注册商标 10 件。晨光院建立知识产权预警机制，提高企业维权能力和市场竞争能力。与全院职工签订了《保密合同》，与涉及商业秘密的技术、经营、管理人员签订了《竞业限制合同》。

针对科研重点新产品研发进行专利分析，开展追随型专利研发，在高起点基础上进行创新，同时在国外开展海外预警分析，规避侵犯他人知识产权风险。例如，为应对国内外消费者对以 PFOA 为原材料制造的特氟龙材料的信任危机，晨光院开展全氟辛酸替代品研发，同时进行知识产权海外预警分析，成功地解决了行业关键技术难题，将替代品应用于氟橡胶、氟树脂的生产，产品目前已出口到美欧市场。

第十二章 安徽省工业技术创新发展状况

2014年是全面深化改革的开局之年，安徽省紧扣“建设创新安徽、推动转型发展”的战略核心，积极推进皖江城市带承接产业转移示范区、合芜蚌自主创新综合试验区建设，进一步完善产学研结合的创新体系，加强智力引进和科技成果转化，逐步形成以高新技术产业为引领、提升传统产业、区域协调互动发展的现代工业体系，加速推进安徽经济发展。2013年，安徽省全年国民生产总值达到19038.9亿元，增长10.4%，增幅高于全国2.7个百分点，居全国第11位、中部第1位。财政收入3365.1亿元，增长11.2%，其中地方财政收入2075.1亿元，增长15.8%，固定资产投资18251.1亿元，增长21.2%,[1] 增幅分别高于全国1.1和2.9个百分点。

第一节 发展回顾

从产业规模上看，安徽省工业经济发展保持了良好势头，对当地经济发展支撑作用明显。2013年，安徽省全年规模以上工业增加值8559.6亿元，比上一年增加1004.1亿元，增长13.7%，居全国第一，实现利润1758.8亿元，增长16.9%。全省新增规模以上工业企业2700户，新增民营企业5万户，民营经济占工业生产总值比重达57%，同比提高了1个百分点[2]。

从产业结构上看，安徽省高新技术产业发展迅速，据《2013年安徽省高

[1] 数据来源：《安徽省2013年国民经济和社会统计公报》。
[2] 数据来源：《2013年安徽省政府工作报告》。

新技术产业统计公报》公布，2013 年，全省规模以上高新技术产业实现产值 12053.1 亿元，比上年增长 16.7%；实现增加值 3013.2 亿元，同比增长 15.7%，占全省工业增加值比重 35.2%，占全省 GDP 比重 15.8%，比上年提高了 0.6 个百分点。其中电子信息和家用电器产业、汽车及装备制造产业、食品药品产业、材料及新材料产业、纺织服装产业、新能源产业、高新技术服务业等七大主导产业较上一年均有较大增长（见表 12—1）。

表 12–1　2013 年安徽省高新技术主导产业发展情况

主导产业	增加值（亿元）	同比增长率
电子信息和家用电器产业	693.1	21%
汽车及装备制造产业	1529.5	13.9%
食品药品产业	139.3	14.4%
材料及新材料产业	481.3	14.2%
纺织服装产业	10.4	3%
新能源产业	75.1	21.3%
高新技术服务业	84.5	10.5%

数据来源：《2013 年安徽省高新技术产业统计公报》。

一、技术创新发展情况

（一）总体情况

安徽省坚持实施创新驱动战略，积极推进合芜蚌自主创新综合试验区和国家技术创新工程试点省建设，不断加强技术创新，加快科技成果转化和产业化，助推经济转型发展。据《中国区域创新能力报告 2013》显示，2013 年安徽省区域创新能力，位居第 9 名，居中部第一。截止到 2013 年底，安徽省共有高技术企业 2018 家，其中总收入亿元以上的 765 家，10 亿元以上的 101 家，50 亿元以上的 19 家，上市高新技术企业 54 家，占全省上市企业总数的 69.2%。在技术创新载体建设方面，据统计，2013 年全省拥有科技企业孵化器 70 个（其中国家级 13 个），孵化场地面积 189.9 万平方米，在孵企业 2241 家，已累计毕业企业 1508 家，其中 2013 年毕业企业 239 家。2013 年，安徽省实现技术市场交易额 130.8 亿元，增长 51.8%。

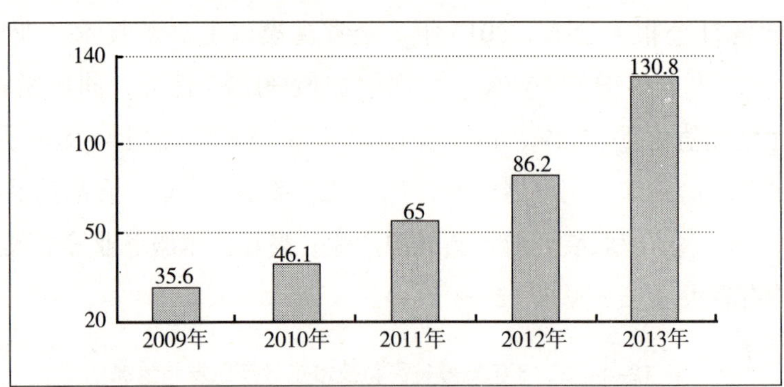

图12-1 2009—2013安徽省技术市场交易额（亿元）

数据来源：安徽省知识产权局。

（二）主要做法

1. 加强产学研合作，推进培育创新型企业

创新型企业对安徽省经济具有引领和促进作用，可以带动提升企业自主创新能力。安徽省依靠丰富的科教资源，积极推进产学研联合工作，如积极开展“安徽省产学研联合示范企业”的认定工作，用典型进行示范引领，激励产学研协同创新，累计认定产学研联合示范企业238家。同时，安徽省逐年不断加大科技投入，2013年研究与试验发展（R&D）经费支出352.1亿元，较上年增长24.9%，居全国第12位（见图12—2），培育出一批优秀的创新型企业，其中奇瑞、科大讯飞、黄山永新、安徽中鼎等企业进入中国创新型企业100强。截至2013年，安徽省拥有创新型（试点）企业总数达到371家，比上一年增加53家，其中国家级创新型（试点）企业32家；高新技术企业总数达到2018家，新认定441家。

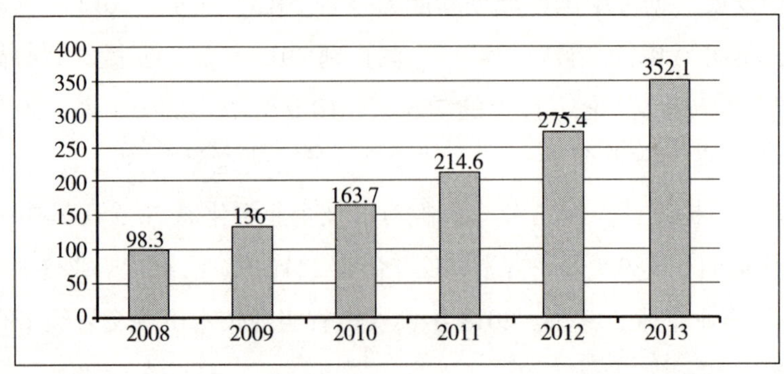

图12-2 2008—2013年安徽省研究与试验发展（R&D）经费（单位：亿元）

数据来源：赛迪智库整理。

2. 优化技术创新环境，完善创新服务体系

一是出台了《关于实施创新驱动发展战略进一步加快创新型省份建设的意见》《安徽省技术创新示范企业认定管理办法》《安徽省工业企业技术进步条例》和《关于提升企业科技创新能力的若干政策规定》等一系列政策，全方位支持企业开展技术创新。二是搭建投融资平台。截至 2013 年底，安徽省共设立创业投资基金 18 只，资金总规模达 57.3 亿元，累计投资项目 131 个，总投资额达 43.7 亿元。引导全省设立风险投资投资机构 44 家，募集资金 119 亿元，累计投资 76 亿元。目前安徽省共有合肥、芜湖、蚌埠等 9 个市开展了专利质押融资贷款工作。三是加快建设服务中小科技企业的创新服务体系，2013 年安徽省已建立各类科技企业孵化器 70 个、生产力促进中心 117 家、专利代理机构 16 家、科技信息服务机构 14 家。

3. 加快科技创新人才队伍建设，推进企业技术创新

一是印发了《关于建设合芜蚌自主创新综合试验区人才特区的意见》《安徽省专业技术人才队伍建设中长期规划（2011—2020 年）》等政策，完善了对创新人才和团队培养、使用、激励机制等方面的政策措施。二是通过实施“百人计划”、“611”人才行动计划、组建院士工作站、“115”产业创新团队建设工程等措施，加快培养和引进了一批专业技术人才和创新团队。据统计，2013 年安徽省新增高端人才 13392 名，R&D 活动人员达到 11.93 万人，同比增长 15.8%，新入选国家“千人计划”29 人，总数达 158 人，居全国第 7 位，新建院士工作站 28 家，柔性引进院士 31 人，省学术技术带头人 523 人。三是优化了创新人才队伍结构，大力发展职业教育，建立职业经理人制度，同时改革人才培养模式，开展企业、高校和科研单位联合培养试点。

（三）重点领域

在电子信息领域，2013 年，安徽省电子信息产业发展态势良好，全年实现工业增加值 492.7 亿元，同比增长 26.6%，完成出口交货值 284.7 亿元，同比增长 52.7%，增速居全国第 4 位。其中计算机制造业完成产值 288.4 亿元，同比增长 148.9%；新型显示业完成产值 250.6 亿元，同比增长 33.2%；集成电路业完成产值 55.9 亿元，同比增长 17.8%[1]。2013 年，省内核心重大项目顺利实施，技术

[1] 数据来源：《2013年安徽工业行业发展情况报告》。

水平不断提升，成果显著。目前开发出世界吨位最大的15000吨双动充液拉深液压机以及全球首台单镜头单光源3D投影机，合肥京东方TFT-LCD6.5代线产能进一步释放、8.5代线项目按期点火投产，量子通信京沪干线工程正式启动。智能终端产品创新取得新成果，省内首个手机自主品牌“丰云”智能手机正式投放市场，第一款智能穿戴产品华恒智能手表面世，联想（合肥）基地项目月产能由年初50万台上升至100万台，不仅拉动投资快速增长，对行业发展带动作用也日益显现。全年液晶显示屏产量突破1亿片，同比增长2.3倍；计算机整机产量671.8万台，居中部第1位，同比增长98%。

在装备制造领域，2013年，安徽省装备制造业收入达8957亿元，同比增长19.5%，实现增加值2451亿元，增长16.9%，全省装备工业实现利润580.5亿元，同比增长25.5%[1]，继续保持第一大主导行业地位。安徽省装备制造业发展迅速，拥有安徽合力、安徽巨一自动化、安徽新东方矿机、安瑞科（蚌埠）压缩机、合肥锻压、东海机床等知名企业，技术水平提升明显，在国内外处领先水平。安徽合力完成了新一代12个吨位级系列环保型蓄电池叉车自主研发，产品主要技术参数和性能指标在国际同类产品中处于领先地位。合肥锻压公司多年来持续加大研发投入，每年自主研发推出的新产品不低于100个，其中全新产品不低于12项，智能锻压产品已处于领先水平，并连续承担四项“高档数控机床与基础制造装备科技重大专项”。

表12-2　2013年装备工业行业发展情况

行业	利润	同比增长
专用设备制造业	72.3	21.8%
电气机械和器材制造业	246	18.9%
金属制品业	60.8	17.3%
通用设备制造业	100	15.1%
仪器仪表制造业	17.7	13.5%
金属制品、机械和设备修理业	3.2	1.75%
铁路、船舶、航空航天和其他运输设备制造业	7.9	0.6%

数据来源：《2013年安徽工业行业发展情况报告》。

[1] 数据来源：《2013年安徽工业行业发展情况报告》。

二、质量品牌发展情况

（一）总体情况

安徽省积极实施质量兴省战略，以加大企业技术创新力度、完善企业政策法规、推进品牌战略为抓手，加快落实企业质量责任，建立企业质量保证体系，促进工业产品质量和品牌的全面提升，创造出奇瑞汽车、江淮汽车、美菱电冰箱、荣事达三洋电器、海螺牌水泥等一批高质量名牌产品。2013 年，安徽省工业产品升级监督抽查合格率为 91.3%，比上年提高 0.8 个百分点，工业产品质量持续提升。

（二）主要做法

1. 优化质量管理环境，提高企业质量意识

一是完善了企业质量发展的政策法规。安徽省出台了《安徽省工业质量品牌提升行动纲要（2012—2015）》《安徽省自主创新品牌示范企业认定办法》《安徽省工业质量品牌提升六大专项行动》等一系列政策措施。二是加强企业质量培训，推广卓越绩效模式等先进质量管理办法，开展实施了新版《卓越绩效评价准则》（GB/T19580-2012），引领企业争创质量奖，共培训安徽省质量企业 257 家，培育国家质量奖企业 3 家。三是推进开展群众性质量管理活动。“十二五”期间，安徽省共评出 930 个优秀质量管理小组和质量信得过班组奖，其中 159 个获得国家级奖。

2. 加大技术创新力度，促进产品质量提升

近年来，安徽省持续加大研发投入，企业建立研发机构速度不断加快，为提升产品质量和管理水平奠定了基础。2013 年，安徽省企业建立的研发机构占 84.9%，研发投入占全省的 79.6%，已成为技术创新投入和产出的主体。同时，安徽省不断加强标准制定工作，建立标准化信息服务平台，启动了对民营企业主导制定标准的奖补工作。“十二五”以来，安徽省共有 94 项地方标准获省里立项，有 105 项行业标准获国家立项。

（三）重点领域

在汽车制造领域，安徽省不断加大关键技术研发力度，已初步形成较为完整的产业体系和自主品牌优势，拥有了江淮汽车、奇瑞汽车、星马汽车、安凯客车

等国内著名自主汽车品牌。2013 年，安徽省汽车行业主营业务收入达到 1809 亿元，同比增长 13.8%；实现工业增加值 439 亿元，增长 9.4%；实现利润 97.9 亿元，同比增长 38.4%[1]。江淮汽车获"安徽省自主创新品牌示范企业"、"全国质量奖"，奇瑞汽车被认定为首批"国家汽车整车出口基地企业"，向全球 80 余个国家和地区出口。此外，安徽省新能源汽车发展迅速，截至 2013 年底，安徽省已累计推广新能源汽车 9086 辆，居全国第 1 位，合肥、芜湖两市入围新能源汽车试点城市。

在家电行业领域，安徽省持续加快升级步伐，不断促进企业产品质量品牌的提升，目前已经成为国内外家电品牌最为集中的地区，拥有美菱、合肥三洋、索伊电器、海尔、美的、格力、扬子空调、长虹等知名品牌。2013 年，安徽省家电行业延续了快速增长的势头，主要产品持续增长，企业效益稳步提升。全年家电行业实现主营业务收入 1676.33 亿元，比上年增长 21.2%；实现工业增加值约 470 亿元，同比增长 21%；实现利润总额 99.4 亿元，同比增长 27.2%[2]；主要家电产品产量达 8782 万台（个），居全国前列。目前全省纳入家电行业统计的规模以上企业有 143 家。

表 12-3　2013 年安徽省家电行业发展现状

行业	主营业务收入（亿元）	同比增长	利润（亿元）	同比增长
家用制冷电器具制造业	600.79	28.7%	35.58	22.1%
家用空调器制造业	616.14	26.8%	38.74	30.4%
家用清洁卫生电器具制造业	277.47	–1.9%	13.71	4.3%
家用厨房电器具制造业	48.39	40.6%	2.27	981.1%

数据来源：《2013 年安徽工业行业发展情况报告》。

三、知识产权发展情况

（一）总体情况

近年来，安徽省知识产权事业快速发展，根据国家知识产权局公布的《2013 年全国知识产权发展状况报告》，2007—2013 年间，安徽省综合发展指数年均增长率为 6.99%，位居全国第 2 位，比上一年提升 1 位，知识产权综合发展指数提

[1]　数据来源：《2013年安徽工业行业发展情况报告》。
[2]　数据来源：《2013年安徽工业行业发展情况报告》。

升幅度位列全国第 3 位。安徽省的专利申请、授权量一直位于全国前列，2013 年，全年申请专利 93353 件，授权专利 48849 件，发明专利申请 34857 件，发明专利授权 4241 件[1]。2013 年，安徽省累计有效发明专利量达 11566 件，位居全国 13 位，每万人口有效发明专利拥有量 1.93 件，同比增长 50.6%。

表 12-4　2013 年安徽省专利申请及授权情况

指标	数量（件）	同比增长	国内排名
专利申请	93353	24.7%	6
发明专利申请	34857	79.8%	7
专利授权	48849	12.8%	6
发明专利授权	4241	38.3%	8

数据来源：安徽省知识产权局。

（二）主要做法

1. 加快知识产权发展和专利保护，提升企业核心竞争力

安徽省出台了一系列政策文件，加强专利保护，推动企业技术创新，提升企业竞争力。例如，安徽省知识产权局编制《专利行政执法工作手册》，并与江苏、福建、江西、山东等 4 省知识产权局联合制定《华东地区专利侵权判定咨询工作暂行规定》，这些政策法规使专利行政执法细节与内容更加有规可循，有章可依。此外，安徽省知识产权局出台的《安徽省优秀专利产业化工程项目管理办法》和《安徽省核心专利产业化计划项目评选管理办法》，不断引导和加快专利产业化，逐步推动企业围绕核心专利技术再创新，提升企业核心竞争力。

2. 完善知识产权管理体系，加强知识产权创造

一是加快专利代理机构发展。安徽省通过提供优惠政策，加大吸引外省专利代理机构到安徽开设分支的力度。截止 2014 年 11 月底，安徽省专利代理机构数量已达到 20 家，比 2010 年增长 81.8%，仅 2014 年就新增了 4 家；取得专利代理资格人数 324 人，比 2010 年增长 107.7%；执业代理人 119 人，比 2010 年增长了 85.9%[2]。二是完善知识产权管理机构。积极推进各城市建立市知识产权工作领导小组或知识产权联席会议制度，设立知识产权管理机构。三是开展“省知识

[1]　数据来源：《安徽省科技统计公报》。
[2]　数据来源：国家知识产权局。

产权优势企业培育工程”，提升企业知识产权创造、运用、保护和管理能力，目前安徽省已实施了3批培育计划，共培育省级知识产权优势企业181家。四是开展了自主知识产权新产品的培育工作，目前共认定具有自主知识产权的省级新产品739个，企业共申报专利1858项，其中获得授权专利1181项。

3. 推进产学研合作，促进知识产权成果转化

安徽省经大力推进产学研联合工作，共牵头组织了9次产学研对接活动，累计发布高校和科研单位的科技成果9200多项，发布企业技术难题和需求2700多项，签订产学研合作项目673项，项目总投资116.4亿元[1]，加速了高校和科研机构专利成果的转化，促进了企业技术进步，提升了企业的市场竞争力。

（三）重点领域

2013年安徽省合芜蚌试验区在专利申请、发明专利申请、专利授权、发明专利授权、每万人口有效发明专利等方面，较2012年都取得了较大增长（见表12—5）。

表12-5　合芜蚌试验区专利申请及授权情况

指标	合芜蚌试验区		合肥		芜湖		蚌埠	
	数值	增长	数值	增长	数值	增长	数值	增长
专利申请	46950	23.5%	19425	28.3%	19019	12.8%	8506	41.2%
发明专利申请	17721	63.9%	7671	61.6%	6404	61.7%	3646	73.1%
专利授权	24152	2.8%	11487	19.2%	9256	–11.1%	3409	–1.4%
发明专利授权	2708	22.7%	1547	24.6%	750	11.1%	411	41.7%
每万人口有效发明专利	5.57	44.7%	6.18	41.4%	6.63	1.4%	2.91	73.2%

数据来源：安徽省知识产权局。

第二节　发展特点

一、优化技术创新环境，助推企业成为创新主体

在研发投入方面，安徽省研发经费投入持续加大，由2009年的136亿元增至2013年的352.1亿元，5年增长近3倍。在创新载体建设方面，安徽省加快创新载体建设，包括新批建设4个国家农业科技园区、2个省级高新区、3个省级

[1] 数据来源：安徽省经济和信息化委员会。

可持续发展实验区，新增国家级技术转移示范机构8家，国家级国际科技合作基地6家。同时，安徽省大力建设企业技术中心，目前共拥有省级以上技术中心832家，其中国家级技术中心44家。在产学研合作方面，安徽省积极推动省级技术中心企业与高校、科研机构建立长期稳定的战略合作关系，累计产学研合建研发机构319个。积极搭建产学研合作对接平台，"十二五"以来，安徽省共举办10次产学研合作项目对接活动，累计签约产学研合作项目221项，促进了科技成果转化。

二、重点培育新兴产业，推进产业技术升级

安徽省围绕产业结构调整和升级，引导企业加大创新投入，加大新产品的开发，培育新的经济增长点。一是制定了《关于深入推进高成长性产业加快发展的意见》等政策，重点扶持智能装备、新型显示、云计算和软件、新能源汽车等十大高成长性产业的发展。二是开展了智能装备、物联网、新能源汽车等重点产业技术路线图的制定工作，为产业的技术创新指明道路。三是积极开展了新产品的培育工作，加快产品更新换代，"十二五"以来累计认定省级新产品1525项。2013年全省规模以上工业企业实现新产品产值4662亿元，增长18.6%；新产品产值率为13.8%，比上年提高0.4个百分点；新产品产值对全省规模以上工业增长的贡献率达16%[1]。

三、加强质量管理，提升工业产品质量水平

安徽省通过实施质量兴省战略，落实企业质量主体责任，建立企业质量保证体系，促进工业产品质量和品牌的全面提升。一是积极落实《安徽省工业质量品牌提升行动纲要（2012—2015）》，组织实施企业争创全国质量奖，开展安徽省质量奖评审工作和安徽省工业质量品牌提升六大专项行动，培育了一批自主创新品牌示范企业，其中共培育安徽省质量奖企业257家，国家质量奖企业3家。二是打造品牌示范企业，制定了《安徽省自主创新品牌示范企业认定办法》，共培育认定安徽省自主创新品牌示范企业68家，其中有3家企业荣获工信部"工业品牌培育示范企业"的称号。三是加强企业质量培训，推广卓越绩效模式等先进质量管理方法，引导企业争创质量奖，提升企业提高质量管理的积极性。

[1] 数据来源：《中国高新技术产业导报》。

四、强化知识产权工作，提升企业竞争力

大力实施知识产权战略，不断增强企业知识产权的创造和运用能力。一是实施工业企业知识产权运用能力培育工程。加强企业知识产权管理培训，指导企业建立知识产权管理制度，共培育 15 家知识产权运用标杆企业，其中合肥杰事杰新材料股份有限公司的发明专利获得中国专利金奖。二是加强政策引导，推进知识产权工作。安徽省政府出台的《安徽省专利发展专项资金管理办法》《关于加快战略性新兴产业和工业发展的若干政策》和《关于规范专利资助政策的指导意见》等政策明确规定了将授权发明专利作为重点资助对象以及对企业获得发明专利授权的奖励事项，提高了专利资助标准，这极大提升了企业推进知识产权工作的积极性。二是推进知识产权与金融结合，解决中小企业融资困难问题。目前安徽省共有合肥、芜湖、蚌埠等 9 个市开展了专利质押融资贷款工作，共有 135 家企业 715 件专利获得专利权质押贷款 13.86 亿元。2013 年，合肥、蚌埠两市累计 17 家企业投保科技保险，保险保额 26.75 亿元。

第三节　典型案例

一、奇瑞汽车——技术创新成为企业发展战略核心

奇瑞汽车股份有限公司（以下简称“奇瑞”）成立于 1997 年，十七年来，公司始终坚持自主创新，逐步建立了完整的技术和产品研发体系，产品出口到海外 80 余个国家和地区。目前，奇瑞公司在国内建成了芜湖、大连和鄂尔多斯三大乘用车生产基地，具备年产 90 万辆整车、90 万台套发动机及 80 万台变速箱的生产能力。2013 年，奇瑞公司发明专利授权量位居国内（不含港澳台）企业第九位，为全省唯一进入十强的企业。连续六届获中国专利奖，连续两届获安徽省专利奖金奖。2013 年，奇瑞公司还荣获“国家知识产权战略实施工作先进集体”光荣称号。

自主创新是奇瑞公司发展的战略核心，公司自成立以来，就坚持自主创新，经过十多年来的跨越式发展，现已形成以汽车工程研发总院、产品开发管理中心、制造工程院为依托，与奇瑞控股的关键零部件企业和供应商协同设计，与国内大专院校、科研所等进行产学研合作的研发体系。通过“以我为主，联合开发”的特色模式，公司掌握了一批整车开发和关键零部件的核心技术，如 DVVT 双可变

气门正时技术、TGDI 涡轮增压缸内直喷技术、CVT 无级变速器等，并在强调技术主权的基础上，充分整合全球范围内的资源，通过开展深度化、广泛化的国际合作，带动了全系产品的全面技术升级，大幅度降低了整车制造和开发成本，缩短了开发周期。2013 年，奇瑞正式将“技术奇瑞”确立为企业品牌战略，并发布了多年自主技术积累、导入国际领先标准打造的具有高科技、标准化和前瞻性的核心技术平台——“iAuto”。截至目前，已累计申请各项专利 9396 件，累计获得授权专利 6721 件，位居中国汽车行业第一。

二、金星机电——企业知识产权能力逐步提升

合肥金星机电科技发展有限公司成立于 1992 年，是国家创新型试点企业、国家火炬计划重点高新技术企业、安徽省重点软件企业。公司主要从事红外测温、工业过程检测与分析、环境安全监测、特种图像监视、智能视频监控等系统的研发、生产、销售及服务。金星机电通过知识产权战略等经营战略的制定和实施，稳固和扩大市场份额，保证了公司的市场份额，实现了企业的优势地位和品牌效应。近三年，企业相继承担建设国家、省、市各级各类研发平台 9 个；主持承担了国家火炬计划、国家重大科学仪器设备开发专项、国家创新基金重点计划、安徽省重大科技攻关计划、安徽省高技术产业化等项目 18 项。

金星机电公司为提升企业知识产权运用能力，采取了一系列措施。一是制定并全面落实知识产权管理战略，金星机电制定并有效实施了符合自身特性的知识产权战略，逐步建立起较为全面的知识产权管理制度体系，制订了《知识产权战略规划暨实施方案（2011—2015 年）》，确定了自主知识产权发展的重点领域和创新成果开发方向，并将企业知识产权战略贯彻到组织机构、制度、研发、产品、标准、商标等体系建设工作中。二是构建了较为完善的知识产权管理制度体系，制定或修订了《技术资料档案管理制度》《科技成果激励办法》《知识产权奖惩制度》《知识产权保密制度》《员工知识产权培训管理办法》等多项制度。

二是加强知识产权防御网络布局。近年来，红外测温、气体检测等细分市场竞争激烈，技术进步迅速，金星机电一方面对其他企业的知识产权状况进行广泛的调查，以防发生抵触，同时对尚未进行专利申请的技术积极申请。2012 年以来，根据市场需求，金星机电在红外在线监测、烟气成分检测等技术领域，围绕关键核心技术、工艺及关键零部件开展自主创新，共申报发明专利 9 项、实用新型专

利9项、软件著作权2项、研究论文（技术公开）10余篇，合理设置知识产权布局，确立核心产权和外围产权的分布，形成了防御型网络，有效牵制竞争对手。同时，加大转化推广力度，目前公司知识产权转化率达90%以上，做到每项产品包含一件以上相关知识产权。

三是积极推进知识产权转化应用。通过优化整合企业技术资源和市场资源，大力推进新技术、新产品的推广和应用，广泛开展技术转移工作，企业拥有的发明专利、实用新型专利、软件著作权等科技成果全部得到市场转化，形成企业创新发展新的经济增长点。同时公司积极申请行业标准和企业标准，将专利技术转化为标准，提高市场话语权，现已有两项行业标准被工信部批准立项，拥有企业标准9项。

政 策 篇

第十三章　2014年中国工业技术创新发展政策环境分析

第一节　国际环境分析

当前，全球经济正在经历国际金融危机后的深度转型调整，新一轮科技革命和产业变革正在兴起，世界各国纷纷实施“再工业化”和“制造业回归”战略。如美国制定先进制造业发展战略、德国推出“工业4.0”战略、巴西公布工业强国计划、印度颁布国家制造业政策等，都试图在新技术领域取得突破，抢占高技术产业新的制高点。全球进入空前创新密集期，新一代信息技术加速与传统产业融合，新技术、新产品、新业态、新商业模式不断涌现，生产的网络化、智能化、绿色化特征日趋明显。与此同时，全球需求结构变化、国际分工体系调整、贸易保护主义强化等特征逐渐凸显。

一、新一轮科技革命与产业变革兴起，全球科技创新呈现出新的发展态势和特征

近年来，国际社会对新一轮科技产业革命的讨论颇多，较为一致的看法是，信息网络技术的迅猛发展和深度应用，加上新能源、新材料、生物等领域的多点突破，正在催生新一轮科技革命和产业变革。全球知识创造和技术创新的速度明显加快，学科交叉融合加速，科技创新活动不断突破地域、组织、技术的界限。基础研究、应用研究、技术开发和产业化之间的边界逐渐模糊化，技术更新和成果转化更加快捷，以新技术突破为基础的产业变革呈现加速态势。各个国家纷纷将创新提升到国家战略层面，将创新作为刺激经济增长、提升国家竞争力的关键。

奥巴马政府先后于2009年和2011年两次发布国家创新战略，期盼以技术创新的先发优势继续保持其全球领先地位。2010年，德国政府制定了2020高科技战略，确定了五大领域的关键技术和十大未来项目，2014年又决定将其拓展为一个“全面的、跨部门的国家创新战略”。

正在兴起的新一轮科技革命和产业变革中，美欧日等发达国家和地区利用雄厚的技术基础、明显的人才优势、强大的研发能力、优秀的商业模式，率先在新兴产业领域实现创新突破。如美国在页岩油气开采、快速成型制造、基因组测序、大数据、纳米材料等领域明显处于领先地位；英国近期推出了首个“碳捕捉与存储技术路线图”和新一轮“碳捕捉与存储技术计划”，以争夺低碳经济的制高点。为此，我们必须增强紧迫意识积极应对。

二、发达国家“再工业化”和新兴经济体加速崛起，唯有依靠创新才能重塑我国工业国际竞争新优势

在科技创新、国际金融危机等多重因素的影响下，全球经济正在经历国际金融危机后的深度转型调整期。发达国家纷纷实施“再工业化”和“制造业回归”战略，打造信息化背景下国家制造业竞争的新优势。高端制造领域向发达国家回流的“逆转移”趋势初现端倪。如美国制定了《重振美国制造业框架》《先进制造伙伴计划》和《先进制造业国家战略计划》等一系列政策措施，从预算支出、税收、贸易等多方面推动制造业的回归和复兴。2012年陶氏化学、佳顿等公司也宣布回到美国投资生产线。美国麻省理工大学的调查显示，有14%的企业表示会把某些生产线迁回美国，超过30%的企业正在考虑是否迁回。德国政府推出了《“工业4.0”战略》，其目的就是要“确保德国制造的未来”，欧盟提出了“再制造化”战略，旨在重构工业产业链。随着3D打印、工业机器人等智能制造技术和装备的普及应用，以及生产成本等比较优势的动态变化，高端制造环节向发达国家回流可能性加大。

在制造业中低端领域，印度、巴西、越南等一些新兴经济体也在积极融入全球产业分工体系，在承接产业及资本转移、拓展国际市场空间等方面展开更加激烈的争夺。继2011年发布“国家制造业政策”后，2014年9月，印度总理莫迪又正式提出启动“印度制造”战略，并宣布一连串吸引外资的重大政策，以求将印度打造成全球制造王国。近期，巴西也发布了“工业强国计划”，提出了一系列促进制造业发展和吸引国际产业转移的政策措施。随着我国劳动力、土地等要

素成本快速上升，制造业比较优势趋于减弱，部分劳动密集型产业向更低成本的国家和地区转移效应已开始显现。可以预见，未来一个时期我国工业将面临发达国家和其他新兴经济体“前后夹击”的双重挑战。

三、新一代信息技术与工业融合发展程度不断加深，智能化产品和技术正推动全球迈向“第二次机器时代”

信息化和互联网技术正在深入改变着全球生产生活方式。新一代信息技术在工业的深度运用，大大提升了工业智能化的水平，重构了产业价值链体系和竞争模式。虚拟化技术、3D 打印、工业互联网、大数据等新技术推动着装备、产品、工业、服务的智能化，基于新一代智能装备的新型生产组织方式正广泛普及，由大批量集中生产方式向分散化、个性化定制生产方式的转变。无人驾驶汽车、无人飞机、数控机床、智能机器人、智慧家庭、可穿戴设备等高度智能化产品的商业化步伐不断加快，万物互联趋势日益加深。麦肯锡、思科等认为未来 10 年连接到互联网的设备数量将从目前的百亿级增加到千亿级。基于信息物理生产系统（CPS）的智能工厂和智能制造模式正在引领制造方式的变革。全球研发设计、生产制造、服务交易等资源配置体系加速重组，网络众包、异地协同设计、大规模个性化定制、精准供应链管理等正在构建企业新的竞争优势，全生命周期管理、总集成总承包、互联网金融、电子商务等加速重构产业价值链新体系。

信息技术创新步伐不断加快，网络信息通信技术正步入无线、移动、宽带、泛在的新阶段。云计算、大数据、人工智能、机器学习等驱动人类智能迈向更高境界，推动着人类各种生产工具的智能化和现代化，并引发全球劳动力市场的深刻变革。在廉价体力劳动不断被机器替代的同时，越来越多的脑力劳动正在被智能工具所替代，全球就业结构正在发生深刻的调整，智能机器带来的就业结构变化速度、规模和影响将超越三百年的工业化历史，人类正在进入“第二次机器时代”。据统计，2000 年以来，德国、韩国制造业就业人数分别下降了 8% 和 11%，美国流失了 580 万个制造业岗位和 1100 万个初级白领岗位。根据麦肯锡的研究，到 2025 年信息技术在中国汽车、电子等六大行业应用带来生产力提升将会减少 1000 万到 3100 万个低技术岗位，但也会创造 4600 万个需要更多高技能的工作岗位。可见，信息化时代就业结构的变化，高技术岗位对低技能岗位的替代趋势必将给我国劳动力市场带来新的挑战，对我国劳动力结构和技能水平提出更高的要求。

四、国际市场环境和治理结构更趋复杂，主要依赖“技术引进”的发展模式已难以适应工业发展的要求

美国等发达国家积极推动跨太平洋伙伴关系协议（TPP）、跨大西洋贸易与投资伙伴协议（TTIP）以及国际服务贸易协定（TISA），试图掌控国际贸易投资规则，我国将面临适应新规则的诸多挑战。如2013年6月启动的TTIP即跨大西洋贸易与投资伙伴协定，该协定是指美国和欧盟双方通过削减关税、消除双方贸易壁垒等来发展经济、应对金融危机的贸易协定。该协定旨在制定“被全世界，特别是还处于发展中的市场经济国家接受的标准”。这将在很大程度上改变世界贸易投资规则和行业标准，挑战新兴国家，尤其是金砖国家间的准贸易联盟。无论TPP，还是TTIP，其市场开放水平和对成员经济体的约束力，都高于多边体制WTO。这些全新的商业规则很可能架空或弱化WTO等国际经济组织，在美国主导的全球治理格局重构中，中国有可能进一步被边缘化。

当前，国际市场需求下滑甚至萎缩的风险在加大，国际上针对我国的贸易保护增多、范围扩大、程度加深。2014年上半年，我国共遭受18个国家（地区）发起的贸易救济调查53起，涉案金额52.9亿美元，分别较上年同期增长20.4%和136%，发达国家和部分新兴经济体国家不断通过多种贸易保护措施来打压中国高技术产业[1]。同时，我国对外投资环境日趋复杂，特别是针对国内科技型企业投资并购活动的“中国威胁论”尤为突出。据统计，2009年中国企业跨境收购的失败率为12%，2010年为11%，为全球最高，而美国、英国2010年海外收购失败率仅2%和1%。比如，2012年美国总统签发总统令，以涉嫌威胁美国国家安全为由中止三一集团在俄勒冈州的风电项目，这是美国22年来首次由总统出面来否定的外资并购案。虽然最近美国法院判决三一胜诉，但西方发达国家利用已有优势实施贸易保护的总趋势不会有大的改观[2]。在发达国家对核心技术输出更加慎重的情况下，主要依靠“技术引进”的发展模式越来越难以适应当前发展的要求，实施创新驱动发展战略已成为现阶段我国工业发展的必然选择。

---

[1] 中国贸易救济信息网：《上半年我国遭受贸易救济调查激增 外贸形势不容乐观》，2014年8月7日。

[2] 工业和信息化部赛迪智库工业技术创新形势分析课题组：“展望2015之三 工业技术创新”，《装备制造》，2015年Z1期。

第二节 国内环境分析

近年来，我国工业发展取得了长足的进步。工业经济迅速崛起，新中国成立后特别是改革开放以来，我国制造业发展迅猛，占世界的比重节节攀升。1990年我国制造业占全球的比重是2.7%，进入前十名，居世界第九；到2000年上升到6.0%，居世界第四；2007年达到13.2%，居世界第二；2010年为19.8%，跃居世界第一。从我国工业发展现状和工业强国的特征来看，我国工业存在“大而不强”的问题，在创新能力、产品质量、资源利用、产业结构、领军企业、信息化水平等方面与美国、德国、日本等工业强国还存在很大的差距。当前，我国经济进入了“三期叠加”阶段，工业经济发展也迈进了中高速增长的新常态。依靠要素驱动和投资驱动发展的模式越来越难以为继，已经到了转变发展动力和模式的关键时期。必须要加快从要素驱动、投资驱动发展为主向创新驱动为主的转变，才能真正缓解人口、资源和环境压力，才能真正适应经济发展的新常态。

一、工业通信业运行基本平稳，进入转型升级关键时期

2014年，工业和信息化领域深入贯彻落实党中央、国务院一系列稳增长、促改革、调结构、惠民生、防风险政策措施，坚持稳中求进的工作总基调，有针对性地解决突出矛盾和问题，工业通信业实现了总体平稳、稳中有进的目标要求，主要指标仍然处于合理区间。

工业增长稳中趋缓。2014年，全国规模以上工业增加值同比增长8.3%，其中制造业同比增长9.4%。分行业看，电子制造业增长12.2%，装备制造业增长10.5%，消费品工业、原材料工业分别增长8.4%和8.3%。[1]我国工业经济正在朝着形态更高级、分工更复杂、结构更合理的方向加速演进，经济平稳运行的动力正在正常有序地转换。

[1] 参考国家统计局2015年1月20日统计公告。

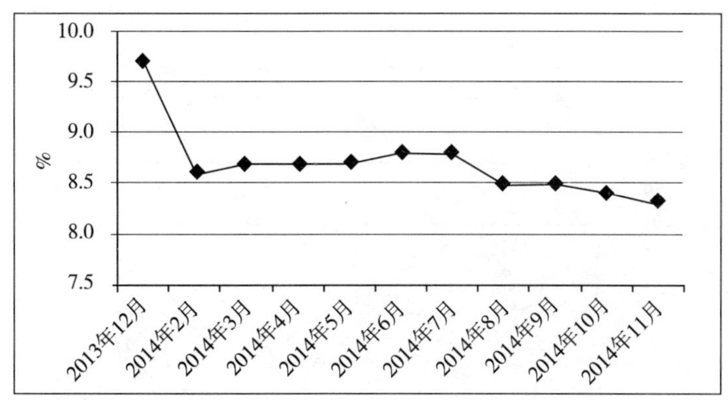

图13-1　2013年12月至2014年11月我国工业增加值累计增长

数据来源：国家统计局，2013—2014 年。

工业投资增速持续放缓。2014 年前三季度，共完成工业投资 14.73 万亿元，同比增长 13.5%，制造业投资同比增长 13.8%，增速降至 2004 年以来的最低值。技术改造投资 5.8 万亿元，增速降至 14.9%，高技术产业投资增速持续下降，低于工业投资整体水平 2.7 个百分点。预计全年工业投资同比增长 13.5%，制造业投资增长 14.3%。

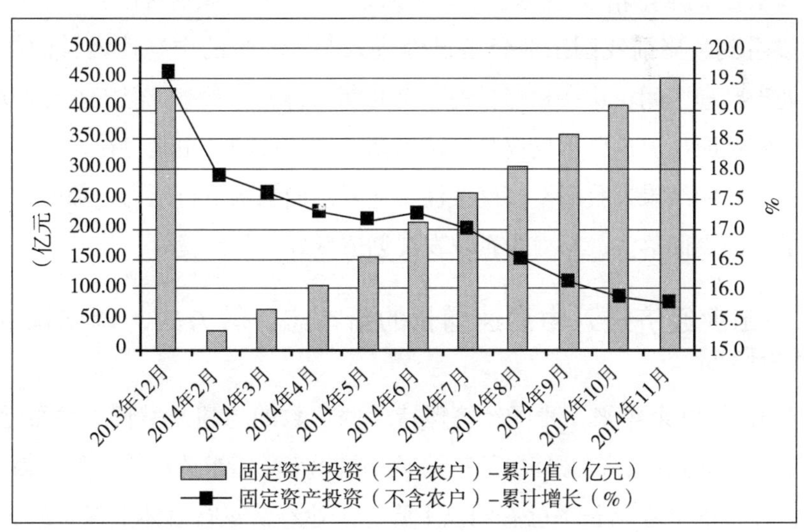

图13-2　2013年12月至2014年11月我国固定资产投资统计

数据来源：国家统计局，2013—2014 年。

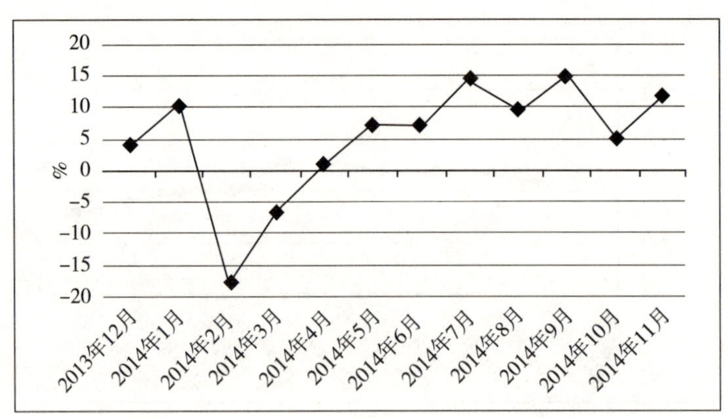

图13-3 2013年12月至2014年11月我国外贸出口增速

数据来源：国家统计局，2013—2014 年。

结构性调整取得进展。2014 年前三季度，战略性新兴产业发展步伐不断加快，新能源汽车前三季度累计生产 4.13 万辆，同比增长 4 倍；积极淘汰落后产能，严控新增产能，落实等量减量置换，优化企业兼并重组市场环境，预计到 2014 年年底将淘汰炼钢 7500 万吨、炼铁 6700 万吨、电解铝 160 万吨、水泥 5.69 亿吨、平板玻璃 1.52 亿重量箱以上，提前超额完成"十二五"规划目标。

可以看到，当前我国工业经济已经进入 7%—8% 的中高速增长的新阶段，总体上处于合理区间，这在相当长的一个时期内将成为常态。但工业经济增速的下行趋势依然明显，这已不仅仅是经济周期波动的反映，也是潜在发展速度和主动作为相一致的结果。我们要高度关注工业经济面临的下行压力，加强中央已出台政策措施的贯彻落实，努力为企业发展创造良好外部环境。

二、工业经济进入中高速增长的新常态，转方式、调结构的倒逼机制已经形成

改革开放 30 余年来，我国经济保持了两位数的超高速增长。然而近年来，受传统比较优势减弱、资源环境约束趋紧、国际市场需求放缓等一系列因素的影响，我国经济的潜在增长率已有明显下降，工业经济运行总体上保持放缓趋势。研究表明，目前的经济增速下滑已不主要是经济周期波动的反映，而是长期积累的深层次矛盾和资源环境等外部条件变化综合作用的结果[1]。不少工业行业的产

[1] 工业和信息化部网站：《聚焦全国工业和信息化工作会：新常态下的装备工业》，2015年1月24日。

能过剩，已不仅是结构性、周期性的，有的已反映出绝对性、长期性的特征。要认识到我国的工业化已经进入了中后期，工业经济7%—8%的中高速增长在相当长的一个时期内将成为常态。

在这一阶段，主要表现出三个方面的特征：一是资本和资源密集型产业快速发展，要求生产性服务业加快发展与之相配套。进入工业化中期后，资本和资源密集型产业快速发展，对服务业特别是生产性服务业的需求大幅增加，将迎来一个生产性服务业加快发展的时期。[1]我国生产性服务业伴随工业化的发展初步具有了一定规模，但总体上仍存在供给不足、发展滞后的问题。在这一时期，必须高度重视生产性服务业在促进制造业技术进步、产业升级中的重要作用。制定鼓励生产性服务业发展的优惠政策，推动生产性服务业快速发展。二是资源环境承载的压力亟待释放，要求技术进步和产业升级加快进程与之相对应。工业化中期的经济结构基本上是以工业为主、重工业占较大比重的经济结构格局，这一结构性特征决定了工业化对能源和其他重要资源的高需求性。重化工业结构在一定阶段持续保持，使得人为改变消费结构和产业结构、压低重化工业比重，既不合理，空间也不大，因此资源环境约束压力持续增强不可避免。缓解资源环境压力，主要着力点要放到提高资源利用效率，显著改进技术结构、产品结构、企业组织结构、生产布局结构等上来，以此平衡保持平稳较快发展与资源环境约束压力加大之间的矛盾。三是生产要素成本快速上升，要求产业价值链同步提升与之相适应。随着工业化的发展，农村富余劳动力向非农产业转移的步伐加快，农村富余劳动力逐渐减少，劳动力工资水平也开始不断提高并出现劳动力过剩向短缺的转折点，即刘易斯拐点。同时，土地、能源资源等相对价格也大幅提高。这就在客观上要求产业价值链必须快速提升，并与生产要素成本的上升相匹配，才能保证经济增长的可持续和不下滑。产业价值链提升的过程，也就是我们通常讲的产业转型升级的过程。从历史经验看，工业化中期阶段，结构调整往往最频繁，结构变动最剧烈。产业转型升级不可避免将存在转型的阵痛和阻碍，但是这一阶段必须跨越，没有任何捷径可走。

在这一阶段，依靠要素驱动和投资驱动发展的模式越来越难以为继，已经到了转变发展动力和模式的关键时期及转折关头。未来一定时期，再要像过去那样

[1] 工业和信息化部赛迪研究院工业技术创新形势分析课题组："2015年中国工业技术创新发展形势展望"，《中国信息化周报》2015年1月12日。

以要素投入为主来谋求发展，既没有当初那样的条件，也是资源环境所难以承受的。同时，我们还面临着全球最大规模现代化建设的挑战。现在，世界发达水平人口一共是10亿左右，而我国有13亿多人，若全部进入现代化，世界发达人口数量就要增加一倍多，现有的资源能源是无法支撑以过去的粗放型方式来发展的。老路走不通了，我们必须要加快从要素驱动、投资驱动发展为主向创新驱动为主的转变，才能真正缓解人口、资源和环境压力，才能真正适应经济发展的新常态。

三、我国已进入四化同步发展关键期，为经济发展提供了长期动力

当前，我国工业化总体已进入中后期阶段，是新型工业化、信息化、城镇化、农业现代化同步发展、并联发展、叠加发展的关键时期，这一时期发展的条件与需求为创新驱动提供了强劲动力。工业化程度显著提升，国产机床国内市场占有率将逐步提高到70%以上，其中数控机床占有率提高到40%；很多地方都实施了“设备换人”、“机器换人”等工程；信息网络技术日益广泛深入渗透到经济社会各个领域，推动新技术、新业态、新商业模式的孕育发展；城镇化的快速推进将进一步激发内需潜力，未来10年我国城镇化率年均将提高1.2个百分点，新增城镇人口将达4亿左右，增加约40万亿元的投资需求。这些都为经济发展提供了巨大的市场空间和良好条件。“四化”当中，关键是信息化，最具有市场空间和产业潜力，是其他“三化”的技术支撑并渗透各个环节。

“四化”同步发展关键期，技术成果应用日益深入。在装备制造行业，智能制造装备、高端轨道交通、海洋工程装备等高端装备制造业产值占装备制造业比重已超过10%，海洋工程装备接单量占世界市场份额29.5%，工业机器人、增材制造等新兴产业快速发展。2013年我国销售工业机器人36560台，首次成为全球第一大市场。在电子信息产业，“天河二号”超级计算机在全球最新排名中蝉联榜首；浪潮等成功研制出32路大型主机系统，并应用于电信、银行、电力等关键领域；TD-LTE技术、产品、组网性能和产业链服务支撑能力等均得到了提升并进入全面商用。在原材料工业，百万千瓦级核电用银合金控制棒研制成功，千吨级芳纶产业化项目成功投产并稳定运行，煤制乙二醇成套技术和装备实现国产化，丁基橡胶等高端石化产品生产技术打破国外技术垄断。在消费品工业，智能节能家电、高性能电池、碳纤维、智能纺织印染装备、重大疾病防治新药创制等取得重要进展，药品质量安全保障水平进一步提高。

四、国家知识产权战略深入实施，知识产权保护、运用和管理能力不断提升

《深入实施国家知识产权战略行动计划（2014 — 2020 年）》（以下简称《行动计划》）正式发布。该《行动计划》是为推动国家知识产权战略深入实施制定的一个指导性文件。这一重要文件的出台，对于我们在经济新常态下，深入实施国家知识产权战略，支撑创新驱动发展，促进经济转型升级、提质增效，具有重要意义。《行动计划》明确了下一阶段国家知识产权战略实施的指导思想、主要目标和行动措施，提出到 2020 年，知识产权创造水平显著提高，运用效果显著增强，保护状况显著改善，管理能力显著增强，基础能力全面提升。《行动计划》明确了 12 项知识产权相关预期指标，要求按照激励创造、有效运用、依法保护、科学管理的方针，着力加强知识产权运用和保护，积极营造良好的知识产权法治环境、市场环境、文化环境，努力建设知识产权强国，为建设创新型国家和全面建成小康社会提供有力支撑。需要着重指出的是，《行动计划》明确提出了“努力建设知识产权强国”的新目标，突出问题导向，抓住知识产权运用和保护两大关键进行重点部署。同时，在具体业务层面，有许多新的提法、新的部署。例如，在推动知识产权密集型产业发展方面，强化专利导航、专利协同运用、专利集群管理等工作，更好地支撑产业转型升级，增强产业竞争优势。

知识产权保护制度进一步完善。2014 年 5 月，新修订的《商标法》正式实施。新修订的《商标法》增加了商标注册和使用的诚信原则，以遏制恶意抢注现象；引入了惩罚性赔偿制度，对恶意侵犯商标专用权情节严重的，规定可以在权利人因侵权受到的损失、侵权人因侵权获得的利益或者注册商标使用许可费的 1 到 3 倍的范围内确定赔偿数额，并显著提高了法定赔偿数额上限；限定了商标注册审查期限；同时，加重了侵权人的举证责任。与《商标法》修改实施相适应，同时施行的还有新修改的《商标法实施条例》，且第三次修订的《商标评审规则》于 6 月 1 日起施行。

国家对知识产权侵权行为继续保持高压态势。国务院办公厅印发了《2014 年全国打击侵犯知识产权和制售假冒伪劣商品工作要点》，针对知识产权违法侵权的重点问题，作出开展专项行动工作部署；确定了集中整治的重点领域；并强调继续对假冒伪劣和侵权商品强化执法打击，对知识产权犯罪案件加强刑事司法惩治力度。针对网络侵权盗版，国家版权局、国家互联网信息办公室、工业和信

息化部、公安部等部门联合启动了“剑网2014”专项行动，将“打击部分网站未经授权大量转载传统媒体作品”、“严重侵害权利人合法权益的侵权行为”等作为重点任务，进一步加强了网络版权执法监管力度，依法治理网络空间，净化网络版权环境。

知识产权运用和管理能力培育工作不断深化。工信部紧紧围绕工业转型升级战略实施,促进知识产权运用与工业创新驱动发展政策措施紧密结合。发布《2014年工业和信息化部知识产权推进计划》，深化实施知识产权运用能力培育工程，加快推动企业知识产权管理制度建设，提升知识产权运用能力；完善重点产业领域知识产权风险防控与预警机制。为做好培育工程工作，专门发布了《工业和信息化部办公厅关于做好2014年工业企业知识产权运用能力培育工程工作的通知》,将2014年作为深化实施之年,明确了2014年培育工程工作思路及主要目标，确定了包括推动企业建立知识产权管理制度、开展知识产权实务培训、制定《评估指标》、遴选省级知识产权运用示范企业、开展知识产权运用试点等重点工作内容。为保证省级知识产权运用示范企业遴选工作落到实处，专门印发了《工业和信息化部办公厅关于开展工业企业知识产权运用示范活动的通知》，就遴选示范企业的条件、遴选步骤、典型案例总结提炼及宣传推广作出安排。同时，制定了《工业企业知识产权运用能力评估推荐指标》随通知印发，为试点企业开展自评估及地方工信主管部门遴选省级知识产权示范企业提供参考依据。目前，其他各项重点工作也正在积极推进之中。

第三节　科技体制改革最新进展

2014年是国家科技体制改革深度实施的一年。这一年，国家颁布一系列重要科技体制改革政策和措施，其中，科技项目和资金管理改革是推动科技体制改革的切入点和突破口,《国家科技计划及专项资金后补助管理规定》《关于改进加强中央财政科研项目和资金管理的若干意见》《关于深化中央财政科技计划（专项、基金等）管理改革的方案》陆续发布实施；建立国家创新调查制度是开展全国创新活动统计调查，全面、客观地监测、评价我国创新状况的前提,《建立国家创新调查制度工作方案》于2014年1月正式审议通过，为推进创新型国家建设进程，完善科技创新政策提供支撑和服务。这一系列政策措施为今后科技体制改革指明了方向。

一、科技经费由前补助改为后补助资助方式，企业科技创新的主体地位凸显

以往，以课题制为支撑的科技经费前补助方式虽能在一定程度调动企业的科技创新积极性，但存在重立项轻验收等诸多问题，科研项目绩效难以保障，财政资金的使用效率有待提高。2013 年 11 月，财政部和科技部发布了《国家科技计划及专项资金后补助管理规定》，探索实施科技经费后补助的资助方式，即由从事研究开发和科技服务活动的单位先行投入资金，待取得成果或者服务绩效，并通过验收审查或绩效考核后，再给予经费补助的财政资助方式。具体包括事前立项事后补助、奖励性后补助及共享服务后补助等三种方式。事前立项事后补助是由科技部发布国家科技计划或专项项目指南，企事业单位结合自身研发需要提出立项申请，完成立项程序后，由单位先行投入资金组织开展研究开发活动，取得成果并通过验收后给予相应补助。奖励性后补助主要为解决国家急需的、影响经济社会发展的重大公共利益或重大产业技术问题等发挥关键作用的相关原创成果，经单位申请，按照规定程序审查通过后，给予一定的奖励。共享服务后补助主要对面向社会开展公共服务并取得绩效的国家科技基础条件平台，经科技部、财政部绩效考核通过后，给予相应补助。总之，科技经费后补助资助方式最大的特点就是，它是在事后确认达到规定条件后才拨付资金，提高了科技经费的安全性和使用效率。

对于鼓励企业开展科技创新活动而言，科技经费后补助资助方式将创新的主动权和决策权交给企业本身，由过去的“要企业做”改变为“企业要做”，激发企业创新的内在动力，使企业实现创新效益驱动，突出了企业在技术创新体系中的主体地位，充分发挥市场机制作用，引导各类创新资源向企业集聚。

二、推进科技项目管理改革，完善科技经费管理制度

《国家中长期科学和技术发展规划纲要（2006—2020 年）》实施以来，国家科技投入和强度快速增长，然而科技管理的方式仍存在一些突出问题，主要表现在：科技管理缺乏统筹协调机制，项目安排交叉重复，资源配置的效率低，科技管理不够科学透明，科技管理方式不完全适应科技创新活动的规律和特点，国家鼓励科技创新的政策和措施没有完全落实，科研人员的创新热情不能完全被激发，

创新的氛围还没有全面形成。为改变科技管理中存在的突出问题，国家非常重视改革科研项目和资金管理工作。2012 年，国务院在《中共中央 国务院关于深化科技体制改革加快国家创新体系建设的意见》中明确指出“推进科技项目管理改革”和“完善科技经费管理制度”的改革要求。2014 年，国务院发布《关于改进和加强中央财政科研项目和资金管理的若干意见》（简称《意见》），制定了未来一个时期指导科研项目和资金管理改革的纲领。依据该《意见》，科研项目和资金管理改革应遵循坚持遵循规律、坚持改革创新、坚持公正公开、坚持规范高效的四项基本原则，通过深化改革，加快建立适应科技创新规律、统筹协调、职责清晰、科学规范、公开透明、监管有力的科研项目和资金管理机制。

该《意见》的核心内容体现在两个方面：一是推进科技项目管理改革，针对原来项目安排分散重复、管理不够科学透明、资金使用效益亟待提高等突出问题，提出旨在促进科学化规范化管理的整体改革思路，加强科研项目和资金配置的统筹协调、实行科研项目分类管理、改进科研项目管理流程；二是完善科技经费管理制度，遵循科研活动规律，改进科研项目资金管理，加强科研项目和资金监管，在实际操作层面强调按照实际成本编制经费预算，取消人员费简单按比例设置的规定。

三、优化整合中央财政科技计划（专项、基金等），跨部门统筹科技资源

科技计划（专项、基金等）是引领创新的重要载体，是政府以财政资金支持科技创新活动的重要方式。原来，各类科技计划由各部门分散管理，缺乏统一的统筹协调机制和合理的分类资助方式，科技资源配置呈“碎片化”，多头申报项目、“跑部钱进”等突出问题亟待解决。为更好地统筹协调分散重复的科技计划，提高科技资源的使用效率，2014 年国务院发布了《关于深化中央财政科技计划（专项、基金等）管理改革的方案》，该方案根据不同科技计划的功能定位，实行分类管理、分类支持，对中央财政科技计划实施了一次“大手术”。

该方案的核心内容体现在三个方面：一是开展跨部门科技计划整合，将原来分散在约 40 个部门的近百项竞争性科技计划优化整合为新的国家科技计划体系，包括国家自然科学基金、国家科技重大专项、国家重点研发计划、技术创新引导专项（基金）和基地与人才专项五大类，并进一步明确了各类计划的定位和支持

重点，建立调整中止机制；二是各类计划要按照创新链上下游配置资源，从基础前沿、共性关键技术到应用示范进行全链条创新设计；三是构建公开统一的国家科技计划管理平台，将各类国家科技计划纳入平台管理，建立联席会议制度、专业机构管理项目机制、战略咨询与综合评审机制、评估监管机制、动态调整机制以及国家科技管理信息系统，形成职责规范、科学高效、公开透明的组织管理机制。

四、国家创新调查工作顺利推进，国家创新体系建设监测评估逐步完善

国家创新调查制度是在科学、规范的统计调查基础上对国家创新能力进行全面监测和评价的制度安排。根据《中共中央关于全面深化改革若干重大问题的决定》中明确提出“建立全国创新调查制度，加强国家创新体系建设监测评估”的要求，为加快推进国家创新制度建设，科技部会同有关部门研究发布了《建立国家创新调查制度工作方案》。按照《建立国家创新调查制度工作方案》总体部署，由科技部、统计局共同牵头建立国家创新调查制度，在统计调查方面，统计局负责组织实施企业创新活动统计调查工作，科技部组织相关工作组研究其他相关领域创新调查内容，并由统计局牵头组织实施调查工作。在监测评价方面，科技部负责对国家、区域、企业、典型产业及典型创新密集区的创新能力监测和评价工作。在专题研究方面，工作组成员单位结合工作实际与需求，围绕创新调查共同推进相关创新理论与实践研究。其中，工业和信息化部主要负责研究提出生物技术、移动互联网等新兴产业的数据采集方式和方法，做好新兴产业的创新活动统计调查工作，开展不同类型企业评价理论、评价指标及评价方法研究，反映企业创新活动特征和规律。

为更好地推进创新调查工作顺利开展，建立国家创新调查制度的工作组和专家组。2014 年 5 月，国家创新制度调查制度工作组第一次会议顺利召开，各工作组成员共同研究建立了《2014 年建立国家创新调查制度工作计划》；8 月，统计局牵头召开了《2014 年全国企业创新调查方案》和《2014 年全国企业创新调查方案》征求意见会，各工作组成员就调查方案、数据汇总以及数据分析等内容提出具体建议；10 月，国家创新调查制度咨询专家组成立暨第一次会议在科技部召开，各工作组及专家组成员就创新活动统计调查方案、创新能力监测评价报告，以及创新调查相关重大问题研究等提出了意见和建议。

第十四章　2014年中国工业技术创新重点政策解读

2014 年国家工业技术创新重点政策主要包括“科技体制改革”和“加快结构调整，推动产业转型升级”两大主题。中共中央、国务院以及各部委出台了一系列规划、政策，用于改进中央财政科研项目资金管理、深化财政科技计划改革，在产业结构调整方面，坚定不移化解产能严重过剩矛盾、大力培育和发展战略性新兴产业、促进服务业与制造业融合发展。

第一节　主要政策分析

2014 年为贯彻落实国民经济“十二五”规划和工业转型升级规划，深化经济体制改革和科技体制改革，坚实国家科技、信息基础设施建设，加快建设以企业为主体、产学研相结合的产业创新体系，我国相继出台了多项政策文件，为引导企业提升技术创新能力、优化企业技术创新环境提供了有力支撑，工信部在质量品牌方面重点出台了以下两个重要政策文件。

一、国务院关于改进加强中央财政科研项目和资金管理的若干意见

《国家中长期科学和技术发展规划纲要（2006—2020 年）》实施以来，我国财政科技投入快速增长，科研项目和资金管理不断改进，为科技事业发展提供了有力支撑。但也存在项目安排分散重复、管理不够科学透明、资金使用效益亟待提高等突出问题，必须切实加以解决。为深入贯彻党的十八大和十八届二中、三中全会精神，落实创新驱动发展战略，促进科技与经济紧密结合，按照《中共中

央国务院关于深化科技体制改革加快国家创新体系建设的意见》(中发〔2012〕6号)的要求,2014年3月3日国务院出台了《国务院关于改进加强中央财政科研项目和资金管理的若干意见》(国发〔2014〕11号)(以下简称《科研资金管理意见》)。

近年来,我国科技投入持续大幅度增长,为科技事业快速发展提供了有力保障。"十一五"期间全社会研发投入年均增长率超过23%,"十二五"以来继续高速增长,2013年达到11906亿元,其中企业研发支出占76%以上。全社会研发支出占GDP的比重也不断上升,2013年达到2.09%。与此同时,中央财政科学技术支出也保持高速增长,从2006年的774亿元,增加到2013年的2460亿元,年均增长率约18%[1]。经过各方面共同努力,我国科技事业取得长足发展,科技实力大幅提升,整体创新能力明显增强,基础前沿和战略高技术领域取得一批世界级成果,部分科研领域已经达到世界水平。如中微子振荡模式、量子科学、铁基超导、生命科学、载人航天、载人深潜、卫星导航、超级计算机等原创成果世界领先。高速铁路、特高压输变电等技术对战略性新兴产业发展发挥了重要的支撑引领作用。

在科技投入的总量和强度都大幅提高的情况下,科技管理方式与快速增长的科研资金还不完全适应,资源配置的效率有待进一步提高,我国科研项目和资金管理方面还存在一些问题。主要表现在:科技工作缺乏有效的统筹协调,各类科技计划、专项林立,相互之间边界不清,重复交叉严重,科技资源配置效率不高,科研项目和资金管理还不完全适应科技创新活动的特点和规律,管理不够科学透明,资金使用存在违规违纪现象,鼓励科技创新的政策激励措施还没有落实到位,科研人员的创新热情和创造活力还没有得到充分发挥。社会各界特别是科技界对财政科研项目和资金的合理配置以及经费使用的安全性、有效性日益关注。

为有效解决上述问题,2014年国务院出台《科研资金管理意见》,旨在落实创新驱动发展战略,促进科技与经济紧密结合,改进加强中央财政科研项目和资金管理。《科研资金管理意见》提出了明确的目标:通过深化改革,加快建立适应科技创新规律、统筹协调、职责清晰、科学规范、公开透明、监管有力的科研项目和资金管理机制,使科研项目和资金配置更加聚焦国家经济社会发展重大需求,基础前沿研究、战略高技术研究、社会公益研究和重大共性关键技术研究显

[1] 数据来源:http://www.most.gov.cn/ztzl/zyczkyxmzjglyj/yjbj/201404/t20140414_112691.htm。

著加强，财政资金使用效益明显提升，科研人员的积极性和创造性充分发挥，科技对经济社会发展的支撑引领作用不断增强，为实施创新驱动发展战略提供有力保障。

《科研资金管理意见》通过优化整合各类科技计划（专项、基金等）、建立健全统筹协调与决策机制、建设国家科技管理信息系统等方式加强科研项目和资金配置的统筹协调。《科研资金管理意见》实行科研项目分类管理，要求基础前沿科研项目突出创新导向、公益性科研项目聚焦重大需求、市场导向类项目突出企业主体、重大项目突出国家目标导向。《科研资金管理意见》通过改革项目指南制定和发布机制、规范项目立项、明确项目过程管理职责、加强项目验收和结题审查来进一步改进科研项目管理流程。《科研资金管理意见》继续改进科研项目资金管理，要求规范项目预算编制、及时拨付项目资金、规范直接费用支出管理、完善间接费用和管理费用管理、改进项目结转结余资金管理办法、完善单位预算管理办法。《科研资金管理意见》通过规范科研项目资金使用行为、改进科研项目资金结算方式、完善科研信用管理、加大对违规行为的惩处力度来加强科研项目和资金监管。《科研资金管理意见》要求加强相关制度建设，要求建立健全信息公开制度、建立国家科技报告制度、改进专家遴选制度、完善激发创新创造活力的相关制度和政策。《科研资金管理意见》明确和落实了各方管理责任，要求项目承担单位要强化法人责任、有关部门要落实管理和服务责任。

二、关于深化中央财政科技计划（专项、基金等）管理改革的方案

科技计划（专项、基金等）是政府支持科技创新活动的重要方式。改革开放以来，我国先后设立了一批科技计划（专项、基金等），为增强国家科技实力、提高综合竞争力、支撑引领经济社会发展发挥了重要作用。但是，由于顶层设计、统筹协调、分类资助方式不够完善，现有各类科技计划（专项、基金等）存在着重复、分散、封闭、低效等现象，多头申报项目、资源配置“碎片化”等问题突出，不能完全适应实施创新驱动发展战略的要求。

为深入贯彻党的十八大和十八届二中、三中、四中全会精神，落实党中央、国务院决策部署，加快实施创新驱动发展战略，按照深化科技体制改革、财税体制改革的总体要求和《中共中央 国务院关于深化科技体制改革加快国家创新体系建设的意见》《国务院关于改进加强中央财政科研项目和资金管理的若干意见》

精神，国务院制定《关于深化中央财政科技计划（专项、基金等）管理改革的方案》（国发〔2014〕64号）（以下简称《财政科技计划改革方案》）。

《财政科技计划改革方案》提出了明确的目标：强化顶层设计，打破条块分割，改革管理体制，统筹科技资源，加强部门功能性分工，建立公开统一的国家科技管理平台，构建总体布局合理、功能定位清晰、具有中国特色的科技计划（专项、基金等）体系，建立目标明确和绩效导向的管理制度，形成职责规范、科学高效、公开透明的组织管理机制，更加聚焦国家目标，更加符合科技创新规律，更加高效配置科技资源，更加强化科技与经济紧密结合，最大限度激发科研人员创新热情，充分发挥科技计划（专项、基金等）在提高社会生产力、增强综合国力、提升国际竞争力和保障国家安全中的战略支撑作用。

《财政科技计划改革方案》要求建立公开统一的国家科技管理平台，具体包括建立部际联席会议制度、依托专业机构管理项目、发挥战略咨询与综合评审委员会的作用、建立统一的评估和监管机制、建立动态调整机制、完善国家科技管理信息系统。《财政科技计划改革方案》从国家自然科学基金、国家科技重大专项、国家重点研发计划、技术创新引导专项（基金）、基地和人才专项五个专项（基金）方面优化科技计划（专项、基金等）布局。《财政科技计划改革方案》通过撤、并、转等方式按照新的五个类别对现有科技计划（专项、基金等）进行整合，大幅减少科技计划（专项、基金等）数量。《财政科技计划改革方案》明确了实施时间节点：2014年，启动国家科技管理平台建设，初步建成中央财政科研项目数据库，基本建成国家科技报告系统，在完善跨部门查重机制的基础上，选择若干具备条件的科技计划（专项、基金等）按照新的五个类别进行优化整合，并在关系国计民生和未来发展的重点领域先行组织5—10个重点专项进行试点，在2015年财政预算中体现。2015—2016年，按照创新驱动发展战略顶层设计的要求和“十三五”科技发展的重点任务，推进各类科技计划（专项、基金等）的优化整合，对原由国务院批准设立的科技计划（专项、资金等），报经国务院批准后实施，基本完成科技计划（专项、基金等）按照新的五个类别进行优化整合的工作，改革形成新的管理机制和组织实施方式；基本建成公开统一的国家科技管理平台，实现科技计划（专项、基金等）安排和预算配置的统筹协调，建成统一的国家科技管理信息系统，向社会开放。2017年，经过三年的改革过渡期，全面按照优化整合后的五类科技计划（专项、基金等）运行，不再保留优化整合之前的科技计划（专项、基金等）经费渠道，并在实践中不断深化改革，修订或制定科技计划（专项、基金等）和资金管理制度，营造良好的创新环境。各项目承担单位和专业机构建立健全内控制度，依法合规开展科研活动和管理业务。

三、国务院办公厅关于促进国家级经济技术开发区转型升级创新发展的若干意见

2014 年是党中央、国务院创办经济技术开发区 30 周年。9 月 4 日，商务部、国土资源部、住房城乡建设部联合召开全国国家级经济技术开发区（以下简称国家级经开区）工作会议，汪洋副总理出席并作了重要讲话。会议回顾了国家级经开区的发展历程，总结了 30 年取得的成就和经验，研究部署了今后一个时期国家级经开区进一步深化改革、扩大开放的发展方向和任务。为适应新的形势和任务，进一步发挥国家级经开区作为改革试验田和开放排头兵的作用，促进国家级经开区转型升级、创新发展，国务院办公厅出台《国务院办公厅关于促进国家级经济技术开发区转型升级创新发展的若干意见》（国办发〔2014〕54 号）（以下简称《开发区转型升级若干意见》）。

《开发区转型升级若干意见》明确了国家级经开区在新形势下的发展定位，把国家级经开区建设成为带动地区经济发展和实施区域发展战略的重要载体，建成构建开放型经济新体制和培育吸引外资新优势的排头兵，建成科技创新驱动和绿色集约发展的示范区。促使国家级经开区转变发展方式，在发展理念、兴办模式、管理方式等方面加快转型，努力实现由追求速度向追求质量转变，由政府主导向市场主导转变，由同质化竞争向差异化发展转变，由硬环境见长向软环境取胜转变。实施分类指导，东部地区国家级经开区要率先实现转型发展，继续提升开放水平，在更高层次参与国际经济合作和竞争，提高在全球价值链及国际分工中的地位。中西部地区国家级经开区要依托本地区比较优势，着力打造特色和优势主导产业，提高承接产业转移的能力，防止低水平重复建设，促进现代化产业集群健康发展。《开发区转型升级若干意见》要求坚持体制机制创新和推进行政管理体制改革，进一步下放审批权限，支持国家级经开区开展外商投资等管理体制改革试点，大力推进工商登记制度改革。《开发区转型升级若干意见》要求国家经济技术开发区提高投资质量和水平、带动区域协调发展，充分利用外资的技术溢出和综合带动效应，积极吸引先进制造业投资，努力培育战略性新兴产业，大力发展生产性服务业。

《开发区转型升级若干意见》指出要从优化产业结构和布局、增强科技创新驱动能力、加快人才体系建设、创新投融资体制、提高信息化水平等五个方面发力，推动产业转型升级，以提质增效升级为核心，协调发展先进制造业和现代服务业。支持国家级经开区创建知识产权试点示范园区，推动建立严格有效的知识产权运用和保护机制，探索建立国际合作创新园，不断深化经贸领域科技创新国际合作。《开发区转型升级若干意见》提出要坚持绿色集约发展，优化商业环境。鼓励绿色低碳循环发展、坚持规划引领、强化土地节约集约利用，要求规范招商引资，完善综合投资环境。

四、国务院关于加快科技服务业发展的若干意见

科技服务业是现代服务业的重要组成部分，具有人才智力密集、科技含量高、产业附加值大、辐射带动作用强等特点。近年来，我国科技服务业发展势头良好，服务内容不断丰富，服务模式不断创新，新型科技服务组织和服务业态不断涌现，服务质量和能力稳步提升。但总体上我国科技服务业仍处于发展初期，存在着市场主体发育不健全、服务机构专业化程度不高、高端服务业态较少、缺乏知名品牌、发展环境不完善、复合型人才缺乏等问题。加快科技服务业发展，是推动科技创新和科技成果转化、促进科技经济深度融合的客观要求，是调整优化产业结构、培育新经济增长点的重要举措，是实现科技创新引领产业升级、推动经济向中高端水平迈进的关键一环，对于深入实施创新驱动发展战略、推动经济提质增效升级具有重要意义。为加快推动科技服务业发展，国务院出台了《国务院关于加快科技服务业发展的若干意见》（国发〔2014〕49 号）（以下简称《科技服务业发展若干意见》）。

国务院总理李克强 2014 年 8 月 19 日主持召开国务院常务会议，部署加快发展科技服务业、为创新驱动提供支撑。会议认为，发展科技服务业，是调整结构稳增长和提质增效、促进科技与经济深度融合的重要举措，是实现科技创新引领产业升级、推动经济向中高端水平迈进不可或缺的重要一环。要以研发中介、技术转移、创业孵化、知识产权等领域为重点，抓住关键环节精准发力，深化改革，坚持市场导向，推动科技服务业发展壮大。

《科技服务业发展若干意见》提出四个坚持：坚持深化改革、坚持创新驱动、坚持市场导向、坚持开放合作。《科技服务业发展若干意见》明确了目标和实施

时间节点：到 2020 年，基本形成覆盖科技创新全链条的科技服务体系，服务科技创新能力大幅增强，科技服务市场化水平和国际竞争力明显提升，培育一批拥有知名品牌的科技服务机构和龙头企业，涌现一批新型科技服务业态，形成一批科技服务产业集群，科技服务业产业规模达到 8 万亿元，成为促进科技经济结合的关键环节和经济提质增效升级的重要引擎。

《科技服务业发展若干意见》提出九项重点任务、七项政策措施，要求重点发展研究开发及其服务、技术转移服务、检验检测认证服务、创业孵化服务、知识产权服务、科技咨询服务、科技金融服务、科学技术普及服务、综合科技服务；要求健全市场机制、强化基础支撑、加大财税支持、拓宽资金渠道、加强人才培养、深化开放合作、推动示范应用。

五、2014年国家知识产权战略实施推进计划

2014 年 4 月 28 日，《2014 年国家知识产权战略实施推进计划》（以下称《2014 推进计划》）印发，由国家知识产权战略实施工作部际联席会议各成员单位组织实施。这是我国国家知识产权战略实施工作部际联席会议连续第六年制定年度推进计划。

《2014 推进计划》从知识产权创造、运用、管理、保护、服务、国际交流、基础能力、组织实施等 8 个方面明确了 2014 年国家知识产权战略实施工作的重点任务。强调要提高知识产权创造质量，提升知识产权运用效益，提高知识产权保护效果，提升知识产权管理和公共服务水平，促进知识产权国际交流，提升知识产权基础能力，提高知识产权战略组织实施水平。为了完成 7 项重点任务，《2014 推进计划》部署安排了 79 条具体措施。本部分着力解读知识产权创造和运用部分内容。

（一）多管齐下，提高知识产权创造质量

《2014 推进计划》首先明确了提高知识产权质量的目标任务，强调通过完善知识产权考核评价体系、优化政策导向、提高审查效率、提升创新主体知识产权创造能力等提高知识产权创造的针对性和有效性、加强专利申请质量的监管、强化审查的质量管理，加强重点领域的知识产权布局。为此，推进计划安排了 7 项工作措施提高知识产权的创造质量。其一，从政策完善上，一般专利资助政策完善和专项专资助政策推行相结合，落实《关于进一步提升专利申请质量的若干意

见》，优化区域专利评价工作导向，突出专利奖励政策的质量导向，推动专利申请质量指标纳入相关政策。其二，从专利质量的监管机制上，强化对低质量专利申请的监控和处理，建设专利申请主体信用档案库，严肃处理套取专利资助和奖励资金行为，探索建立专利申请质量的监测和反馈机制。其三，从商标质量的审查质量管理上，提高商标注册工作效率，加强商标审查质量管理，确保商标审查周期控制在 9 个月内，异议审理周期控制在 12 个月内。其四，著作权作品登记上，推动落实《关于进一步规范作品登记程序等有关工作的通知》，促进作品登记、计算机软件著作权登记、质权登记等各项版权登记工作开展。其五，从林业知识产权质量提升上，建立林业知识产权试点示范，完善试点单位考核评价体系，引导试点单位提升知识产权质量。其六，从战略性科技先导专项和重大项目知识产权培育上，试点推进核心知识产权培育工作，探索建立中科院知识产权质量监测指标体系，发布知识产权质量年度报告。其七，从国防专利质量来看，选择国防关键技术，组织开展专利态势分析，引导知识产权布局，形成优势知识产权组合。

（二）强化成果转化运用，提升知识产权运用效益

强化知识产权真成果转化运用是《2014 年推进计划》重点内容。针对我国产业转型升级中知识产权运用存在的问题，《2014 年推进计划》从政策衔接、机制完善、政策措施实施、成果产品化、商品化、产业化等方面确定了提升知识产权运用效益的目标任务，强调强化知识产权政策与产业、区域政策的衔接，推进战略性新兴产业知识产权工作，研究我国知识产权密集型产业的发展规律和培育政策。完善以知识产权为核心和纽带的创新成果转化运用机制，实施促进知识产权转移转化的政策措施，推动知识产权成果产品化、商品化和产业化。为保障上述目标实现，《推进计划》安排了 11 项具体工作措施。（1）在战略性新兴产业的知识产权工作推进方面，强调要加快促进战略性新兴产业的培育和发展，加强战略性新兴产业知识产权集群式管理，发布国家战略性新兴产业专利发展报告。（2）在发展知识产权密集型产业方面，开展知识产权密集型产业基础研究，明确知识产权密集型产业范围，探索建立符合中国国情的知识产权密集型产业目录和统计规范。（3）在推动成果转化利用方面，推动《促进科技成果转化法》修订，推动科研机构和高等院校建立技术转移工作体系，改革和完善中央级事业单位科技成果处置和收益分配制度，启动国家科技成果转化引导基金，积极推动产业技术创新战略联盟专利共享和成果转化。（4）在提升产业知识产权运用能力方面，提升

工业知识产权运用能力，宣传贯彻《工业企业知识产权管理指南》，制定企业知识产权运用能力评估指标，支持地方围绕工业转型升级关键环节开展特色产业或区域知识产权运用试点工作。（5）在促进种业知识产权转让、交易方面，研究制定《种业科技成果产权展示交易平台管理办法》，发布相关展示交易信息，推行交易规范合同、交易章程和规则。（6）在林业知识产权产业化方面，建立林业植物新品种与专利技术展示和对接平台，实施林业知识产权产业化推进工程；筛选一批授权优良植物新品种，纳入各级林业科技计划进行转化运用；构建林业重点领域知识产权战略联盟。（7）在版权国际贸易推进方面，加强国家版权贸易基地建设，支持办好2014年中国国际版权博览会、福州海峡版权（创意）产业精品博览交易会等大型版权贸易展会。（8）在专利运用方面，加快实施专利导航试点工程，在3个专利导航实验区开展专利导航分析项目，探索建立专利分析与产业运行决策深度融合的工作机制；在2—3个产业关键技术领域培育专利储备运营项目。（9）在知识产权资本化方面，推进知识产权金融服务，加强知识产权质押融资、投融资、专利保险等工作，在知识产权示范园区推动建立专利转移转化服务机制，推进专利价值分析指标体系应用。（10）在国防知识产权运用方面，制定有关国防知识产权权利归属与利益分配的政策意见，开展国防知识产权运用试点，促进国防知识产权转化运用。（11）在国防知识产权和民用领域知识产权相互转化运用方面，起草促进国防领域和民用领域知识产权相互转化的相关政策，编制发布知识产权转化实施目录，开展知识产权转化实施试点示范工作，推动知识产权军民双向转化实施。

六、关于深入实施知识产权战略，促进中原经济区经济社会发展的若干意见

（一）背景

中原经济区是我国改革发展大局和区域经济发展大局中具有重要战略地位的区域。国务院于2011年印发《关于支持河南省加快推进中原经济区建设的指导意见》，国家发改委于2012年先后印发《中原经济区十二五规划》和《郑州航空港经济综合试验区发展规划》，由此，中原经济区建设规划上升为国家战略。从目前的规划来看，中原经济区涵盖河南、安徽、山东、河北、山西五省三十地市。从其地理位置来看，地处我国的中原腹地，是我国重要的粮食产区，涉农产业优

势突出，市场潜力巨大；同时，该区域是我国文明的重要发源地之一，文化底蕴深厚。为了更好地有效运用知识产权支援和促进中原经济区发展，国家知识产权局联合教育部、科技部、农业部、文化部、工商总局、国家版权局共同起草制定了《关于深入实施知识产权战略,促进中原经济区经济社会发展的若干意见》(国知发协字〔2014〕1号)(以下简称《意见》)。

(二)《意见》的定位

《意见》重在落实国家重大区域发展战略部署，重在将国家知识产权战略的实施与区域发展战略的实施对接，在区域知识产权资源的配置与知识产权战略的实施上与区域经济发展的战略需求有效对接，是对上述国务院、国家发改委关于中原经济区发展部署的具体贯彻落实。《意见》部署全面、针对性强、操作性强。

从全面性来看,《意见》涉及地域范围广，覆盖河南省18地市，且包括安徽、山东、河北、山西四省12地市和3县区。同时，涉及的政策多，包括专利、商标、版权等领域知识产权政策和与知识产权相关的科技、农业、工业、文化等领域的政策。从实施主体来看，既涉及知识产权管理部门的工作，还有中央有关部委的协同推进和省与省间、省内的上下联动等。从《意见》的针对性来看，中原经济区在农业生产和食品深加工方面具有较强产业优势，传统文化底蕴深厚，传统知识利用空间大。但同时该区域是我国的人口密集区，经济发展存在诸多深层次矛盾与问题，突出表现为：人口总量大、经济发展质量和水平不高，经济结构有待优化、产业层次有待提高、创新能力弱、开放程度不够、生态环境脆弱等。为此,《意见》针对中原经济区发展的瓶颈与问题，立足全面发挥该区域的知识产权优势基础，强化知识产权与区域优势产业和优势资源结合，突出农业和文化领域知识产权工作。《意见》还针对中原经济区知识产权数量少、质量低、结构不合理，与区域人口、经济发展不匹配；知识产权工作基础较薄弱、能力较低，支撑保障不力，知识产权工作的措施和手段不能有效支撑服务区域经济发展的要求等问题，在政策设计上既有满足阶段性需求的措施，有结合不同的区域发展特点、不同类型城市发展阶段差异性措施。从操作性来看,《意见》在充分考虑现有工作落实的基础上，更加注重将相关知识产权资源向中原经济区集聚，探索先行先试的工作既相应的推进落实工作，从三个层面建立了协调推进机制，部委间协调机制、五省间协调机制、地市间协调机制，并通过年度工作计划予以落实。

（三）《意见》的主要内容

1.《意见》的指导思想和主要目标

《意见》在指导思想上明确提出了坚持“突出重点、核心带动、错位发展、全面提高”的方针，战略上强调在中原经济区要深入实施知识产权战略，能力提升上强调要大力提升知识产权综合能力，资源建设上强调要优化整合区域知识产权资源，实际推进上强调要发挥区域中心城市带动作用，《意见》实施的目的在于支撑中原经济区工业化、城镇化和农业现代化全面协调发展。《意见》还从区域人均知识产权拥有量、知识产权产业化、知识产权创造运用、基层工作体系、专业服务等方面明确了主要目标，强调到2020年，各类知识产权人均拥有量达到全国平均水平，知识产权区域特色优势进一步显现；知识产权产业化规模进一步提高；企业知识产权创造、运用主体地位进一步增强；基层知识产权工作体系基本健全；知识产权保护环境显著改善，知识产权服务链条基本完善，专业服务能力大幅提升，初步建成知识产权特色优势发展区。

2.《意见》的主要任务与措施

《意见》从五个方面提出了推进的任务和措施。

其一，加强农业知识产权工作，服务中原经济区农业现代化。中原地区是我国重要的粮食产区和农产品加工区，涉农科研机构众多，各类农业科技园区、农产品加工产业集聚区、农业产业化企业、示范基地等广泛分布，《意见》针对中原经济区的农业知识产权现状及存在的问题，从完善农业知识产权工作机制、支持农业知识产权创造、促进农业知识产权产业化三个方面提出相应的任务及推进措施。工作机制完善上强调要指导农业科研单位、科技园区、农业产业化示范基地、涉农企业等完善知识产权制度，开展农业科研项目知识产权全过程管理和农业重大项目知识产权评议。构建农业领域产学研用合作新机制，开展职务技术成果管理运用和利益分配试点。知识产权创造方面强调要支持促进小麦、玉米等主要农作物新品种创造，培育农业知识产权优势园区和优势企业。促进涉农企业和产业品牌化发展。鼓励农业机械装备制造、高附加值农副产品深加工技术领域的专利申请。强化小麦玉米高产高效协同创新中心知识产权工作，支持优质专用小麦、专用玉米等粮食作物良种产权化。开展区域内地理标志资源普查。鼓励乡村发挥地区农产品传统优势，联合注册地理标志。农业知识产权转化方面强调要加大对企业知识产权产业化的支持，通过对知识产权优势企业的培育和引导，增强企业知识产权转移转化能力。同时，强调要加强对地理标志合理使用的引导，在地理标志商标注册和保护体系下，依据《商标法》等法律法规，重点加快地理标志农产品标准化生产、示范基地建设和产业化经营。加快建立植物新品种权展示交易服务中心，制定交易规则，加大相关人才培养，规范品种权交易。探索建立农业知识产权重点产业化项目名录，对企业和科研机构的研究方向和产业化方向提供指导。

其二，推动知识产权与产业融合发展，促进中原经济区新型工业化。针对中原经济区工业集约化水平低，产业集聚发展能力弱的状况，《意见》提出实施知识产权战略，支持产业集聚（园）区建设，强调支持产业集聚（园）区制定产业知识产权发展规划，以试点方式推动战略性新兴产业知识产权集群管理，打造产业集群品牌，形成产业集聚区知识产权比较优势。同时提出，加强产业集聚区的知识产权投融资服务体系建设，着力推进知识产权质押融资和专利保险工作，有效推动企业创新发展，并对优势产业的专利战略储备和运营作了部署，强调针对超硬材料制定产业发展路线图、加快专利储备和运营。在运用知识产权促进产业创新能力方面，《意见》提出要紧密结合地区产业发展规划、产业特点以及技术优势，有针对性地制定实施知识产权资助政策，发挥政策对技术发展和知识产权创造的导向作用。在中原经济区重点企业全面贯彻企业知识产权管理规范。同时，构建以知识产权利益分享为纽带的产学研合作机制，建设产业技术创新战略联盟试点和协同创新中心，促进知识产权创造运用。针对传统产业和战略性新兴产业发展的不同需求，《意见》提出要建立多部门联动的重大经济项目知识产权评议机制，避免政府和企业在承接产业转移和引进新技术的过程中遭遇知识产权陷阱。鼓励中原经济区有一定基础的汽车、电子信息、化工、有色工业和轻工业企业加大创新投入力度，提升知识产权创造水平，鼓励钢铁、食品、新型建材和纺织工业企业加大知识产权创造数量。加强对战略性新兴产业技术发展趋势分析，制定相应政策和规划，指导地方在产业引进和发展过程中一方面掌握核心专利技术，避免重点产业的技术空心化；另一方面确保产业差异化发展，避免同质竞争。

其三，突出重点城市知识产权综合能力建设，带动城市群协调发展。《意见》根据区域城市产业发展实际和知识产权发展水平对中原经济区的城市知识产权发展做了三类划分，即打造核心发展区，提升老工业基地城市服务功能，夯实区内城市工作基础。在打造核心发展区方面强调要按照中原经济区规划，以郑州为中心打造中原经济区知识产权核心发展区，促进专利审查、服务、人才、信息等资源向郑州集聚，引进和建设知识产权高端服务机构，加大培养知识产权高层次复合型人才，建设和完善专利公共服务综合平台和各类产业专题数据库，以知识产权信息的利用、成果的转移转化和产业化等支撑郑州知识产权区域中心建设。在提升老工业基地城市知识产权服务功能方面强调重点推动国有企业建立完善知识产权管理机制，提升知识产权创造运用水平，探索企业知识产权处置和收益权分配机制试点。在其他地市，结合中原经济区各地市经济发展特点，以开展知识产权能力提升工作为重点，加强知识产权基层工作体系，完善知识产权服务体系建设，鼓励引进知识产权服务机构，推动知识产权代理服务机构综合管理试点，探索知识产权服务发展的新途径。

其四，挖掘传统知识产权优势，做大做强特色产业。中原经济区拥有丰富的历史文化遗产和传统知识资源，但大量的传统知识和遗传资源未能得到有效运用和保护，有效运用传统知识产权资源和遗传资源发展文化产业有较大空间。为此，《意见》从有效保护利用传统知识和遗传资源，促进特色产业高端发展和推动创意产业发展三方面提出具体工作措施。针对传统知识和遗传资源运用和保护，《意见》提出要通过建设传统知识和遗传资源数据库，进行摸底梳理。结合梳理结果，制定区域传统知识产业化发展规划，完善传统知识和遗传资源的惠益公平分享机制，创新保护利用手段，推动传统知识和遗传资源与旅游、文化产业的融合，以产业发展为载体，以市场为手段，促进传统知识和遗传资源有效运用和保护。针对中原地区特色产业种类众多的特点，《意见》提出以中医药材保护和发展为突破，通过知识产权运用和保护，加强对药材原产地保护，开展中医药知识产权管理保护试点，探索特色产业的发展之路。以传统文化产品生产企业为支撑点，推动历史名瓷、刺绣等重点特色产业的生产技术革新和知识产权创造，培育和扶持地方特色文化企业，打造具有地方特点的旅游文化品牌。在运用知识产权推动区域文化产业发展方面，《意见》强调以知识产权为手段，发挥市场机制对文化资源的整合作用。在中原地区探索建设文化知识产权交易所，以此为平台，规范文化资产和艺术品交易。结合中原经济区传统文化优势和地域优势，重点培育有知识产权优势的文化企业，促进文化产品贸易。推动文化产业做大做强，提升文化产业的知识产权产出数量和质量。加强版权示范工作力度，提高版权登记和保护水平。

其五，强化知识产权保护，营造良好市场环境。为了将区域有限的知识产权资源进行有效整合，营造良好的创新环境，《意见》从着力解决保护机制、完善保护平台搭建和保护能力提升三大方面提出相应的措施。《意见》提出深化区域和各部门执法协作，推动开展信息共享、案件会商、执法联动等工作。强化行政执法与刑事司法的有效衔接。创新和完善知识产权纠纷解决机制，探索建立运用和解、调解、仲裁、诉讼等方式的多元化纠纷解决机制，指导和促进企业采用适合自身发展的方式解决纠纷。建立知识产权信用档案，构建知识产权保护诚信体系，并在合适的时机将其纳入企业和个人的信用体系，促进社会诚信体系的完善。在提升知识产权保护能力方面，《意见》强调提高省市知识产权行政执法队伍建设和执法人员综合素质，改善执法条件，加强对执法人员的培训，创新和改善执法手段。结合中原经济区各地市的不同需求，因地制宜的设立知识产权保护工作站。开展知识产权保护社会满意度调查，根据结果不断改进知识产权保护工作，定期发布中原经济区知识产权保护状况报告，将保护工作的成果向社会公布。

为了确保上述任务与措施的实施，《意见》提出了加强组织领导和实施保障的要求，组织领导方面要求各部委联合成立中原经济区知识产权协调推进工作组，制定年度工作计划，加大对中原经济区投入力度，合力推进中原经济区知识产权工作。中原经济区各省、市、县知识产权管理体系建设要进一步加强，充实人员，增加经费，各城市间要加强知识产权合作。人才培养和宣传方面，要求要注重各类知识产权人才队伍建设，注重人才培养的全面性和计划性，注重宣传培训的针对性、效用性和创新性。

七、工业和信息化部关于检验检测认证机构整合的指导意见

为深入贯彻落实《国务院关于促进市场经济公平竞争维护市场正常秩序的若干意见》（国发〔2014〕20号）和《国务院办公厅转发中央编办质检总局关于整合检验检测认证机构实施意见的通知》（国发〔2014〕8号）的精神和要求，工业和信息化部努力做好检验检测认证机构的整合工作，于2014年5月开始组织编制《工业和信息化部关于检验检测认证机构整合的指导意见》（以下简称《指导意见》）。

近年来，检验检测认证发展迅速，已成为现代服务业的重要组成部分，对于加强质量安全、促进产业发展、维护群众利益等具有重要作用。工信部现有部属

和通过各级工信部门、各工业联合会和有关集团公司管理的检验检测认证机构共计约800余家，分布在电子信息、机械、石化、钢铁、有色金属、轻工、纺织、建材等行业中，在提升我国工业和信息化产品质量、支撑自主创新、满足产业发展需要等方面发挥了重要作用。但是也存在着规模普遍偏小，机构布局分散，重复建设严重，体制机制僵化，行业壁垒较多，条块分割明显，服务品牌匮乏，国际化程度不高等问题，难以适应现代工业体系和新形势、新任务的要求。检验检测认证机构整合，是国务院机构改革和职能转变的一项重要任务，是做强做大检验检测认证行业的客观要求，是积极参与国际竞争、避免被“洋检测”冲垮的重要举措，对于加强质量安全、加快产业转型升级、促进“两化”深度融合、维护消费者权益等具有重要意义。

为有效解决上述问题，切实提升我国工业和信息化领域检验检测机构综合能力和国际竞争力，2014年，工信部出台《指导意见》旨在按照政府职能转变和事业单位改革的要求，充分发挥市场在资源配置中的决定性作用，坚持政事分开、事企分开和管办分离，进一步理顺政府与市场的关系，科学界定国有检验检测认证机构功能定位，大力推进整合，优化布局结构，创新体制机制，转变发展方式，不断提升市场竞争力和国际影响力，推动检验检测认证高技术服务业做强做大。与中央8号文件的目标一致，《指导意见》也明确提出了两阶段的目标：到2015年年底，初步完成对工业和信息化领域中几个条件成熟、较易整合的行业机构检验检测认证业务的整合。其他几个行业先行试点、创造条件、逐步推进。到2020年年底，基本完成工业和信息化领域检验检测机构整合，建立起良好的管理体系和运营机制，市场竞争格局初步形成，相关政策法规比较规范，形成布局合理、分门别类、技术先进、公正可信的服务体系，培育出3—5家技术能力强、服务水平高、规模效益好、具有一定国际知名度的检验检测认证重点单位和集团，带动全行业整体发展。

《指导意见》要求各级工信部门、各工业联合会和有关集团公司要成立检验检测认证机构整合工作领导小组，明确责任分工，健全工作机制，制定出台整合方案，切实抓好落实。要在提高认识的基础上，摸清底数，认真清理现有检验检测认证机构的基本情况，包括人员、资产、收入、编制、业务内容、隶属关系等，对于规模较小、业务重复、不符合本行业发展需要的机构要予以整合、归并、或予以撤销。在此基础上提出了从四个方面开展整合工作：一是结合分类推进事业单位改革，明确公益类检验检测认证机构（公益一类）功能定位，推进部门或行业内部整合。二是推进具备条件的经营类检验检测认证机构与行政部门脱钩、转企改制，支持包括混合所制在内的多种形式参与组建。三是推进本行业内整合，支持、鼓励并购重组，做强做大。四是在工信系统八大行业中选择条件较为成熟、较易整合的行业先予整合，情况复杂的行业先行试点、创造条件、逐步推进。鉴于电子信息行业（含电子产品、软件）、通信行业、无线电行业检验检测认证机构在工信系统中所占比例较高和影响力较大的现实，拟将该行业作为先行试点行业。机械、石化、建材、钢铁、轻工、有色、纺织行业按照先内部、后外部方式进行整合。

为确保各项重点任务和建设目标的顺利实施，《指导意见》着力从四个层面提出了保障措施。一是不断提高认识，强化管理创新。各级工信部门、各工业联合会和有关集团公司要充分认识整合的重要性和紧迫性，牢固树立改革意识、责任意识和大局意识，在整合和推动检验检测认证行业做大做强方面发挥统筹协调作用。要推进相关政策法规的立改废，打破部门垄断和行业壁垒，有序开放检验检测认证市场。要推进质量安全监管方式转变，减少行政审批，进一步发挥市场监督作用，激发检验检测认证需求。要推进行业重点实验室建设规划、财政专项资金投入、高层次人才培养机制等改革，支持骨干检验检测认证机构做强做大。二是加强政策扶持，拓展资金渠道。各级工信部门、各工业联合会和有关集团公司要积极配合编办、财政、人力资源社会保障、税务、工商等相关部门创造条件，按照党中央、国务院推进事业单位改革的相关文件精神和当地政府出台的相关配套政策，积极稳妥地处理检验检测认证机构整合和转企改制中的共性问题。要积极争取中央和地方政府通过设立发展专项资金等渠道加大对检验检测业务整合的支持力度。积极推进与金融等部门协调，搭建企业融资平台，按照风险可控和商业可持续原则，切实解决广大小微型检验检测企业的资金难问题。进一步探索引进民间资本，搭建检验检测认证创新发展平台。三是加强行业指导，完善信息服务。各级工信部门、各工业联合会和有关集团公司要从比较优势出发，制定适合行业、本系统、本地区实际的检验检测认证业务发展规划。积极建立从国家到地方的检验检测管理服务体系，加快制定行业相关标准，完善检验检测的认证、监督和检验制度。积极引导各行业、各系统、各地区建立检验检测方面的政策法规、产业资料（技术、人才、资源、教育）、市场信息、行业动态的信息库，形成全行业联动的信息系统，为政府和企业提供及时有效的信息服务。推进全国联动的信息和服务平台建设，为品牌宣传、检测试验、认证服务、知识产权保护、人才招聘等提供支撑。四是严格财经制度，积极平稳推进。各级工信部门、各工业联合会和有关集团公司在检验检测认证机构整合过程中要严格遵守有关财经法规制度，严格履行有关报批手续，做好清产核资、资产审计、产权移交等工作，严禁弄虚作假、瞒报漏报，严禁转移、转卖、转借、私分或以其他方式擅自处置国有资产。妥善处理改革、发展与稳定的关系，把握好节奏和进度，及时研究、解决整合中遇到的新情况、新问题，确保整合工作平稳有序进行。

八、工业和信息化部2013年工业质量品牌能力提升专项行动实施方案

实施《工业和信息化部2013年工业质量品牌能力提升专项行动实施方案》(以下简称《专项行动》)是工业和信息化部深入落实党中央、国务院关于工业质量品牌工作的批示和指示精神，贯彻实施《工业转型升级规划（2011—2015）》的工作部署，是巩固扩大“工业质量品牌建设年”活动成果，深化推进工业质量品牌建设，加快工业转型升级的工作任务，是突出重点解决工业企业质量品牌能力不足问题、提高质量信誉和质量安全水平、提升品牌竞争力和附加值的工作要求。《专项行动》于2013年2月正式颁布实施。

《专项行动》对于深入贯彻落实党的十八大和中央经济工作会议精神，坚持以提高质量和效益为导向，以增强企业竞争力为中心，以提升企业品牌培育能力、质量管理能力和食品药品企业质量安全保障能力为突破口，体现专项行动特点，发挥合力作用，解决突出问题，促进工业转型升级，提高经济增长质量和效益具有重要意义。

《专项行动》也明确提出了明确目标。即通过开展专项行动，带动地方工业和信息化主管部门、行业协会、质量品牌专业机构和工业企业深化质量品牌建设，在一批工业企业实现质量品牌能力突破性提升，形成示范效应，促进工业质量品牌水平全面提高。具体目标如下：一是发动30个以上地区或行业开展品牌建设。组织100家以上企业深化品牌培育试点，完善品牌培育管理体系方法。构建企业品牌培育能力评价机制，培育50家以上全国品牌培育示范企业。建立品牌培育人才培养制度，为企业培养1000名以上品牌培育专业人员。重点跟踪培育100家以上重点服装家纺和家用电器品牌企业。二是以质量工程技术应用为重点，树

立30个在推广先进质量管理方法的质量标杆。总结提炼和宣传推广标杆企业的典型经验。在10个产业聚集区开展专场交流活动。试点推广应用5项典型标杆经验。在30个以上地区或行业开展学习实践活动。三是支持优势企业进行GMP改造，到2013年底无菌药品生产100%符合新修订《药品生产质量管理规范》。指导地方和行业完成10000人次的食品诚信管理体系师资人员培训，争取150—200家企业通过诚信管理体系评价。

《专项行动》从四个方面明确了重点任务：一是工业企业品牌培育能力提升，包括地方和行业品牌建设；全国性品牌培育试点；企业品牌培育能力评价；培养品牌培育专业人才；支持轻纺、家电等行业品牌建设。二是工业企业质量管理能力提升，开展2013年质量标杆工作，组织中质协等单位开展培训，指导地方和行业开展质量标杆活动。鼓励开展地区性和行业性质量标杆活动。三是食品药品企业质量安全保障能力提升，包括促进药品生产企业实施新版规范；加强食品工业企业诚信体系建设。四是活动宣传，各级工业和信息化主管部门、行业协会和专业机构要按照既定工作程序和要求，重点围绕专项行动的开展，利用报刊、网络、会议论坛等多种形式积极宣传，扩大专项行动的社会影响，营造关心质量品牌，关注质量品牌能力建设的社会氛围。

为确保各项重点任务和目标的顺利实施，行动计划从四个层面着力提出了保障措施。一是组织保障。工信部成立由分管副部长任组长，科技司、消费品工业司负责同志任副组长，质量工作相关司局和财务司负责同志参加的领导小组，负责专项行动的统筹策划和监督检查。各地区、行业要明确专项行动的负责部门，加强专项行动的组织保障。二是经费保障。工信部通过工业转型升级专项资金、技术改造资金等渠道支持专项行动。地方工业和信息化主管部门应积极争取地方政府对专项行动的经费支持。三是抓好策划部署。各地区、行业要制定专项行动实施方案，明确专项行动的工作目标、内容和措施。并对参加活动的企业数量、政策和资金支持等情况进行说明。四是做好组织实施。各地区、行业和专业机构要按实施方案组织开展专项行动。坚持以企业为主体，充分调动企业积极性。

第二节　主要特点分析

2014年是我国全面落实十八大“创新驱动发展”战略的第二年，也是工业转型升级的冲刺时期。中共中央、国务院及各部委相继出台落实政策，不断优化我国工业技术创新的政策环境和体制机制。这些政策措施在新时期顺应新趋势、应对新问题具有显著的阶段性特征，主要体现了进一步深化科技体制改革、重点布局产业转型升级和转移、大力发展科技服务业开辟新业态。

一、进一步深化科技体制改革

继 2012 年 7 月召开全国科技创新大会以来，科技体制改革已经成为我国科技工作的重中之重，2012—2013 年中共中央、国务院出台了《关于深化科技体制改革加快国家创新体系建设的意见》（中发〔2012〕6 号）《关于强化企业技术创新主体地位，全面提升企业创新能力的意见》（国办发〔2013〕8 号）两个文件，对深化我国科技体制改革做出重大部署。习近平总书记在中关村、中科院的讲话中多次强调科技体制改革对我国经济发展起到的重要作用。科技部、国家发改委联合出台了《“十二五”国家重大创新基地建设规划》（国科发计〔2013〕381 号）。

2014 年科技工作依然紧紧围绕“深化科技体制改革”这一中心。国务院出台了《国务院关于改进加强中央财政科研项目和资金管理的若干意见》（国发〔2014〕11 号）《国务院印发关于深化中央财政科技计划（专项、基金等）管理改革方案的通知》（国发〔2014〕64 号）《国务院办公厅关于促进国家级经济技术开发区转型升级创新发展的若干意见》（国办发〔2014〕54 号）《国务院关于加快科技服务业发展的若干意见》（国发〔2014〕49 号），多套政策密集出台，为我国科技工作指明方向，进一步深化了科技体制改革，有利于推动科技与经济紧密结合，落实创新驱动战略，加快建设创新型国家。

二、重点布局产业转型升级和转移

国际金融危机爆发之后，发达国家暴露出了实体经济发展的软肋，党中央、国务院高度重视工业发展，更加强调壮大实体经济。继 2012 年 1 月，国务院发布了《工业转型升级规划（2011—2015 年）》（国发〔2011〕47 号）之后，2013 年我国相继出台了《科技基础设施规划》《创新基地建设规划》《2013 年国家知识产权战略实施推进计划》《工业知识产权管理与评估指南》等一系列有关工业转型升级的规划、政策文件，部署了加强产业创新平台和产业创新联盟建设、加强知识产权保护、培育企业知识产权能力的任务。

2014 年，国务院办公厅出台《国务院办公厅关于促进国家级经济技术开发区转型升级创新发展的若干意见》(国办发〔2014〕54号),将产业转型升级、转移任务细化落实到各经济技术开发区。在推动产业转型升级方面提出：要优化产业结构和布局，按照新型工业化的要求，以提质增效升级为核心，协调发展先进制造业和现代服务业。大力推进科技研发、物流、服务外包、金融保险等服务业发展，增强产业集聚效应。在培育战略性新兴产业的同时，要因地制宜确定重点领域，避免同质竞争；要增强科技创新驱动能力，坚持经济与技术并重，把保护知识产权和提高创新能力摆在更加突出的位置。鼓励条件成熟的国家级经开区建设各种形式的协同创新平台，形成产业创新集群。支持国家级经开区创建知识产权试点示范园区，推动建立严格有效的知识产权运用和保护机制。探索建立国际合作创新园，不断深化经贸领域科技创新国际合作；同时，要加快人才体系建设、创新投融资体制建设、提高信息化水平。在产业转移方面针对东西部工业经济发展的不同程度实施分类指导，要求东部经济技术开发区率先实现转型，在更高层次参与国际经济合作和竞争，西部经济技术开发区着力打造特色和优势主导产业，提高承接产业转移的能力。

三、大力发展科技服务业开辟新业态

科技服务业是在不断融合生长产业和产业不断细化分工的趋势下形成的新兴业态。科技服务业是通过提供知识和技术向社会服务的新产业，属于第三产业的一个分支行业。2005年国家开始设立科技服务业统计，将科技服务业共分为四大类。2007年产业结构调整指导目录的鼓励类产业中将科技服务业调整为六大子产业。在2011年《产业结构调整指导目录》中，科技服务业被作为高技术产业类的一项重要内容，其服务领域涵盖11项重点内容。

国务院总理李克强2014年8月主持召开国务院常务会议对科技服务业健康发展提出五点要求：一要有序放开市场准入，发挥市场机制作用，引导社会资本积极参与，支持合伙制、有限合伙制科技服务企业发展。二要积极推进重点实验室、大型科技仪器中心等公共技术平台建设，向社会开放服务。三要加大财税支持，对认定为高新技术企业的科技服务企业，按15%的税率征收企业所得税。四要改革创新投融资体制，建立多元化资金投入体系，发挥财政资金杠杆作用，积极探索以政府购买服务、“后补助”等方式支持公共科技服务发展。五要加强人才引进和培养，强化国际交流合作。让科技服务为促进科技成果转移转化、提升企业创新能力和竞争力提供支撑。

2014 年，国务院办公厅出台《国务院办公厅关于促进国家级经济技术开发区转型升级创新发展的若干意见》(国办发〔2014〕54 号)，明确提出国家级经开区要按照新型工业化的要求，以提质增效升级为核心，协调发展先进制造业和现代服务业。并就科技服务业专门出台《国务院关于加快科技服务业发展的若干意见》(国发〔2014〕49 号)，部署了九项重点任务和七项政策措施，保障科技服务业健康快速的发展。

四、统筹推进工业知识产权工作，突出知识产权运用

纵观 2014 年的工业知识产权工作，在深入贯彻党的十八大、十八届三中、四中全会基础上，始终以工业转型升级的关键环节和重点领域为切入点和突破口，强化以企业为主体，综合运用专利、商标、技术秘密（商业秘密）、软件著作权等各类工业知识产权，有力支撑工业创新驱动发展。为此，工业知识产权工作围绕运用深入开展了一系列的专项行动。以工业企业知识产权运用能力提升为着力点，全面实施了“工业企业知识产权运用能力培育工程”；以产业知识产权防卫能力提升为着力点，有序实施了“产业知识产权风险评估与预警工程”；以中小企业服务能力建设为着力点，全面实施“中小企业知识产权战略推进工程”；以行业服务能力提升为着力点，着力构建了行业知识产权综合数据服务平台；以源头治理能力建设为着力点，扎实开展了“双打”行动；多管齐下，整体推进。在上述专项行动中还配套制定实施了一系列政策措施。前述政策措施中在技术创新政策、产业转型升级政策、区域发展政策上积极推动重点领域的知识产权与产业政策对接；引导支持企业技术中心和技术创新示范企业发挥典型带头作用，在产业园区 / 基地建设、产业化专项实施、产业政策、规划以及行业管理等方面，明确提出工业知识产权运用要求和实施措施。在统筹推进中形成一些行之有效的促进工业知识产权运用的多方共治、协同推进机制。政府部门和地方政府在工业知识产权工作中大胆探索实践，创新工作方式，部省互动，专业机构、行业组织、产业联盟和支撑单位协同配合，依托实施国家知识产权战略部际联席会议、区域经济发展领导小组和国务院“双打”工作领导小组季度例会，开展工业知识产权和区域知识产权专项行动。初步建立了主管部门指导、行业协会牵头组织、专业机构支撑服务、企业参与，协同推进工业知识产权运用的机制。

五、不断提升检验检测认证机构的综合竞争实力

指导思想上要深入贯彻落实党的十八大精神，按照政府职能转变和事业单位改革要求，把整合检验检测认证机构摆到事关工业和信息化发展全局的重要地位，科学合理地界定检验检测认证机构功能定位，着力发挥市场在资源配置中的决定性作用，坚持"政府引导、理顺体制，市场驱动、充分竞争，优化布局、纵横结合，分步实施、平稳过渡"的方针，切实转变发展方式，不断提升检验检测认证机构的综合竞争实力，推动检验检测业务的长远发展。

在整合路径上，各行业、各系统和各地区可根据实际情况，选择或参照六种模式实施整合。一是行政划拨方式整合。采取行政划拨方式，将所属检验检测认证机构人员、资产等进行整合。二是授权经营方式整合。由财政部门批准，将检验检测认证机构非经营性财政资产变为经营性财政资产，按照资本合作方式进行整合。三是拆分归并方式整合。将现有检验检测认证机构分为两部分，一部分划为公益类检验检测认证机构，由政府主导实施整合；另一部分通过改制，整合为经营类检验检测认证机构。四是公共平台方式整合。地方政府整合不同部门所属检验检测认证机构，组建公共检验检测平台，作为独立的检验检测机构开展工作。五是整体改制方式整合。将现有检验检测认证机构整体改制，然后采取资本方式整合为经营类检验检测认证机构。六是联盟方式整合。在不改变人员、资产所属关系的前提下，由行业协会牵头，组建行业联盟，形成松散型联合体。

展 望 篇

第十五章　2015年中国工业行业技术创新发展形势展望

2014年是全面部署创新驱动发展战略之年，在党的十八届三中、四中全会精神的指引下，科技体制管理改革不断深化，工业技术创新的政策环境不断完善，创新基础和能力得到明显提升，企业的技术创新主体地位、知识产权运用和保护能力进一步加强，一批卓有成效的创新成果不断涌现。展望2015年，新一轮技术和产业变革使各国竞争日趋激烈，将给我国工业创新发展带来更大挑战；国内创新驱动发展战略深入落实，科技体制改革不断深化，也将进一步推动工业技术创新迈向新的阶段。

第一节　形势判断

一、新形势下各国继续加强战略部署力图主导全球创新体系

当前，新一轮科技革命和产业变革正在兴起，信息技术和制造业深度融合，推动全球进入新一轮产业调整与竞争周期。为抢占新一轮产业竞争制高点，欧美等发达国家还将强化创新战略部署，紧盯前沿技术，整合创新资源，打造协同网络，以继续保持在全球创新体系中的主导和领先地位。

美国继续建立“国家制造业创新网络”，巩固制造业领先地位。2012年奥巴马政府提出建设由45个创新中心组成的“国家制造业创新网络”。这一计划目的是紧紧盯住关系制造业未来竞争优势的关键前沿领域，连接工业企业、大学、联邦机构和区域或国家组织，加强某个领域的研发。目前已建成“国家增材制造中心”、“复合材料和结构的清洁能源制造中心”等5个制造业创新中心。按计划截

止 2014 年底，将设立 8 家制造业创新中心。预计在 2015 年，已建成的创新中心将逐渐在先进制造业共性技术创新中发挥作用，同时美国政府也将进一步倾注力量继续建设新的制造业创新中心。

德国实施工业 4.0，工业整体竞争力将进一步提升。工业 4.0 是德国政府《高技术战略 2020》的十大未来项目之一。该战略旨在通过信息通讯技术和网络空间虚拟系统－信息物理系统相结合的手段，使制造业向智能化转型。目前，工业 4.0 战略已得到德国科研机构和产业界的广泛认同，西门子公司已经开始将这一概念引入其工业软件开发和生产控制系统，西门子工业自动化产品成都生产和研发基地（SEWC）已于 2013 年 9 月建成投产。预计 2015 年，得益于工业 4.0 战略，德国工业整体竞争力将进一步提升。

法国提出建设“新工业法国”，推动法国工业复兴。2013 年，法国宣布实施“新工业法国”战略，提出覆盖能源、交通运输等领域的 34 个工业计划，希望用 10 年的时间全面重振法国工业。目前，法国已推出包括无人机在内的 10 项标志性成果。预计 2015 年，“新工业法国”战略将进一步推动法国工业发展和转型。

二、我国工业发展进入新阶段，创新驱动战略进一步落实

2014 年是我国全面深化科技体制改革的开局之年，随着经济发展进入中高速增长的“新常态”，创新驱动发展战略部署不断强化。一是确定了创新驱动发展战略的顶层设计与总体要求。8 月 18 日，中央财经领导小组召开第七次会议，习总书记在会上对实施创新驱动发展战略做出全面部署，并提出了四点要求：紧扣发展，牢牢把握正确方向；强化激励，大力聚集创新人才；深化改革，建立健全体制机制；扩大开放，全方位加强国际合作。二是《关于深化中央财政科技计划（专项、基金等）管理改革的方案》（简称《方案》）即将发布实施，创新资源将进一步优化整合。根据《方案》，政府将不再直接管理具体项目，而是通过公开统一的国家科技管理平台宏观统筹，依托专业机构具体管理，同时优化整合中央财政科技计划（专项、基金等）布局，聚焦国家战略目标。三是深化科技成果使用处置收益管理改革，促进科技成果产业化。国务院在 2014 年 7 月决定把科技成果的使用权、处置权和收益权赋予创造成果的单位，进一步激发科技机构和人员的内在活力与动力，加快科技成果向产业转化。四是强化对小微企业的支持，发挥小微企业的创新生力军作用。9 月 17 日，国务院常务会议部署了扶持小微企业发展推动大众创业、万众创新计划。进一步支持小微企业创新创业。

2015 年是“十二五”收官之年，也是启动“十三五”的关键一年，随着科技体制改革的深化，创新驱动发展战略将进一步深入落实，科技创新的政策环境不断改善，创新对于工业发展和综合国力的战略支撑作用将更加有效发挥。

三、我国工业技术创新基础要素总量预计稳步提升

经过多年积累，我国工业在资金、人才和研发机构等创新要素的总量上已达到世界前列水平，技术创新基础明显增强。

第一，企业的技术创新经费投入进一步加大。为了达到国家《中长期科技发展规划纲要》中设定的目标（到 2020 年，全社会研究开发投入占国内生产总值的比重提高到 2.5%以上），未来一段时间我国 R&D 经费投入总量仍需继续保持不低于 22% 的增长速度。以此速度发展，预计 2015 年 R&D 经费投入总量预计将突破 14000 亿元。近年来企业研发投入占全国研发投入比例一直在 70% 以上，从 2007 年的 72.3% 提高到 2013 年的 76.6%。可以预见，在创新驱动发展战略的引导和带动下，这种增长态势在 2015 年将进一步加大。

第二，企业研发人员规模不断扩大。2004—2013 年间规模以上工业企业研发人员全时当量在全国企业中所占比例逐年提高，这一比值由 2004 年的 54.2 提高到了 2013 年的 249.6，从趋势看，2015 年将会进一步增长，研发人员规模将进一步扩大。

第三，越来越多的工业企业开始组建研发机构。企业内设立专业的研发机构是企业有效开展创新活动的必要组织形式，是企业构建自身技术创新体系的基本要求。规模以上工业企业中建立研发机构的企业数量比例、开展研发活动的企业比例虽然处于较低水平，但近年来一直呈现出可喜的增长态势。预计 2015 年，这种增长态势将进一步持续，越来越多的企业将组建企业内研发机构。

从以上趋势看，2015 年，我国企业技术创新的基础会更加坚实，企业作为技术创新主体的地位和作用会进一步加强。

第二节　对策建议

一、深化改革，激发企业创新动力和活力

完善激励创新的市场机制。建立国有企业创新导向的考核机制，明确劳动力、

土地、资源、能源等要素市场化改革方向，推进基础性行业和垄断型行业的改革，加快创新驱动“倒逼”机制的建立，激发大型国有企业的创新动力。打破行业垄断和市场分割，改善民营企业市场竞争环境，鼓励其通过技术创新增加附加值获得利润。加大对中小微型企业技术创新的财政和金融支持，加强中小企业技术改造力度，加快中小企业创业基础和创新服务平台建设，促进其健康发展，激发其技术创新活力。

优化创新驱动发展环境。完善支持创新的税收政策体系，真正落实并逐步扩大研发费用加计扣除、研发设备加速折旧等优惠政策；强化政府采购对企业创新的支持，明确政府采购中小创新型企业和自主品牌的比例，建立相关政策的跟踪、评价和监督机制。

二、统筹创新资源，发挥市场配置资源的决定性作用

深化科技体制改革，统筹整合创新资源。加强各类科技计划（专项、基金等）之间的顶层设计和统筹协调，破除条块分割，完善资助支持方式，解决科技资源配置“碎片化”问题。加快转变政府科技管理职能，聚焦当前经济发展和工业领域的现实需求，组织实施好重大科技项目，进一步强化企业的技术创新主体建设，促进科技与经济深度融合。对于重大科技项目的设置、实施和管理坚持公平公正公开的原则，要遵循企业主体，市场导向，提高企业在立项论证阶段的参与程度，产业目标明确的项目，由有条件的企业组织实施，创新管理方法，采用后补助等多种方式进行管理实施。

健全创新资源的共享机制。支持建设的科技基础设施、工程（技术）研究中心、工程实验室、重点实验室等技术创新平台，加大向企业的开放力度，探索有效的模式，实现创新资源共享。鼓励科研院所和高等院校为企业技术创新提供支持和服务，促进技术、人才等创新要素向企业研发机构流动和集聚。

三、深化产学研合作，加快产业创新体系建设

推动产学研协同合作。加强政府引导及政策扶持，鼓励行业骨干企业与高等院校、科研院所、上下游企业、行业协会等建立以利益为纽带、网络化协同合作的产业创新联盟，引导并支持产业共性技术的研发和和行业关键核心技术突破。

建设产业协同创新体系。围绕新兴的战略性领域发展需求，按照“联合开发、优势互补、利益共享、风险共担”的原则，依托现有国家级科研院所整合各类创

新资源，构建产业协同创新体系，促进资金、技术、人才、设备等要素的有效对接，实现创新资源开放共享和高效利用，整体带动行业技术水平和产业链创新能力的提升。

四、扎实推进工业知识产权协同运用

在新一代信息技术与传统产业深度融合的重要技术领域建设一批以企业为主体的产学研用协同运用知识产权的联合体。鼓励和支持产学研联合体围绕创新链整合开展重点领域的知识产权战略储备，形成产业化导向的专利组合与战略布局。鼓励和支持创新型企业围绕重点领域产业链布局综合运用专利、商标、商业秘密、软件著作权、集成电路布图设计等知识产权，围绕价值链提升综合运用知识产权开展品牌创新、商业模式创新、产品创新、组织创新和市场创新，增强企业协同运用知识产权参与市场竞争的能力。培育一批在中国装备走出去过程中发挥重要作用的运营机构。鼓励支持具有一定国际化实力的企业、产业联盟协同运用知识产权促进中国装备走出去，推动我国装备技术标准在国外的推广应用。支持国际化能力强的企业与专业机构合作开展跨国知识产权战略并购、购买、合作和运营，提升知识产权协同运用支撑中国制造国际化发展的能力。鼓励和支持创新型企业之间、产业联盟成员企业、行业协会成员企业间共建共享产业知识产权基础数据信息平台，协同开展产业知识产权基础信息数据采集、处理、分析与集成，聚合产业知识产权基础数据资源，推动重点产业知识产权基础数据资源优化配置与协同运用。

五、创立质量品牌发展环境，加大政策力度的扶持

我国的产业发展并不平衡，根据实际情况，政府应该鼓励建立不同层次的品牌培育机制，对于出口的品牌可以通过设立国外营销机构来不断完善我国自主品牌的建设工作，为企业建立品牌及品牌的推广创造良好的市场环境。各级政府在进行政府采购时，应该优先采购国内自主品牌，加大国内品牌的知名度，推进企业的发展，提升自主品牌在国际市场中的竞争力。

国内许多企业在创立品牌和进行品牌维护的时候需要大量资金支持，而目前我国好多企业面临资金不足，尤其是中小微企业还有贷款难的压力。所以政府应该通过政策对企业给予资金上的支持，如对企业的创新给予奖励，对知名品牌给予优惠等，加大企业发展品牌的政策扶持力度，鼓励企业运用品牌战略。

六、重视行业政策法规和标准建设，构建全社会质量共治机制

法规、标准和社会环境是企业提高质量的重要驱动力。与国外发达国家相比，我国工业质量管理的法律法规还有待健全，必须坚持标准引领，法制先行，树立中国工业质量新标杆。展望2015，我国相关部门将继续重视行业政策法规建设，完善国家标准体系，组织质量品牌“十三五”规划研究，指导地方和行业开展规划工作，为质量品牌发展创造条件。完善《工业产品质量促进条例》和相关部门规章立法建议，加强战略性、基础性产业质量提升的法规保障。根据我国工业特点，结合国内外经验，探索完善适合我国工业质量品牌跨越发展的科学路径，提炼总结，宣传推广。推进强制性标准改革，提升标准和检测的有效性、先进性和适用性。另外，继续鼓励消费者举报工业质量违法行为，充分利用市场机制倒逼工业质量提升，形成“人人重视质量、人人创造质量、人人享受质量”的社会氛围。

第十六章　2015年中国工业技术知识产权和标准发展形势展望

第一节　形势判断

一、国际知识产权竞争博弈空前复杂激烈

在新一轮技术革命和产业变革中，全球知识产权博弈空前复杂激烈。美、日、韩等发达国家及跨国公司纷纷在全球范围内前瞻性地布局知识产权，加强知识产权战略运用。美国通过政策指导、减少审批、便利资金运作等措施支持其专利运营公司在全球范围前瞻性地储备和布局专利，抢占新兴产业发展先机，增强全球产业链控制能力；日本运用知识产权强化国际标准的经营，最大限度发挥其优势技术力量和品牌力量，以实现其知识产权强国目标；韩国则运用知识产权抢占绿色、智能发展先机，推动国内经济绿色转型。

与此呼应，跨国公司加强了知识产权战略运用。微软花巨资收购诺基亚专利组合，加快移动终端知识产权战略布局；谷歌收购 IBM 1000 多项、摩托罗拉 2.4 万项专利，建立专利库，提升 Android 系统对苹果、微软等公司的竞争能力；苹果和三星在全球范围内运用知识产权对簿公堂，苹果公司诉三星公司专利侵权，借机巧用非核心专利捍卫其全球智能手机领导地位；三星则加强在美、日、德等国的专利申请和商标注册，以国际知识产权布局加强对苹果产业链的控制。

国际知识产权竞争的焦点在于：通过关键核心技术领域知识产权战略的运用，抢占产业发展先机，争夺市场竞争规则主导权。

二、国内面临的知识产权形势异常严峻

我国作为后发国家，创新驱动发展面临的知识产权竞争形势异常严峻。一方面，我国企业掌握的关键核心知识产权少，知识产权运用基础薄弱；另一方面，国外跨国公司在本国政府支持和跨国公司策应下，不断加强对我国战略性新兴产业的知识产权收购与布局、组合与运用、储备与运营，并在全球范围内向我国高科技领军企业发起诉讼，收取歧视性高额许可费，使我国处于成长中的高科技领军企业面临极大的知识产权威胁和市场风险，我国创新驱动发展的后发劣势日渐凸显。我国一批企业在国际竞争中遭遇了前所未有的知识产权摩擦和纠纷。

美国的337调查紧盯我国骨干龙头企业，其调查的力度加大，频度加强，涉及的产业、企业和产品范围不断扩大。从过去14年涉及中国企业的美国337调查案件的数量来看，尽管在2011年达到峰值之后案件数量略有下降，但总体上仍呈现出不断上升的态势。2013年涉及到中国企业的调查达到14起，2014年12起，占全球调查总量的1/3左右。在过去14年中，中国企业涉诉美国337调查产品多种多样，机电产品占2/3左右。2013年337调查涉及中国企业的产品包括碎纸机、手机触屏及其软件、便携式设备保护套、3G/4G无线设备、机械玩具鱼（Robotic Toys）、线性致动器（Linear Actuators）、带有播放和处理功能的消费性电子产品、履带式起重机、硅麦克风封装产品、睡眠呼吸障碍治疗系统、轮胎、户外烧烤炉、光盘驱动器和手持式电子助视器等。在过去14年中，中国企业涉案绝大多数的案由是专利侵权。以2013年为例，涉及到专利侵权的案件占了14起中的13起，其中碎纸机案（案号：337-TA-863）和履带式起重机案（337-TA-887）同时涉及商业秘密和专利侵权。需要注意的是，针对中国企业的商业秘密337调查有快速增长的趋势。2012年ITC发起过三起商业秘密337调查，其中两起针对中国企业，一起为酚醛树脂案（337-TA-849），一起为电子壁炉案（337-TA-791/826）；2013年ITC一共发起过三起涉及商业秘密侵权的337调查，全部涉及中国，除了前述提到的碎纸机案和履带式起重机案，机械玩具鱼案（337-TA-869）的案由也涉及侵犯商业秘密。

与上述调查相呼应，美国等发达国家动辄以知识产权侵权为由，动用立法、行政、司法等公共资源，对我国战略性新兴产业的重点企业进行知识产权监测，对重点产品出口进行知识产权调查，针对我国的知识产权运用还在不断加强；尤其值得注意的是：跨国公司在我国不断加强战略性新兴产业的专利布局，建立各

种知识产权联盟，设立知识产权运用公司，并协同运用知识产权打压国内企业，控制和垄断中高端产业链。国家发改委最近启动的对美国高通公司和美国交互数字公司的反垄断调查就是明证。发达国家及其跨国公司运用知识产权与我国企业一剑封喉的残酷竞争仍在我国疯狂上演。虽然近年来我国企业知识产权总量以20%以上的速度迅猛增长，但企业运用知识产权建设产业链、整合创新链的能力不强，数量巨大的企业知识产权价值实现障碍重重，国内中低端产品竞争优势逐渐减弱，国际中低端锁定的风险越来越大，工业转型升级中知识产权运用的瓶颈日益凸显。

第二节 对策建议

一、创新驱动发展对工业知识产权发展的新要求

党的十八大作出了实施创新驱动发展战略的重大部署，强调科技创新是提高社会生产力和综合国力的战略支撑，必须摆在国家发展全局的核心位置。实施创新驱动发展比以往任何时候都更加需要强大的科技创新力量及相应的知识产权战略运用。在创新驱动发展战略的实施过程中，我国正处于新型工业化、信息化、城镇化、农业现代化同步发展、并联发展、叠加发展的关键时期，某些产业和技术领域正由“跟跑者”向“并行者”、“领跑者”转变。作为后发国家，我国能否“后来居上”，关键在创新驱动，力量源自知识产权运用。这对工业知识产权发展提出了新要求。

抢抓机遇。紧紧抓住国家全面推进科技创新的重要历史机遇，用好实施创新驱动发展战略基础条件,加强工业知识产权的战略运用,下好先手棋,打好主动仗。

促进转变。有效运用工业知识产权促进中国制造向中国创造、中国速度向中国质量、中国产品向中国品牌转变。

全球谋划。充分利用全球创新资源,在更高起点上推进知识产权创造和运用,有选择、有重点地开展国际布局，运用知识产权参与国际标准制定，运用知识产权有效应对国际产业变革与竞争。

整体创新。加强工业创新的统筹协调，以科技创新为核心，活化运用知识产权，全方位推进产品创新、品牌创新、产业组织创新、商业模式创新和市场创新。

规则主导。新一轮科技革命和产业变革是掌握规则主导权的重大机遇，要加

强我国工业主要行业运用知识产权和标准参与或主导新赛场能力的建设，实现后来居上、弯道超车。

二、《中国制造2025》的实施对知识产权协同运用的要求更高、更迫切

《中国制造 2025》战略是我国建设工业强国的重要举措，2015 年“两会”李克强总理在政府工作报告中提出要制订“中国制造 2025”规划纲要，这是中国制造业发展的一件大事。2010 年，我国成为世界第一制造业大国，但我国制造业大而不强，还没有一大批具有国际竞争力的骨干企业，一批重大技术、装备亟待突破。一些重要产品在国际市场竞争力亟待加强。实施《中国制造 2025》战略强调创新驱动、质量为先、绿色发展、结构优化和人才为本。这必然要求加强知识产权运用，为制造业的转型升级和中国制造走出去提供有效保障和支撑。

《中国制造 2025》战略实施过程中，必然要求制造业重点领域创造和积累一批核心技术专利、软件著作权、集成电路布图设计和商业秘密，建设一批知名品牌。同时，要求加强关键核心技术的知识产权战略储备，构建产业化导向的专利组合和战略布局。在知识产权运用主体的打造上必然要求培育一批具备知识产权综合实力的优势企业，支持组建知识产权联盟，推动市场主体开展知识产权协同运用，建设一批知识产权运用标杆企业，鼓励和支持企业运用知识产权参与市场竞争。在知识产权协同运用上必然要求龙头骨干企业联合专业机构在重点领域开展专利组合运用、战略收购、运营和风险应对以及跨国知识产权许可等。在知识产权服务能力的建设上必然要求创建一批定位明晰、特色鲜明、布局合理的产业知识产权基础服务平台，重点建设一批具有国际较大影响力和国际知名度的产业知识产权基础服务平台，提升知识产权支撑《中国制造 2025》战略的基础保障能力和水平。

第十七章　2015年中国工业质量品牌发展形势展望

2014 年我国工业领域质量品牌建设不断推进，首届中国质量大会召开，质量品牌建设进入新阶段。展望 2015 年，全国工业领域质量品牌方面，将继续加大政策力度，改善企业发展环境。对此，我们在落实企业质量主体责任等方面提出一系列对策建议。

第一节　形势判断

一、政府推进质量品牌战略力度将继续加大

当前，质量品牌受到全社会前所未有的重视，面临着加快发展的机遇。从国家层面来看，十八届三中全会和“三个转变”的精神以及国务院领导的一系列指示，进一步明确了质量品牌建设的任务。从工业发展层面来看，两化深度融合，加快转型升级这一中心任务的深入推进对质量品牌建设提出了更为迫切的要求。从时间节点看，2015 年是“十二五”向“十三五”的转进年，也是我国经济向“新常态”转变的关键年，对工业质量品牌建设而言也是关键的时间节点。因此，2015 年质量品牌工作要顺势而上，发挥有利因素，解决关键问题，立足长远谋划，夯实质量品牌的工作基础。

工信部作为行业主管部门，多年来一直推进质量品牌建设，并连续三年开展专项行动，已经形成一批有影响力的标志性活动，如“质量标杆移植推广”、“两个服务平台建设”（质量标杆视频及微信平台）以及“企业诊断服务”等创新性活动。这些活动都取得了良好效果，初步形成了有中国特色的工业质量品牌发展道路。地方和行业的工作体系基本形成，企业主体意识得到加强，一批机构也发

挥了专业支撑作用。

二、企业质量品牌维权意识将不断得到深化

随着2014年召开的首届中国（质量）大会精神不断落实，我国企业质量品牌维权意识不断深化，将更加明确坚守商业道德的义务，产品和服务质量的主体责任，高度重视法律维权，保护自身合法权益。展望2015年，企业逐渐意识到质量品牌是企业发展生命力，并且只有激烈竞争的市场才能培育和发展品牌。企业在进军国际市场时，常常会受到国际知名企业发起的知识产权诉讼、反倾销调查，为了保护质量品牌，需要运用法律手段维护企业的品牌，特别是在商标权、商业秘密保护等方面尤其重要。

第二节　对策建议

一、加强重点领域的质量品牌先期研究

随着工业化和信息化的深度融合，制造业也面临着巨大变革。信息技术向制造业的渗透与融合，也将给制造业带来新的思维。2015年政府计划组织专业机构对制造业质量品牌工作的新形势、新业态、新特点开展研究，实现技术创新、产品创新、产业组织创新、商业模式创新与质量品牌创新互动发展。重点侧重两个方面，一是推广制造业新模式，提升工业质量，研究和推广制造业在“两化融合”和“工业4.0时代”，从全面质量管理升级到全产业链质量管理过程中的创新模式；二是推广制造业新思维，提升品牌建设，研究和推广“中国制造”在当前工业制造个性化生产时代的品牌升级策略。

二、拓展质量品牌工作的深度和广度

工信部经过连续3年专项行动的推进，工业品牌培育和质量标杆等活动已成为质量品牌建设的标志性工作，程序逐步完善，有效性得到验证，受到企业和社会好评。2015年要建立长效机制，将相关工作制度化、常态化并持续推进。具体而言，品牌培育方面，要以制定和宣贯品牌管理体系国家标准为契机，固化方法推广、运行效果评估和树立示范企业工作机制；完善品牌专家组组织推进的品牌专业人才培养工作模式；推进区域品牌建设工作机制；加大品牌宣传力度，增强社会影响。质量标杆方面，优化和完善质量标杆评选标准；完善视频及微信两

个服务平台建设；扩大质量标杆移植推广范围，实现“标杆落地”。

另外，引入注重过程、全产业链抓质量管理的新理念，引导企业从全面质量管理向研发、设计、采购、制造、销售、服务全产业链质量管理转变。具体举措主要有：以提高产品质量、可靠性和基础配套能力为目标，组织产品质量控制和技术评价实验室和专业机构开展质量诊断、质量对比、质量攻关活动，帮助企业提高产品研发设计能力，协助上下游企业联合攻克一批长期阻碍质量提升的关键技术和工艺，提升产品实物质量和产业链整体水平；扩大“企业自我声明”方面平台覆盖领域，进一步发挥平台作用；加大先进质量管理方法、质量工程技术以及供应商管理体系的应用推广力度；扩大品牌故事演讲比赛、QC小组、现场管理星级评价等群众性质量活动的规模，进一步提高一线员工质量素质和品牌意识；规范企业售后服务，与国家质检总局共同完善商品修理更换退货责任规定，建立消费者“产品售后服务”申诉平台，维护消费者权益，引导企业建立持久有效运行的售后服务网络。

三、借鉴世界上成功的管理模式加强品牌管理

欧美发达国家的现代管理模式是追求卓越，这种精神从企业的最高阶层贯穿到员工阶层，该模式注重员工的培训，让员工融入企业的 文化中，能够深刻体会自己参与生产产品的品牌文化及内涵。就是这种成熟的现代管理模式，出现了一个又一个的国际名牌，肯德基、可口可乐、福特等这些不胜枚举的大牌都经历了时间考验。而中国品牌从改革开放开始，从无到有也就经历了短短几十年，在品牌管理方面需要借鉴世界上成功的管理模式，这样中国品牌才更容易成功。

在市场经济时代，产品多得泛滥，但是人才却极其缺乏，尤其是品牌管理人才。国际上知名的跨国企业都十分重视人才的开发培养与激励，企业最有价值的活动资源就是人才，企业应该为员工营造一个尊重知识、鼓励创新、相对公平的环境，重视人才的引进与培养。美国的品牌企业之所以充满了生机和活力，就是因为有着完善的人才激励开发模式，有着充足的企业管理人才储备。中国品牌要想在国际市场上崭露头角，就需要加大高端品牌管理人才的培养力度。

附 录

附录 1

《关于改进加强中央财政科研项目和资金管理的若干意见》

一、改进加强科研项目和资金管理的总体要求

（一）总体目标

通过深化改革，加快建立适应科技创新规律、统筹协调、职责清晰、科学规范、公开透明、监管有力的科研项目和资金管理机制，使科研项目和资金配置更加聚焦国家经济社会发展重大需求，基础前沿研究、战略高技术研究、社会公益研究和重大共性关键技术研究显著加强，财政资金使用效益明显提升，科研人员的积极性和创造性充分发挥，科技对经济社会发展的支撑引领作用不断增强，为实施创新驱动发展战略提供有力保障。

（二）基本原则

坚持遵循规律。把握全球科技和产业变革趋势，立足我国经济社会发展和科技创新实际，遵循科学研究、技术创新和成果转化规律，实行分类管理，提高科研项目和资金管理水平，健全鼓励原始创新、集成创新和引进消化吸收再创新的机制。

坚持改革创新。推进政府职能转变，发挥好财政科技投入的引导激励作用和市场配置各类创新要素的导向作用。加强管理创新和统筹协调，对科研项目和资金管理各环节进行系统化改革，以改革释放创新活力。

坚持公正公开。强化科研项目和资金管理信息公开，加强科研诚信建设和信用管理，着力营造以人为本、公平竞争、充分激发科研人员创新热情的良好环境。

坚持规范高效。明确科研项目、资金管理和执行各方的职责，优化管理流程，建立健全决策、执行、评价相对分开、互相监督的运行机制，提高管理的科学化、规范化、精细化水平。

二、加强科研项目和资金配置的统筹协调

（一）优化整合各类科技计划（专项、基金等）

科技计划（专项、基金等）的设立，应当根据国家战略需求和科技发展需要，按照政府职能转变和中央与地方合理划分事权的要求，明确各自功能定位、目标和时限。建立各类科技计划（专项、基金等）的绩效评估、动态调整和终止机制。优化整合中央各部门管理的科技计划（专项、基金等），对定位不清、重复交叉、实施效果不好的，要通过撤、并、转等方式进行必要调整和优化。项目主管部门要按照各自职责，围绕科技计划（专项、基金等）功能定位，科学组织安排科研项目，提升项目层次和质量，合理控制项目数量。

（二）建立健全统筹协调与决策机制

科技行政主管部门会同有关部门要充分发挥科技工作重大问题会商与沟通机制的作用，按照国民经济和社会发展规划的部署，加强科技发展优先领域、重点任务、重大项目等的统筹协调，形成年度科技计划（专项、基金等）重点工作安排和部门分工，经国家科技体制改革和创新体系建设领导小组审议通过后，分工落实、协同推进。财政部门要加强科技预算安排的统筹，做好各类科技计划（专项、基金等）年度预算方案的综合平衡。涉及国民经济、社会发展和国家安全的重大科技事项，按程序报国务院决策。

（三）建设国家科技管理信息系统

科技行政主管部门、财政部门会同有关部门和地方在现有各类科技计划（专项、基金等）科研项目数据库基础上，按照统一的数据结构、接口标准和信息安全规范，在2014年底前基本建成中央财政科研项目数据库；2015年底前基本实现与地方科研项目数据资源的互联互通，建成统一的国家科技管理信息系统，并向社会开放服务。

三、实行科研项目分类管理

（一）基础前沿科研项目突出创新导向

基础、前沿类科研项目要立足原始创新，充分尊重专家意见，通过同行评议、公开择优的方式确定研究任务和承担者，激发科研人员的积极性和创造性。引导

支持企业增加基础研究投入，与科研院所、高等学校联合开展基础研究，推动基础研究与应用研究的紧密结合。对优秀人才和团队给予持续支持，加大对青年科研人员的支持力度。项目主管部门要减少项目执行中的检查评价，发挥好学术咨询机构、协会、学会的咨询作用，营造“鼓励探索、宽容失败”的实施环境。

（二）公益性科研项目聚焦重大需求

公益性科研项目要重点解决制约公益性行业发展的重大科技问题，强化需求导向和应用导向。行业主管部门应当充分发挥组织协调作用，提高项目的系统性、针对性和实用性，及时协调解决项目实施中存在的问题，保证项目成果服务社会公益事业发展。加强对基础数据、基础标准、种质资源等工作的稳定支持，为科研提供基础性支撑。

（三）市场导向类项目突出企业主体

明晰政府与市场的边界，充分发挥市场对技术研发方向、路线选择、要素价格、各类创新要素配置的导向作用，政府主要通过制定政策、营造环境，引导企业成为技术创新决策、投入、组织和成果转化的主体。对于政府支持企业开展的产业重大共性关键技术研究等公共科技活动，在立项时要加强对企业资质、研发能力的审核，鼓励产学研协同攻关。对于政府引导企业开展的科研项目，主要由企业提出需求、先行投入和组织研发，政府采用“后补助”及间接投入等方式给予支持，形成主要由市场决定技术创新项目和资金分配、评价成果的机制以及企业主导项目组织实施的机制。

（四）重大项目突出国家目标导向

对于事关国家战略需求和长远发展的重大科研项目，应当集中力量办大事，聚焦攻关重点，设定明确的项目目标和关键节点目标，并在任务书中明确考核指标。项目主管部门主要采取定向择优方式遴选优势单位承担项目，鼓励产学研协同创新，加强项目实施全过程的管理和节点目标考核，探索实行项目专员制和监理制；项目承担单位上级主管部门要切实履行在项目推荐、组织实施和验收等环节的相应职责；项目承担单位要强化主体责任，组织有关单位协同创新，保证项目目标的实现。

四、改进科研项目管理流程

（一）改革项目指南制定和发布机制

项目主管部门要结合科技计划（专项、基金等）的特点，针对不同项目类别和要求编制项目指南，市场导向类项目指南要充分体现产业需求。扩大项目指南编制工作的参与范围，项目指南发布前要充分征求科研单位、企业、相关部门、地方、协会、学会等有关方面意见，并建立由各方参与的项目指南论证机制。项目主管部门每年固定时间发布项目指南，并通过多种方式扩大项目指南知晓范围，鼓励符合条件的科研人员申报项目。自指南发布日到项目申报受理截止日，原则上不少于50天，以保证科研人员有充足时间申报项目。

（二）规范项目立项

项目申请单位应当认真组织项目申报，根据科研工作实际需要选择项目合作单位。项目主管部门要完善公平竞争的项目遴选机制，通过公开择优、定向择优等方式确定项目承担者；要规范立项审查行为，健全立项管理的内部控制制度，对项目申请者及其合作方的资质、科研能力等进行重点审核，加强项目查重，避免一题多报或重复资助，杜绝项目打包和“拉郎配”；要规范评审专家行为，提高项目评审质量，推行网络评审和视频答辩评审，合理安排会议答辩评审，视频与会议答辩评审应当录音录像，评审意见应当及时反馈项目申请者。从受理项目申请到反馈立项结果原则上不超过120个工作日。要明示项目审批流程，使项目申请者能够及时查询立项工作进展，实现立项过程“可申诉、可查询、可追溯”。

（三）明确项目过程管理职责

项目承担单位负责项目实施的具体管理。项目主管部门要健全服务机制，积极协调解决项目实施中出现的新情况新问题，针对不同科研项目管理特点组织开展巡视检查或抽查，对项目实施不力的要加强督导，对存在违规行为的要责成项目承担单位限期整改，对问题严重的要暂停项目实施。

（四）加强项目验收和结题审查

项目完成后，项目承担单位应当及时做好总结，编制项目决算，按时提交验收或结题申请，无特殊原因未按时提出验收申请的，按不通过验收处理。项目主管部门应当及时组织开展验收或结题审查，并严把验收和审查质量。根据不同类型项目，可以采取同行评议、第三方评估、用户测评等方式，依据项目任务书组织验收，将项目验收结果纳入国家科技报告。探索开展重大项目决策、实施、成果转化的后评价。

五、改进科研项目资金管理

（一）规范项目预算编制

项目申请单位应当按规定科学合理、实事求是地编制项目预算，并对仪器设备购置、合作单位资质及拟外拨资金进行重点说明。相关部门要改进预算编制方法，完善预算编制指南和评估评审工作细则，健全预算评估评审的沟通反馈机制。评估评审工作的重点是项目预算的目标相关性、政策相符性、经济合理性，在评估评审中不得简单按比例核减预算。除以定额补助方式资助的项目外，应当依据科研任务实际需要和财力可能核定项目预算，不得在预算申请前先行设定预算控制额度。劳务费预算应当结合当地实际以及相关人员参与项目的全时工作时间等因素合理编制。

（二）及时拨付项目资金

项目主管部门要合理控制项目和预算评估评审时间，加强项目立项和预算下达的衔接，及时批复项目和预算。相关部门和单位要按照财政国库管理制度相关规定，结合项目实施和资金使用进度，及时合规办理资金支付。实行部门预算批复前项目资金预拨制度，保证科研任务顺利实施。对于有明确目标的重大项目，按照关键节点任务完成情况进行拨款。

（三）规范直接费用支出管理

科学界定与项目研究直接相关的支出范围，各类科技计划（专项、基金等）的支出科目和标准原则上应保持一致。调整劳务费开支范围，将项目临时聘用人员的社会保险补助纳入劳务费科目中列支。进一步下放预算调整审批权限，同时严格控制会议费、差旅费、国际合作与交流费，项目实施中发生的三项支出之间可以调剂使用，但不得突破三项支出预算总额。

（四）完善间接费用和管理费用管理

对实行间接费用管理的项目，间接费用的核定与项目承担单位信用等级挂钩，由项目主管部门直接拨付到项目承担单位。间接费用用于补偿项目承担单位为项目实施所发生的间接成本和绩效支出，项目承担单位应当建立健全间接费用的内部管理办法，合规合理使用间接费用，结合一线科研人员实际贡献公开公正安排绩效支出，体现科研人员价值，充分发挥绩效支出的激励作用。项目承担单位不得在核定的间接费用或管理费用以外再以任何名义在项目资金中重复提取、列支相关费用。

（五）改进项目结转结余资金管理办法

项目在研期间，年度剩余资金可以结转下一年度继续使用。项目完成任务目标并通过验收，且承担单位信用评价好的，项目结余资金按规定在一定期限内由单位统筹安排用于科研活动的直接支出，并将使用情况报项目主管部门；未通过验收和整改后通过验收的项目，或承担单位信用评价差的，结余资金按原渠道收回。

（六）完善单位预算管理办法

财政部门按照核定收支、定额或者定项补助、超支不补、结转和结余按规定使用的原则，合理安排科研院所和高等学校等事业单位预算。科研院所和高等学校等事业单位要按照国家规定合理安排人员经费和公用经费，保障单位正常运转。

六、加强科研项目和资金监管

（一）规范科研项目资金使用行为

科研人员和项目承担单位要依法依规使用项目资金，不得擅自调整外拨资金，不得利用虚假票据套取资金，不得通过编造虚假合同、虚构人员名单等方式虚报冒领劳务费和专家咨询费，不得通过虚构测试化验内容、提高测试化验支出标准等方式违规开支测试化验加工费，不得随意调账变动支出、随意修改记账凭证、以表代账应付财务审计和检查。项目承担单位要建立健全科研和财务管理等相结合的内部控制制度，规范项目资金管理，在职责范围内及时审批项目预算调整事项。对于从中央财政以外渠道获得的项目资金，按照国家有关财务会计制度规定以及相关资金提供方的具体要求管理和使用。

（二）改进科研项目资金结算方式

科研院所、高等学校等事业单位承担项目所发生的会议费、差旅费、小额材料费和测试化验加工费等，要按规定实行“公务卡”结算；企业承担的项目，上述支出也应当采用非现金方式结算。项目承担单位对设备费、大宗材料费和测试化验加工费、劳务费、专家咨询费等支出，原则上应当通过银行转账方式结算。

（三）完善科研信用管理

建立覆盖指南编制、项目申请、评估评审、立项、执行、验收全过程的科研信用记录制度，由项目主管部门委托专业机构对项目承担单位和科研人员、评估评审专家、中介机构等参与主体进行信用评级，并按信用评级实行分类管理。各项目主管部门应共享信用评价信息。建立“黑名单”制度，将严重不良信用记录者记入“黑名单”，阶段性或永久取消其申请中央财政资助项目或参与项目管理的资格。

（四）加大对违规行为的惩处力度

建立完善覆盖项目决策、管理、实施主体的逐级考核问责机制。有关部门要加强科研项目和资金监管工作，严肃处理违规行为，按规定采取通报批评、暂停项目拨款、终止项目执行、追回已拨项目资金、取消项目承担者一定期限内项目申报资格等措施，涉及违法的移交司法机关处理，并将有关结果向社会公开。建立责任倒查制度，针对出现的问题倒查项目主管部门相关人员的履职尽责和廉洁自律情况，经查实存在问题的依法依规严肃处理。

七、加强相关制度建设

（一）建立健全信息公开制度

除涉密及法律法规另有规定外，项目主管部门应当按规定向社会公开科研项目的立项信息、验收结果和资金安排情况等，接受社会监督。项目承担单位应当在单位内部公开项目立项、主要研究人员、资金使用、大型仪器设备购置以及项目研究成果等情况，接受内部监督。

（二）建立国家科技报告制度

科技行政主管部门要会同有关部门制定科技报告的标准和规范，建立国家科技报告共享服务平台，实现国家科技资源持续积累、完整保存和开放共享。对中央财政资金支持的科研项目，项目承担者必须按规定提交科技报告，科技报告提交和共享情况作为对其后续支持的重要依据。

（三）改进专家遴选制度

充分发挥专家咨询作用，项目评估评审应当以同行专家为主，吸收海外高水平专家参与，评估评审专家中一线科研人员的比例应当达到75%左右。扩大企业专家参与市场导向类项目评估评审的比重。推动学术咨询机构、协会、学会等更多参与项目评估评审工作。建立专家数据库，实行评估评审专家轮换、调整机制和回避制度。对采用视频或会议方式评审的，公布专家名单，强化专家自律，接受同行质询和社会监督；对采用通讯方式评审的，评审前专家名单严格保密，保证评审公正性。

（四）完善激发创新创造活力的相关制度和政策

完善科研人员收入分配政策，健全与岗位职责、工作业绩、实际贡献紧密联系的分配激励机制。健全科技人才流动机制，鼓励科研院所、高等学校与企业创新人才双向交流，完善兼职兼薪管理政策。加快推进事业单位科技成果使用、处置和收益管理改革，完善和落实促进科研人员成果转化的收益分配政策。加强知识产权运用和保护，落实激励科技创新的税收政策，推进科技评价和奖励制度改革，制定导向明确、激励约束并重的评价标准，充分调动项目承担单位和科研人员的积极性创造性。

八、明确和落实各方管理责任

（一）项目承担单位要强化法人责任

项目承担单位是科研项目实施和资金管理使用的责任主体，要切实履行在项目申请、组织实施、验收和资金使用等方面的管理职责，加强支撑服务条件建设，提高对科研人员的服务水平，建立常态化的自查自纠机制，严肃处理本单位出现的违规行为。科研人员要弘扬科学精神，恪守科研诚信，强化责任意识，严格遵守科研项目和资金管理的各项规定，自觉接受有关方面的监督。

（二）有关部门要落实管理和服务责任

科技行政主管部门要会同有关部门根据本意见精神制定科技工作重大问题会商与沟通的工作规则；项目主管部门和财政部门要制定或修订各类科技计划（专项、基金等）管理制度。各有关部门要建立健全本部门内部控制和监管体系，加强对所属单位科研项目和资金管理内部制度的审查；督促指导项目承担单位和科研人员依法合规开展科研活动，做好经常性的政策宣传、培训和科研项目实施中的服务工作。

附录 2

《关于加快发展生产性服务业促进产业结构调整升级的指导意见》

一、总体要求

（一）指导思想

以邓小平理论、“三个代表”重要思想、科学发展观为指导，深入贯彻党的十八大和十八届二中、三中全会精神，全面落实党中央、国务院各项决策部署，科学规划布局，放宽市场准入，完善行业标准，创造环境条件，加快生产性服务业创新发展，实现服务业与农业、工业等在更高水平上有机融合，推动我国产业结构优化调整，促进经济提质增效升级。

（二）基本原则

坚持市场主导。处理好政府和市场的关系，使市场在资源配置中起决定性作用和更好发挥政府作用，鼓励和支持各种所有制企业根据市场需求，积极发展生产性服务业。

坚持突出重点。以显著提升产业发展整体素质和产品附加值为重点，围绕全产业链的整合优化，充分发挥生产性服务业在研发设计、流程优化、市场营销、物流配送、节能降耗等方面的引领带动作用。

坚持创新驱动。建立与国际接轨的专业化生产性服务业体系，推动云计算、大数据、物联网等在生产性服务业的应用，鼓励企业开展科技创新、产品创新、管理创新、市场创新和商业模式创新，发展新兴生产性服务业态。

坚持集聚发展。适应中国特色新型工业化、信息化、城镇化、农业现代化发展趋势，深入实施区域发展总体战略和主体功能区战略，因地制宜引导生产性服务业在中心城市、制造业集中区域、现代农业产业基地以及有条件的城镇等区域集聚，实现规模效益和特色发展。

二、发展导向

以产业转型升级需求为导向，进一步加快生产性服务业发展，引导企业进一步打破“大而全”、“小而全”的格局，分离和外包非核心业务，向价值链高端延伸，促进我国产业逐步由生产制造型向生产服务型转变。

（一）鼓励企业向价值链高端发展

鼓励农业企业和涉农服务机构重点围绕提高科技创新和推广应用能力，加快推进现代种业发展，完善农副产品流通体系。鼓励有能力的工业企业重点围绕提高研发创新和系统集成能力，发展市场调研、产品设计、技术开发、工程总包和系统控制等业务。加快发展专业化设计及相关定制、加工服务，建立健全重大技术装备第三方认证制度。促进专利技术运用和创新成果转化，健全研发设计、试验验证、运行维护和技术产品标准等体系。重点围绕市场营销和品牌服务，发展现代销售体系，增强产业链上下游企业协同能力。强化期货、现货交易平台功能。鼓励分期付款等消费金融服务方式。推进仓储物流、维修维护和回收利用等专业服务的发展。

（二）推进农业生产和工业制造现代化

搭建各类农业生产服务平台，加强政策法律咨询、市场信息、病虫害防治、测土配方施肥、种养过程监控等服务。健全农业生产资料配送网络，鼓励开展农机跨区作业、承包作业、机具租赁和维修服务。推进面向产业集群和中小企业的基础工艺、基础材料、基础元器件研发和系统集成以及生产、检测、计量等专业化公共服务平台建设，鼓励开展工程项目、工业设计、产品技术研发和检验检测、工艺诊断、流程优化再造、技能培训等服务外包，整合优化生产服务系统。发展技术支持和设备监理、保养、维修、改造、备品备件等专业化服务，提高设备运行质量。鼓励制造业与相关产业协同处置工业“三废”及社会废弃物，发展节能减排投融资、清洁生产审核及咨询等节能环保服务。

（三）加快生产制造与信息技术服务融合

支持农业生产的信息技术服务创新和应用，发展农作物良种繁育、农业生产动态监测、环境监控等信息技术服务，建立健全农产品质量安全可追溯体系。鼓励将数字技术和智能制造技术广泛应用于产品设计和制造过程，丰富产品功能，提高产品性能。运用互联网、大数据等信息技术，积极发展定制生产，满足多样化、个性化消费需求。促进智能终端与应用服务相融合、数字产品与内容服务相结合，推动产品创新，拓展服务领域。发展服务于产业集群的电子商务、数字内容、数据托管、技术推广、管理咨询等服务平台，提高资源配置效率。

三、主要任务

现阶段，我国生产性服务业重点发展研发设计、第三方物流、融资租赁、信息技术服务、节能环保服务、检验检测认证、电子商务、商务咨询、服务外包、售后服务、人力资源服务和品牌建设。

（一）研发设计

积极开展研发设计服务，加强新材料、新产品、新工艺的研发和推广应用。大力发展工业设计，培育企业品牌、丰富产品品种、提高附加值。促进工业设计向高端综合设计服务转变。支持研发体现中国文化要素的设计产品。整合现有资源，发挥企业创新主体作用，推进产学研用合作，加快创新成果产业化步伐。鼓励建立专业化、开放型的工业设计企业和工业设计服务中心，促进工业企业与工业设计企业合作。完善知识产权交易和中介服务体系，发展研发设计交易市场。开展面向生产性服务业企业的知识产权培训、专利运营、分析评议、专利代理和专利预警等服务。建立主要由市场评价创新成果的机制，加快研发设计创新转化为现实生产力。

（二）第三方物流

优化物流企业供应链管理服务，提高物流企业配送的信息化、智能化、精准化水平，推广企业零库存管理等现代企业管理模式。加强核心技术开发，发展连锁配送等现代经营方式，重点推进云计算、物联网、北斗导航及地理信息等技术在物流智能化管理方面的应用。引导企业剥离物流业务，积极发展专业化、社会化的大型物流企业。完善物流建设和服务标准，引导物流设施资源集聚集约发展，培育一批具有较强服务能力的生产服务型物流园区和配送中心。加强综合性、专业性物流公共信息平台和货物配载中心建设，衔接货物信息，匹配运载工具，提高物流企业运输工具利用效率，降低运输车辆空驶率。提高物流行业标准化设施、设备和器具应用水平以及托盘标准化水平。继续推进制造业与物流业联动发展示范工作和快递服务制造业工作，加强仓储、冷链物流服务。大力发展铁水联运、江海直达、滚装运输、道路货物甩挂运输等运输方式，推进货运汽车（挂车）、列车标准国际化。优化城市配送网络，鼓励统一配送和共同配送。推动城市配送车辆标准化、标识化，建立健全配送车辆运力调控机制，完善配送车辆便利通行措施。在关系民生的农产品、药品、快速消费品等重点领域开展标准化托盘循环共用示范试点。完善农村物流服务体系，加强产销衔接，扩大农超对接规模，加快农产品批发和零售市场改造升级，拓展农产品加工服务。

（三）融资租赁

建立完善融资租赁业运营服务和管理信息系统，丰富租赁方式，提升专业水平，形成融资渠道多样、集约发展、监管有效、法律体系健全的融资租赁服务体系。大力推广大型制造设备、施工设备、运输工具、生产线等融资租赁服务，鼓励融资租赁企业支持中小微企业发展。引导企业利用融资租赁方式，进行设备更新和技术改造。鼓励采用融资租赁方式开拓国际市场。紧密联系产业需求，积极开展租赁业务创新和制度创新，拓展厂商租赁的业务范围。引导租赁服务企业加强与商业银行、保险、信托等金融机构合作，充分利用境外资金，多渠道拓展融资空间，实现规模化经营。建设程序标准化、管理规范化、运转高效的租赁物与二手设备流通市场，建立和完善租赁物公示、查询系统和融资租赁资产退出机制。加快研究制定融资租赁行业的法律法规。充分发挥行业协会作用，加强信用体系建设和行业自律。建立系统性行业风险防范机制，以及融资租赁业统计制度和评价指标体系。

（四）信息技术服务

发展涉及网络新应用的信息技术服务，积极运用云计算、物联网等信息技术，推动制造业的智能化、柔性化和服务化，促进定制生产等模式创新发展。加快面向工业重点行业的知识库建设，创新面向专业领域的信息服务方式，提升服务能力。加强相关软件研发，提高信息技术咨询设计、集成实施、运行维护、测试评估和信息安全服务水平，面向工业行业应用提供系统解决方案，促进工业生产业务流程再造和优化。推动工业企业与软件提供商、信息服务提供商联合提升企业生产经营管理全过程的数字化水平。支持工业企业所属信息服务机构面向行业和社会提供专业化服务。加快农村互联网基础设施建设，推进信息进村入户。

（五）节能环保服务

健全节能环保法规和标准体系，增强节能环保指标的刚性约束，严格落实奖

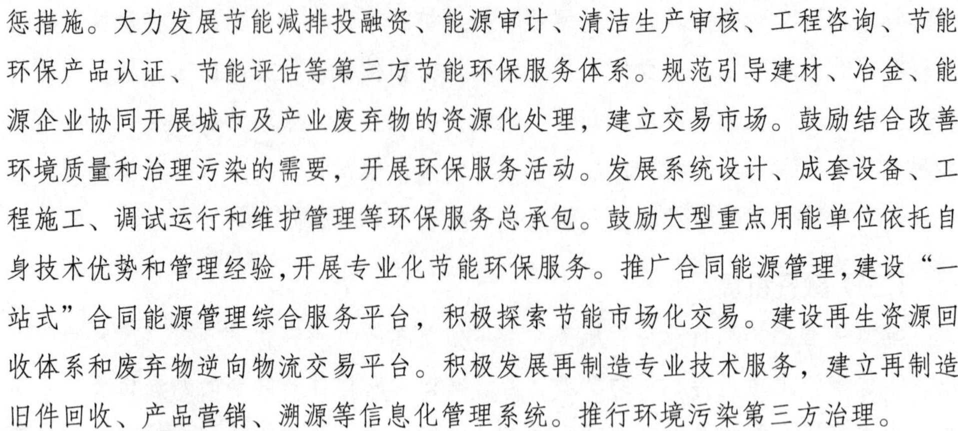

惩措施。大力发展节能减排投融资、能源审计、清洁生产审核、工程咨询、节能环保产品认证、节能评估等第三方节能环保服务体系。规范引导建材、冶金、能源企业协同开展城市及产业废弃物的资源化处理，建立交易市场。鼓励结合改善环境质量和治理污染的需要，开展环保服务活动。发展系统设计、成套设备、工程施工、调试运行和维护管理等环保服务总承包。鼓励大型重点用能单位依托自身技术优势和管理经验,开展专业化节能环保服务。推广合同能源管理,建设"一站式"合同能源管理综合服务平台，积极探索节能市场化交易。建设再生资源回收体系和废弃物逆向物流交易平台。积极发展再制造专业技术服务，建立再制造旧件回收、产品营销、溯源等信息化管理系统。推行环境污染第三方治理。

（六）检验检测认证

加快发展第三方检验检测认证服务，鼓励不同所有制检验检测认证机构平等参与市场竞争，不断增强权威性和公信力，为提高产品质量提供有力的支持保障服务。加强计量、检测技术、检测装备研发等基础能力建设，发展面向设计开发、生产制造、售后服务全过程的分析、测试、计量、检验等服务。建设一批国家产业计量测试中心，构建国家产业计量测试服务体系。加强先进重大装备、新材料、新能源汽车等领域的第三方检验检测服务，加快发展药品检验检测、医疗器械检验、进出口检验检疫、农产品质量安全检验检测、食品安全检验检测等服务，发展在线检测，完善检验检测认证服务体系。开拓电子商务等服务认证领域。优化资源配置，引导检验检测认证机构集聚发展，推进整合业务相同或相近的检验检测认证机构。积极参与制定国际检验检测标准，开展检验检测认证结果和技术能力国际互认。培育一批技术能力强、服务水平高、规模效益好、具有一定国际影响力的检验检测认证集团。加大生产性服务业标准的推广应用力度，深化国家级服务业标准化试点。

（七）电子商务

深化大中型企业电子商务应用，促进大宗原材料网上交易、工业产品网上定制、上下游关联企业业务协同发展，创新组织结构和经营模式。引导小微企业依托第三方电子商务服务平台开展业务。抓紧研究制定鼓励电子商务创新发展的意见。深化电子商务服务集成创新。加快并规范集交易、电子认证、在线支付、物流、信用评估等服务于一体的第三方电子商务综合服务平台发展。加快推进适应电子合同、电子发票和电子签名发展的制度建设。建设开放式电子商务快递配送信息平台和社会化仓储设施网络，加快布局、规范建设快件处理中心和航空、陆运集散中心。鼓励对现有商业设施、邮政便民服务设施等的整合利用，加强共同配送末端网点建设，推动社区商业电子商务发展。深入推进国家电子商务示范城市、示范基地和示范企业建设，发展电子商务可信交易保障、交易纠纷处理等服务。建立健全促进电子商务发展的工作保障机制。加强网络基础设施建设和电子商务信用体系、统计监测体系建设，不断完善电子商务标准体系和快递服务质量评价体系。推进农村电子商务发展，积极培育农产品电子商务，鼓励网上购销对接等多种交易方式。支持面向跨境贸易的多语种电子商务平台建设、服务创新和应用推广。积极发展移动电子商务，推动移动电子商务应用向工业生产经营和生产性服务业领域延伸。

（八）商务咨询

提升商务咨询服务专业化、规模化、网络化水平。引导商务咨询企业以促进产业转型升级为重点，大力发展战略规划、营销策划、市场调查、管理咨询等提升产业发展素质的咨询服务，积极发展资产评估、会计、审计、税务、勘察设计、工程咨询等专业咨询服务。发展信息技术咨询服务，开展咨询设计、集成实施、运行维护、测试评估、应用系统解决方案和信息安全服务。加强知识产权咨询服务，发展检索、分析、数据加工等基础服务，培育知识产权转化、投融资等市场化服务。重视培育品牌和商誉，发展无形资产、信用等评估服务。抓紧研究制定咨询服务业发展指导意见。依法健全商务咨询服务的职业评价制度和信用管理体系，加强执业培训和行业自律。开展多种形式的国际合作，推动商务咨询服务国际化发展。

（九）服务外包

把握全球服务外包发展新趋势，积极承接国际离岸服务外包业务，大力培育在岸服务外包市场。抓紧研究制定在岸与离岸服务外包协调发展政策。适应生产性服务业社会化、专业化发展要求，鼓励服务外包，促进企业突出核心业务、优化生产流程、创新组织结构、提高质量和效率。引导社会资本积极发展信息技术外包、业务流程外包和知识流程外包服务业务，为产业转型升级提供支撑。鼓励政府机构和事业单位购买专业化服务，加强管理创新。支持企业购买专业化服务，构建数字化服务平台，实现包括产品设计、工艺流程、生产规划、生产制造和售后服务在内的全过程管理。

（十）售后服务

鼓励企业将售后服务作为开拓市场、提高竞争力的重要途径，增强服务功能，健全服务网络，提升服务质量，完善服务体系。完善产品“三包”制度，推动发展产品配送、安装调试、以旧换新等售后服务，积极运用互联网、物联网、大数据等信息技术，发展远程检测诊断、运营维护、技术支持等售后服务新业态。大力发展专业维护维修服务，加快技术研发与应用，促进维护维修服务业务和服务模式创新，鼓励开展设备监理、维护、修理和运行等全生命周期服务。积极发展专业化、社会化的第三方维护维修服务，支持具备条件的工业企业内设机构向专业维护维修公司转变。完善售后服务标准，加强售后服务专业队伍建设，健全售后服务认证制度和质量监测体系，不断提高用户满意度。

（十一）人力资源服务和品牌建设

以产业引导、政策扶持和环境营造为重点，推进人力资源服务创新，大力开发能满足不同层次、不同群体需求的各类人力资源服务产品。提高人力资源服务水平，促进人力资源服务供求对接，引导各类企业通过专业化的人力资源服务提升人力资源管理开发和使用水平，提升劳动者素质和人力资源配置效率。加快形成一批具有国际竞争力的综合型、专业型人力资源服务机构。统筹利用高等院校、科研院所、职业院校、社会培训机构和企业等各种培训资源，强化生产性服务业所需的创新型、应用型、复合型、技术技能型人才开发培训。加快推广中关村科技园区股权激励试点经验，调动科研人员创新进取的积极性。营造尊重人才、有利于优秀人才脱颖而出和充分发挥作用的社会环境。鼓励具有自主知识产权的知识创新、技术创新和模式创新，积极创建知名品牌，增强独特文化特质，以品牌引领消费，带动生产制造，推动形成具有中国特色的品牌价值评价机制。

四、政策措施

从深化改革开放、完善财税政策、强化金融创新、有效供给土地、健全价格机制和加强基础工作等方面，为生产性服务业发展创造良好环境，最大限度地激发企业和市场活力。

（一）进一步扩大开放

进一步放开生产性服务业领域市场准入，营造公平竞争环境，不得对社会资本设置歧视性障碍，鼓励社会资本以多种方式发展生产性服务业。进一步减少生产性服务业重点领域前置审批和资质认定项目，由先证后照改为先照后证，加快落实注册资本认缴登记制。允许社会资本参与应用型技术研发机构市场化改革。鼓励社会资本参与国家服务业综合改革试点。

引导外资企业来华设立生产性服务业企业、各类功能性总部和分支机构、研发中心、营运基地等。统一内外资法律法规，推进生产性服务业领域有序开放，放开建筑设计、会计审计、商贸物流、电子商务等服务业领域外资准入限制。加快研究制定服务业进一步扩大开放的政策措施，对已经明确的扩大开放要求，要抓紧落实配套措施。探索对外商投资实行准入前国民待遇加负面清单的管理模式。发挥中国（上海）自由贸易试验区在服务业领域先行先试的作用。加强与香港、澳门、台湾地区的服务业合作，加快推进深圳前海、珠海横琴、广州南沙与港澳地区，福建厦门、平潭和江苏昆山与台湾地区的服务业合作试点。

鼓励有条件的企业依托现有产品贸易优势，在境外设立分支机构，大力拓展生产性服务业发展空间。简化境外投资审批程序，进一步提高生产性服务业境外投资的便利化程度。鼓励企业利用电子商务开拓国际营销渠道，积极研究为符合条件的电子商务企业、快递企业提供便利通关措施。加快跨境电子商务通关试点建设。鼓励设立境外投资贸易服务机构，做好境外投资需求的规模、领域和国别研究，提供对外投资准确信息，为企业“走出去”提供咨询服务。

（二）完善财税政策

尽快将营业税改征增值税试点扩大到服务业全领域。根据生产性服务业产业融合度高的特点，完善促进生产性服务业的税收政策。研发设计、检验检测认证、节能环保等科技型、创新型生产性服务业企业，可申请认定为高新技术企业，享受15%的企业所得税优惠税率。研究适时扩大生产性服务业服务产品出口退税政策范围，制定产品退税目录和具体管理办法。

中央财政和地方财政在各自事权和支出责任范围内，重点支持公共基础设施、市场诚信体系、标准体系建设以及公共服务平台等服务业发展薄弱环节建设，探索完善财政资金投入方式，提高资金使用效率，推动建立统一开放、规范竞争的服务业市场体系。鼓励开发区、产业集群、现代农业产业基地、服务业集聚区和发展示范区积极建设重大服务平台。积极研究自主创新产品首次应用政策，增加对研发设计成果应用的支持。完善政府采购办法，逐步加大政府向社会力量购买服务的力度，凡适合社会力量承担的，都可以通过委托、承包、采购等方式交给社会力量承担。研究制定政府向社会力量购买服务的指导性目录，明确政府购买的服务种类、性质和内容。

（三）创新金融服务

鼓励商业银行按照风险可控、商业可持续原则，开发适合生产性服务业特点的各类金融产品和服务，积极发展商圈融资、供应链融资等融资方式。支持节能环保服务项目以预期收益质押获得贷款。研究制定利用知识产权质押、仓单质押、信用保险保单质押、股权质押、商业保理等多种方式融资的可行措施。建立生产性服务业重点领域企业信贷风险补偿机制。完善动产抵（质）押登记公示体系，建立健全动产押品管理公司监管制度。支持符合条件的生产性服务业企业通过银行间债券市场发行非金融企业债券融资工具融资，拓宽企业融资渠道。支持商业银行发行专项金融债券，服务小微企业。根据研发、设计、应用的阶段特征和需求，建立完善相应的融资支持体系和产品。搭建方便快捷的融资平台，支持符合条件的生产性服务业企业上市融资、发行债券。对符合条件的中小企业信用担保机构提供担保服务实行免征营业税政策。鼓励融资性担保机构扩大生产性服务业企业担保业务规模。

（四）完善土地和价格政策

合理安排生产性服务业用地，促进节约集约发展。鼓励工业企业利用自有工业用地兴办促进企业转型升级的自营生产性服务业，经依法批准，对提高自有工业用地容积率用于自营生产性服务业的工业企业，可按新用途办理相关手续。选择具备条件的城市和国家服务业综合改革试点区域，鼓励通过对城镇低效用地的改造发展生产性服务业。加强对服务业发展示范区促进生产性服务业发展与土地利用工作的协同指导。

建立完善主要以市场决定价格的生产性服务业价格形成机制，规范服务价格。建立科学合理的生产性服务业企业贷款定价机制，加大对生产性服务业重点领域企业的支持力度。加快落实生产性服务业用电、用水、用气与工业同价。对工业企业分离出的非核心业务，在水、气方面实行与原企业相同的价格政策。符合条件的生产性服务业重点领域企业，可申请参与电力用户与发电企业直接交易试点。加强对生产性服务业重点领域违规收费项目的清理和监督检查。

（五）加强知识产权保护和人才队伍建设

鼓励生产性服务业企业创造自主知识产权，加强对服务模式、服务内容等创新的保护。加快数字版权保护技术研发，推进国家版权监管平台建设。扩大知识产权基础信息资源共享范围，促进知识产权协同创新。加强知识产权执法，加大对侵犯知识产权和制售假冒伪劣商品的打击力度，维护市场秩序，保护创新积极性。加强政府引导，及时发布各类人才需求导向等信息。支持生产性服务业创新团队培养，建立创新发展服务平台。研究促进设计、创意人才队伍建设的措施办法，鼓励创新型人才发展。建设大型专业人才服务平台，增强人才供需衔接。

（六）建立健全统计制度

以国民经济行业分类为基础，抓紧研究制定生产性服务业及重点领域统计分类，完善相关统计制度和指标体系，明确各有关部门相关统计任务。建立健全有关部门信息共享机制，逐步形成年度、季度信息发布机制。

各地区、各部门要充分认识发展生产性服务业的重大意义，把加快发展生产性服务业作为转变经济发展方式、调整产业结构的重要任务，采取有力措施，确保各项政策落到实处、见到实效。地方各级人民政府要加强组织领导，结合本地实际进一步研究制定扶持生产性服务业发展的政策措施。国务院各有关部门要密切协作配合，抓紧制定各项配套政策和落实政策措施分工的具体措施，营造促进生产性服务业发展的良好环境。发展改革委要加强统筹协调，会同有关部门对本意见落实情况进行督促检查和跟踪分析，每半年向国务院报告一次落实情况，重大问题及时报告。

在推进生产性服务业加快发展的同时，要围绕人民群众的迫切需要，继续大力发展生活性服务业，落实和完善生活性服务业支持政策，拓展新领域，不断丰富健康、家庭、养老等服务产品供给；发展新业态，不断提高网络购物、远程教育、旅游等服务层次水平；培育新热点，不断扩大文化创意、数字家庭、信息消费等消费市场规模，做到生产性服务业与生活性服务业并重、现代服务业与传统服务业并举，切实把服务业打造成经济社会可持续发展的新引擎。

附录3

《关于深入实施国家知识产权战略行动计划（2014—2020年）》

《国家知识产权战略纲要》颁布实施以来，各地区、各有关部门认真贯彻党中央、国务院决策部署，推动知识产权战略实施工作取得新的进展和成效，基本实现了《国家知识产权战略纲要》确定的第一阶段五年目标，对促进经济社会发展发挥了重要支撑作用。随着知识经济和经济全球化深入发展，知识产权日益成为国家发展的战略性资源和国际竞争力的核心要素。深入实施知识产权战略是全面深化改革的重要支撑和保障，是推动经济结构优化升级的重要举措。为进一步贯彻落实《国家知识产权战略纲要》，全面提升知识产权综合能力，实现创新驱动发展，推动经济提质增效升级，特制定本行动计划。

一、总体要求

（一）指导思想

以邓小平理论、“三个代表”重要思想、科学发展观为指导，全面贯彻党的十八大和十八届二中、三中、四中全会精神，全面落实党中央、国务院各项决策部署，实施创新驱动发展战略，按照激励创造、有效运用、依法保护、科学管理的方针，坚持中国特色知识产权发展道路，着力加强知识产权运用和保护，积极营造良好的知识产权法治环境、市场环境、文化环境，认真谋划我国建设知识产权强国的发展路径，努力建设知识产权强国，为建设创新型国家和全面建成小康社会提供有力支撑。

（二）主要目标

到2020年，知识产权法治环境更加完善，创造、运用、保护和管理知识产权的能力显著增强，知识产权意识深入人心，知识产权制度对经济发展、文化繁荣和社会建设的促进作用充分显现。

知识产权创造水平显著提高。知识产权拥有量进一步提高，结构明显优化，核心专利、知名品牌、版权精品和优良植物新品种大幅增加。形成一批拥有国外专利布局和全球知名品牌的知识产权优势企业。

知识产权运用效果显著增强。市场主体运用知识产权参与市场竞争的能力明显提升，知识产权投融资额明显增加，知识产权市场价值充分显现。知识产权密集型产业增加值占国内生产总值的比重显著提高，知识产权服务业快速发展，服务能力基本满足市场需要，对产业结构优化升级的支撑作用明显提高。

知识产权保护状况显著改善。知识产权保护体系更加完善，司法保护主导作用充分发挥，行政执法效能和市场监管水平明显提升。反复侵权、群体侵权、恶意侵权等行为受到有效制裁，知识产权犯罪分子受到有力震慑，知识产权权利人的合法权益得到有力保障，知识产权保护社会满意度进一步提高。

知识产权管理能力显著增强。知识产权行政管理水平明显提高，审查能力达到国际先进水平，国家科技重大专项和科技计划实现知识产权全过程管理。重点院校和科研院所普遍建立知识产权管理制度。企业知识产权管理水平大幅提升。

知识产权基础能力全面提升。构建国家知识产权基础信息公共服务平台。知识产权人才队伍规模充足、结构优化、布局合理、素质优良。全民知识产权意识显著增强，尊重知识、崇尚创新、诚信守法的知识产权文化理念深入人心。

2014—2020 年知识产权战略实施工作主要预期指标

指标	2013 年	2015 年	2020 年
每万人口发明专利拥有量（件）	4	6	14
通过《专利合作条约》途径提交的专利申请量（万件）	2.2	3.0	7.5
国内发明专利平均维持年限（年）	5.8	6.4	9.0
作品著作权登记量（万件）	84.5	90	100
计算机软件著作权登记量（万件）	16.4	17.2	20
全国技术市场登记的技术合同交易总额（万亿元）	0.8	1.0	2.0
知识产权质押融资年度金额（亿元）	687.5	750	1800
专有权利使用费和特许费出口收入（亿美元）	13.6	20	80
知识产权服务业营业收入年均增长率（%）	18	20	20
知识产权保护社会满意度（分）	65	70	80
发明专利申请平均实质审查周期（月）	22.3	21.7	20.2
商标注册平均审查周期（月）	10	9	9

二、主要行动

（一）促进知识产权创造运用，支撑产业转型升级

推动知识产权密集型产业发展。更加注重知识产权质量和效益，优化产业布局，引导产业创新，促进产业提质增效升级。面向产业集聚区、行业和企业，实施专利导航试点项目，开展专利布局，在关键技术领域形成一批专利组合，构建支撑产业发展和提升企业竞争力的专利储备。加强专利协同运用，推动专利联盟建设，建立具有产业特色的全国专利运营与产业化服务平台。建立运行高效、支撑有力的专利导航产业发展工作机制。完善企业主导、多方参与的专利协同运用体系，形成资源集聚、流转活跃的专利交易市场体系，促进专利运营业态健康发展。发布战略性新兴产业专利发展态势报告。鼓励有条件的地区发展区域特色知识产权密集型产业，构建优势互补的产业协调发展格局。建设一批知识产权密集型产业集聚区，在产业集聚区推行知识产权集群管理，构筑产业竞争优势。鼓励文化领域商业模式创新，加强文化品牌开发和建设，建立一批版权交易平台，活跃文化创意产品传播，增强文化创意产业核心竞争力。

服务现代农业发展。加强植物新品种、农业技术专利、地理标志和农产品商标创造运用，促进农业向技术装备先进、综合效益明显的现代化方向发展。扶持新品种培育，推动育种创新成果转化为植物新品种权。以知识产权利益分享为纽带，加强种子企业与高校、科研院所的协作创新，建立品种权转让交易公共平台，提高农产品知识产权附加值。增加农业科技评价中知识产权指标权重。提高农业机械研发水平，加强农业机械专利布局，组建一批产业技术创新战略联盟。大力推进农业标准化，加快健全农业标准体系。建立地理标志联合认定机制。推广农户、基地、龙头企业、地理标志和农产品商标紧密结合的农产品经营模式。

促进现代服务业发展。大力发展知识产权服务业，扩大服务规模、完善服务标准、提高服务质量，推动服务业向高端发展。培育知识产权服务市场，形成一批知识产权服务业集聚区。建立健全知识产权服务标准规范，加强对服务机构和从业人员的监管。发挥行业协会作用，加强知识产权服务行业自律。支持银行、证券、保险、信托等机构广泛参与知识产权金融服务，鼓励商业银行开发知识产权融资服务产品。完善知识产权投融资服务平台，引导企业拓展知识产权质押融资范围。引导和鼓励地方人民政府建立小微企业信贷风险补偿基金，对知识产权质押贷款提供重点支持。通过国家科技成果转化引导基金对科技成果转化贷款给

予风险补偿。增加知识产权保险品种，扩大知识产权保险试点范围，加快培育并规范知识产权保险市场。

（二）加强知识产权保护，营造良好市场环境

加强知识产权行政执法信息公开。贯彻落实《国务院批转全国打击侵犯知识产权和制售假冒伪劣商品工作领导小组〈关于依法公开制售假冒伪劣商品和侵犯知识产权行政处罚案件信息的意见（试行）〉的通知》（国发〔2014〕6号），扎实推进侵犯知识产权行政处罚案件信息公开，震慑违法者，同时促进执法者规范公正文明执法。将案件信息公开情况纳入打击侵权假冒工作统计通报范围并加强考核。探索建立与知识产权保护有关的信用标准，将恶意侵权行为纳入社会信用评价体系，向征信机构公开相关信息，提高知识产权保护社会信用水平。

加强重点领域知识产权行政执法。积极开展执法专项行动，重点查办跨区域、大规模和社会反响强烈的侵权案件，加大对民生、重大项目和优势产业等领域侵犯知识产权行为的打击力度。加强执法协作、侵权判定咨询与纠纷快速调解工作。加强大型商业场所、展会知识产权保护。督促电子商务平台企业落实相关责任，督促邮政、快递企业完善并执行收寄验视制度，探索加强跨境贸易电子商务服务的知识产权监管。加强对视听节目、文学、游戏网站和网络交易平台的版权监管，规范网络作品使用，严厉打击网络侵权盗版，优化网络监管技术手段。开展国内自由贸易区知识产权保护状况调查，探索在货物生产、加工、转运中加强知识产权监管，创新并适时推广知识产权海关保护模式，依法加强国内自由贸易区知识产权执法。依法严厉打击进出口货物侵权行为。

推进软件正版化工作。贯彻落实《国务院办公厅关于印发政府机关使用正版软件管理办法的通知》（国办发〔2013〕88号），巩固政府机关软件正版化工作成果，进一步推进国有企业软件正版化。完善软件正版化工作长效机制，推动软件资产管理、经费预算、审计监督、年度检查报告、考核和责任追究等制度落到实处，确保软件正版化工作常态化、规范化。

加强知识产权刑事执法和司法保护。加大对侵犯知识产权犯罪案件的侦办力度，对重点案件挂牌督办。坚持打防结合，将专项打击逐步纳入常态化执法轨道。加强知识产权行政执法与刑事司法衔接，加大涉嫌犯罪案件移交工作力度。依法加强对侵犯知识产权刑事案件的审判工作，加大罚金刑适用力度，剥夺侵权人再犯罪能力和条件。加强知识产权民事和行政审判工作，营造良好的创新环境。按照关于设立知识产权法院的方案，为知识产权法院的组建与运行提供人财物等方面的保障和支持。

推进知识产权纠纷社会预防与调解工作。探索以公证的方式保管知识产权证据及相关证明材料，加强对证明知识产权在先使用、侵权等行为的保全证据公证工作。开展知识产权纠纷诉讼与调解对接工作，依法规范知识产权纠纷调解工作，完善知识产权纠纷行业调解机制，培育一批社会调解组织，培养一批专业调解员。

（三）强化知识产权管理，提升管理效能

强化科技创新知识产权管理。加强国家科技重大专项和科技计划知识产权管理，促进高校和科研院所知识产权转移转化。落实国家科技重大专项和科技计划项目管理部门、项目承担单位等知识产权管理职责，明确责任主体。将知识产权管理纳入国家科技重大专项和科技计划全过程管理，建立国家科技重大专项和科技计划完成后的知识产权目标评估制度。探索建立科技重大专项承担单位和各参与单位知识产权利益分享机制。开展中央级事业单位科技成果使用、处置和收益管理改革试点，促进知识产权转化运用。完善高校和科研院所知识产权管理规范，鼓励高校和科研院所建立知识产权转移转化机构。

加强知识产权审查。完善审查制度、加强审查管理、优化审查方式，提高知识产权审查质量和效率。完善知识产权申请与审查制度，完善专利审查快速通道，建立商标审查绿色通道和软件著作权快速登记通道。在有关考核评价中突出专利质量导向，加大专利质量指标评价权重。加强专利审查质量管理，完善专利审查标准。加强专利申请质量监测，加大对低质量专利申请的查处力度。优化专利审查方式，稳步推进专利审查协作中心建设，提升专利审查能力。优化商标审查体系，建立健全便捷高效的商标审查协作机制，完善商标审查标准，提高商标审查质量和效率。提高植物新品种测试能力，完善植物新品种权审查制度。

实施重大经济活动知识产权评议。针对重大产业规划、政府重大投资活动等开展知识产权评议。加强知识产权主管部门和产业主管部门间的沟通协作，制定发布重大经济活动知识产权评议指导手册，提高知识产权服务机构评议服务能力。推动建立重大经济活动知识产权评议制度，明确评议内容，规范评议程序。引导企业自主开展知识产权评议工作，规避知识产权风险。

引导企业加强知识产权管理。引导企业提高知识产权规范化管理水平，加强知识产权资产管理，促进企业提升竞争力。建立知识产权管理标准认证制度，引

导企业贯彻知识产权管理规范。建立健全知识产权价值分析标准和评估方法，完善会计准则及其相关资产管理制度，推动企业在并购、股权流转、对外投资等活动中加强知识产权资产管理。制定知识产权委托管理服务规范，引导和支持知识产权服务机构为中小微企业提供知识产权委托管理服务。

加强国防知识产权管理。强化国防知识产权战略实施组织管理，加快国防知识产权政策法规体系建设，推动知识产权管理融入国防科研生产和装备采购各环节。规范国防知识产权权利归属与利益分配，促进形成军民结合高新技术领域自主知识产权。完善国防知识产权解密制度，引导优势民用知识产权进入军品科研生产领域，促进知识产权军民双向转化实施。

（四）拓展知识产权国际合作，推动国际竞争力提升

加强涉外知识产权工作。公平公正保护知识产权，对国内外企业和个人的知识产权一视同仁、同等保护。加强与国际组织合作，巩固和发展与主要国家和地区的多双边知识产权交流。提高专利审查国际业务承接能力，建设专利审查高速路，加强专利审查国际合作，提升我国专利审查业务国际影响力。加强驻外使领馆知识产权工作力度，跟踪研究有关国家的知识产权法规政策，加强知识产权涉外信息交流，做好涉外知识产权应对工作。建立完善多双边执法合作机制，推进国际海关间知识产权执法合作。

完善与对外贸易有关的知识产权规则。追踪各类贸易区知识产权谈判进程，推动形成有利于公平贸易的知识产权规则。落实对外贸易法中知识产权保护相关规定，研究针对进口贸易建立知识产权境内保护制度，对进口产品侵犯中国知识产权的行为和进口贸易中其他不公平竞争行为开展调查。

支持企业“走出去”。及时收集发布主要贸易目的地、对外投资目的地知识产权相关信息。加强知识产权培训，支持企业在国外布局知识产权。加强政府、企业和社会资本的协作，在信息技术等重点领域探索建立公益性和市场化运作的专利运营公司。加大海外知识产权维权援助机制建设，鼓励企业建立知识产权海外维权联盟，帮助企业在当地及时获得知识产权保护。引导知识产权服务机构提高海外知识产权事务处理能力，为企业“走出去”提供专业服务。

三、基础工程

（一）知识产权信息服务工程

推动专利、商标、版权、植物新品种、地理标志、民间文艺、遗传资源及相关传统知识等各类知识产权基础信息公共服务平台互联互通，逐步实现基础信息共享。知识产权基础信息资源免费或低成本向社会开放，基本检索工具免费供社会公众使用，提高知识产权信息利用便利度。指导有关行业建设知识产权专业信息库，鼓励社会机构对知识产权信息进行深加工，提供专业化、市场化的知识产权信息服务，满足社会多层次需求。

（二）知识产权调查统计工程

开展知识产权统计监测，全面反映知识产权的发展状况。逐步建立知识产权产业统计制度，完善知识产权服务业统计制度，明确统计范围，统一指标口径，在新修订的国民经济核算体系中体现知识产权内容。

（三）知识产权人才队伍建设工程

建设若干国家知识产权人才培养基地，推动建设知识产权协同创新中心。开展以党政领导干部、公务员、企事业单位管理人员、专业技术人员、文学艺术创作人员、教师等为重点的知识产权培训。将知识产权内容纳入学校教育课程体系，建立若干知识产权宣传教育示范学校。将知识产权内容全面纳入国家普法教育和全民科学素养提升工作。依托海外高层次人才引进计划引进急需的知识产权高端人才。深入开展百千万知识产权人才工程，建立面向社会的知识产权人才库。完善知识产权专业技术人才评价制度。

四、保障措施

（一）加强组织实施

国家知识产权战略实施工作部际联席会议（以下简称联席会议）负责组织实施本行动计划，并加强对地方知识产权战略实施的指导和支持。知识产权局要发挥牵头作用，认真履行联席会议办公室职责，建立完善相互支持、密切协作、运转顺畅的工作机制，推进知识产权战略实施工作开展，并组织相关部门开展知识产权强国建设研究，提出知识产权强国建设的战略目标、思路和举措，积极推进知识产权强国建设。联席会议各成员单位要各负其责并尽快制定具体实施方案。

地方各级政府要将知识产权战略实施工作纳入当地国民经济和社会发展总体规划，将本行动计划落实工作纳入重要议事日程和考核范围。

（二）加强督促检查

联席会议要加强对战略实施状况的监测评估，对各项任务落实情况组织开展监督检查，重要情况及时报告国务院。知识产权局要会同联席会议各成员单位及相关部门加强对地方知识产权战略实施工作的监督指导。

（三）加强财政支持

中央财政通过相关部门的部门预算渠道安排资金支持知识产权战略实施工作。引导支持国家产业发展的财政资金和基金向促进科技成果产权化、知识产权产业化方向倾斜。完善知识产权资助政策，适当降低中小微企业知识产权申请和维持费用，加大对中小微企业知识产权创造和运用的支持力度。

（四）完善法律法规

推动专利法、著作权法及配套法规修订工作，建立健全知识产权保护长效机制，加大对侵权行为的惩处力度。适时做好遗传资源、传统知识、民间文艺和地理标志等方面的立法工作。研究修订反不正当竞争法、知识产权海关保护条例、植物新品种保护条例等法律法规。研究制定防止知识产权滥用的规范性文件。

附录 4

《关于依法公开制售假冒伪劣商品和侵犯知识产权行政处罚案件信息的意见（试行）》

为规范公开制售假冒伪劣商品和侵犯知识产权行政处罚案件（以下简称假冒伪劣和侵权行政处罚案件）信息，保护消费者权益，提高执法公信力，维护公平竞争的市场秩序，促进质量提升和产业升级，制定本意见。

一、总体要求

（一）行政执法机关原则上应当主动、及时公开适用一般程序查办的假冒伪劣和侵权行政处罚案件相关信息，接受人民群众监督。

（二）行政执法机关公开假冒伪劣和侵权行政处罚案件相关信息，应当遵守《中华人民共和国行政处罚法》《中华人民共和国政府信息公开条例》（以下简称《政府信息公开条例》）等法律法规规定。

二、公开的内容

（一）公开的假冒伪劣和侵权行政处罚案件信息主要是指行政处罚决定书载明的内容和依照法律、法规应当公开的其他信息，一般应当包括：行政处罚决定书文号；被处罚的自然人姓名，被处罚的企业或其他组织的名称、法定代表人姓名；违反法律、法规或规章的主要事实；行政处罚的种类和依据；行政处罚的履行方式和期限；作出处罚决定的行政执法机关名称和日期。

（二）行政处罚决定因行政复议或行政诉讼发生变更或撤销的，应当及时公开相关信息。

（三）行政执法机关应当按照有关规定及时移送涉嫌犯罪的案件；对作出行政处罚决定后移送的案件，要公开行政处罚结果信息。

（四）对公民、法人或其他组织申请公开的假冒伪劣和侵权行政处罚案件相关信息，按照《政府信息公开条例》和相关法律法规的规定办理。

三、公开的权限

（一）县级以上人民政府行政执法机关负责本机关假冒伪劣和侵权行政处罚案件的信息公开工作。

（二）实行垂直管理的行政执法机关自行确定本系统假冒伪劣和侵权行政处罚案件信息公开工作的机构层级。

四、公开的程序和方式

（一）对属于主动公开范围的假冒伪劣和侵权行政处罚案件信息，自行政执法机关作出处罚决定或处罚决定变更之日起20个工作日内予以公开。对食品药品、卫生器材、农业生产资料等事关人民群众健康和安全领域的假冒伪劣和侵权行政处罚案件信息，应根据相关法律、法规的规定，及时予以公开。法律、法规对公开的期限另有规定的，从其规定。

（二）行政执法机关应当主要通过政府网站主动公开假冒伪劣和侵权行政处罚案件信息，也可以选择公告栏、新闻发布会以及报刊、广播、电视等便于公众知晓的方式予以公开。

（三）有关部门要将公开的假冒伪劣和侵权行政处罚案件信息作为社会征信系统的重要内容，方便社会公众查询。

五、规范和管理

（一）行政执法机关要建立健全假冒伪劣和侵权行政处罚案件信息公开管理制度，并指定专门机构负责假冒伪劣和侵权行政处罚案件信息公开日常工作。

（二）行政执法机关要建立健全假冒伪劣和侵权行政处罚案件信息公开的内部审核机制。

（三）行政执法机关应当建立健全假冒伪劣和侵权行政处罚案件信息公开协调机制。涉及其他行政机关的，应当在公开前沟通、确认，保证所公开的信息准确一致。

（四）行政执法机关应当建立健全假冒伪劣和侵权行政处罚案件信息公开的档案管理制度。

（五）行政执法机关公开假冒伪劣和侵权行政处罚案件信息，不得涉及商业秘密以及自然人住所、肖像、电话号码、财产状况等个人隐私。但是，经权利人同意公开或者行政执法机关认为不公开可能对公共利益造成重大影响的，可以予以公开，并将决定公开的内容和理由书面通知权利人。

（六）行政执法机关公开假冒伪劣和侵权行政处罚案件信息，不得泄露国家秘密，损害国家政治、经济安全，影响社会稳定。因上述理由决定不予公开相关信息的，应当写明理由并报上级机关批准。

（七）行政执法机关应当制定相关配套措施，加强基层执法队伍培训，提高执法水平，有序推进假冒伪劣和侵权行政处罚案件信息公开工作。

六、监督和保障

（一）各级人民政府要将假冒伪劣和侵权行政处罚案件信息公开工作纳入政府信息公开工作的监督检查内容，建立健全考核制度和责任追究制度，定期进行考核。要加强政策解读和舆论引导，做好相关宣传教育工作。

（二）行政执法机关要严格履行假冒伪劣和侵权行政处罚案件信息公开的责任与义务。上级机关和监察机关要加强监督指导，对不履行信息公开义务、不及时公开或更新信息内容、违规收取费用等行为，责令改正并追究责任。

（三）承担假冒伪劣和侵权行政处罚案件信息公开工作的行政执法机关，要根据本意见要求和相关规定制定具体实施办法并抓好落实。

附录 5

国务院关于加快科技服务业发展的若干意见
（国发〔2014〕49号2014年10月9日）

科技服务业是现代服务业的重要组成部分，具有人才智力密集、科技含量高、产业附加值大、辐射带动作用强等特点。近年来，我国科技服务业发展势头良好，服务内容不断丰富，服务模式不断创新，新型科技服务组织和服务业态不断涌现，服务质量和能力稳步提升。但总体上我国科技服务业仍处于发展初期，存在着市场主体发育不健全、服务机构专业化程度不高、高端服务业态较少、缺乏知名品牌、发展环境不完善、复合型人才缺乏等问题。加快科技服务业发展，是推动科技创新和科技成果转化、促进科技经济深度融合的客观要求，是调整优化产业结构、培育新经济增长点的重要举措，是实现科技创新引领产业升级、推动经济向中高端水平迈进的关键一环，对于深入实施创新驱动发展战略、推动经济提质增效升级具有重要意义。为加快推动科技服务业发展，现提出以下意见。

一、总体要求

（一）指导思想

以邓小平理论、“三个代表”重要思想、科学发展观为指导，深入贯彻落实党的十八大、十八届二中、三中全会精神和国务院决策部署，充分发挥市场在资源配置中的决定性作用，以支撑创新驱动发展战略实施为目标，以满足科技创新需求和提升产业创新能力为导向，深化科技体制改革，加快政府职能转变，完善政策环境，培育和壮大科技服务市场主体，创新科技服务模式，延展科技创新服务链，促进科技服务业专业化、网络化、规模化、国际化发展，为建设创新型国家、打造中国经济升级版提供重要保障。

（二）基本原则

坚持深化改革。推进科技体制改革，加快政府职能转变和简政放权，有序放开科技服务市场准入，建立符合国情、持续发展的体制机制，营造平等参与、公平竞争的发展环境，激发各类科技服务主体活力。

坚持创新驱动。充分应用现代信息和网络技术，依托各类科技创新载体，整合开放公共科技服务资源，推动技术集成创新和商业模式创新，积极发展新型科技服务业态。

坚持市场导向。充分发挥市场在资源配置中的决定性作用，区分公共服务和市场化服务，综合运用财税、金融、产业等政策支持科技服务机构市场化发展，加强专业化分工，拓展市场空间，实现科技服务业集聚发展。

坚持开放合作。鼓励科技服务机构加强区域协作，推动科技服务业协同发展，加强国际交流与合作，培育具有全球影响力的服务品牌。

（三）发展目标

到2020年，基本形成覆盖科技创新全链条的科技服务体系，服务科技创新能力大幅增强，科技服务市场化水平和国际竞争力明显提升，培育一批拥有知名品牌的科技服务机构和龙头企业，涌现一批新型科技服务业态，形成一批科技服务产业集群，科技服务业产业规模达到8万亿元，成为促进科技经济结合的关键环节和经济提质增效升级的重要引擎。

二、重点任务

重点发展研究开发、技术转移、检验检测认证、创业孵化、知识产权、科技咨询、科技金融、科学技术普及等专业科技服务和综合科技服务，提升科技服务业对科技创新和产业发展的支撑能力。

（一）研究开发及其服务

加大对基础研究的投入力度，支持开展多种形式的应用研究和试验发展活动。支持高校、科研院所整合科研资源，面向市场提供专业化的研发服务。鼓励研发类企业专业化发展，积极培育市场化新型研发组织、研发中介和研发服务外包新业态。支持产业联盟开展协同创新，推动产业技术研发机构面向产业集群开展共性技术研发。支持发展产品研发设计服务，促进研发设计服务企业积极应用新技术提高设计服务能力。加强科技资源开放服务，建立健全高校、科研院所的科研设施和仪器设备开放运行机制，引导国家重点实验室、国家工程实验室、国家工程（技术）研究中心、大型科学仪器中心、分析测试中心等向社会开放服务。

（二）技术转移服务

发展多层次的技术（产权）交易市场体系，支持技术交易机构探索基于互联网的在线技术交易模式，推动技术交易市场做大做强。鼓励技术转移机构创新服务模式，为企业提供跨领域、跨区域、全过程的技术转移集成服务，促进科技成果加速转移转化。依法保障为科技成果转移转化作出重要贡献的人员、技术转移机构等相关方的收入或股权比例。充分发挥技术进出口交易会、高新技术成果交易会等展会在推动技术转移中的作用。推动高校、科研院所、产业联盟、工程中心等面向市场开展中试和技术熟化等集成服务。建立企业、科研院所、高校良性互动机制，促进技术转移转化。

（三）检验检测认证服务

加快发展第三方检验检测认证服务，鼓励不同所有制检验检测认证机构平等参与市场竞争。加强计量、检测技术、检测装备研发等基础能力建设，发展面向设计开发、生产制造、售后服务全过程的观测、分析、测试、检验、标准、认证等服务。支持具备条件的检验检测认证机构与行政部门脱钩、转企改制，加快推进跨部门、跨行业、跨层级整合与并购重组，培育一批技术能力强、服务水平高、规模效益好的检验检测认证集团。完善检验检测认证机构规划布局，加强国家质检中心和检测实验室建设。构建产业计量测试服务体系，加强国家产业计量测试中心建设，建立计量科技创新联盟。构建统一的检验检测认证监管制度，完善检验检测认证机构资质认定办法，开展检验检测认证结果和技术能力国际互认。加强技术标准研制与应用，支持标准研发、信息咨询等服务发展，构建技术标准全程服务体系。

（四）创业孵化服务

构建以专业孵化器和创新型孵化器为重点、综合孵化器为支撑的创业孵化生态体系。加强创业教育，营造创业文化，办好创新创业大赛，充分发挥大学科技园在大学生创业就业和高校科技成果转化中的载体作用。引导企业、社会资本参与投资建设孵化器，促进天使投资与创业孵化紧密结合，推广“孵化＋创投”等孵化模式，积极探索基于互联网的新型孵化方式，提升孵化器专业服务能力。整合创新创业服务资源，支持建设“创业苗圃＋孵化器＋加速器”的创业孵化服务链条，为培育新兴产业提供源头支撑。

（五）知识产权服务

以科技创新需求为导向，大力发展知识产权代理、法律、信息、咨询、培训等服务，提升知识产权分析评议、运营实施、评估交易、保护维权、投融资等服务水平，构建全链条的知识产权服务体系。支持成立知识产权服务联盟，开发高端检索分析工具。推动知识产权基础信息资源免费或低成本向社会开放，基本检索工具免费供社会公众使用。支持相关科技服务机构面向重点产业领域，建立知识产权信息服务平台，提升产业创新服务能力。

（六）科技咨询服务

鼓励发展科技战略研究、科技评估、科技招投标、管理咨询等科技咨询服务业，积极培育管理服务外包、项目管理外包等新业态。支持科技咨询机构、知识服务机构、生产力促进中心等积极应用大数据、云计算、移动互联网等现代信息技术，创新服务模式，开展网络化、集成化的科技咨询和知识服务。加强科技信息资源的市场化开发利用，支持发展竞争情报分析、科技查新和文献检索等科技信息服务。发展工程技术咨询服务，为企业提供集成化的工程技术解决方案。

（七）科技金融服务

深化促进科技和金融结合试点，探索发展新型科技金融服务组织和服务模式，建立适应创新链需求的科技金融服务体系。鼓励金融机构在科技金融服务的组织体系、金融产品和服务机制方面进行创新，建立融资风险与收益相匹配的激励机制，开展科技保险、科技担保、知识产权质押等科技金融服务。支持天使投资、创业投资等股权投资对科技企业进行投资和增值服务，探索投贷结合的融资模式。利用互联网金融平台服务科技创新，完善投融资担保机制，破解科技型中小微企业融资难问题。

（八）科学技术普及服务

加强科普能力建设，支持有条件的科技馆、博物馆、图书馆等公共场所免费开放，开展公益性科普服务。引导科普服务机构采取市场运作方式，加强产品研发，拓展传播渠道，开展增值服务，带动模型、教具、展品等相关衍生产业发展。推动科研机构、高校向社会开放科研设施，鼓励企业、社会组织和个人捐助或投资建设科普设施。整合科普资源，建立区域合作机制，逐步形成全国范围内科普资源互通共享的格局。支持各类出版机构、新闻媒体开展科普服务，积极开展青少年科普阅读活动，加大科技传播力度，提供科普服务新平台。

（九）综合科技服务

鼓励科技服务机构的跨领域融合、跨区域合作，以市场化方式整合现有科技服务资源，创新服务模式和商业模式，发展全链条的科技服务，形成集成化总包、专业化分包的综合科技服务模式。鼓励科技服务机构面向产业集群和区域发展需求，开展专业化的综合科技服务，培育发展壮大若干科技集成服务商。支持科技服务机构面向军民科技融合开展综合服务，推进军民融合深度发展。

三、政策措施

（一）健全市场机制

进一步完善科技服务业市场法规和监管体制，有序放开科技服务市场准入，规范市场秩序，加强科技服务企业信用体系建设，构建统一开放、竞争有序的市场体系，为各类科技服务主体营造公平竞争的环境。推动国有科技服务企业建立现代企业制度，引导社会资本参与国有科技服务企业改制，促进股权多元化改造。鼓励科技人员创办科技服务企业，积极支持合伙制科技服务企业发展。加快推进具备条件的科技服务事业单位转制，开展市场化经营。加快转变政府职能，充分发挥产业技术联盟、行业协会等社会组织在推动科技服务业发展中的作用。

（二）强化基础支撑

加快建立国家科技报告制度，建设统一的国家科技管理信息系统，逐步加大信息开放和共享力度。积极推进科技服务公共技术平台建设，提升科技服务技术支撑能力。建立健全科技服务的标准体系，加强分类指导，促进科技服务业规范化发展。完善科技服务业统计调查制度，充分利用并整合各有关部门科技服务业统计数据，定期发布科技服务业发展情况。研究实行有利于科技服务业发展的土地政策，完善价格政策，逐步实现科技服务企业用水、用电、用气与工业企业同价。

（三）加大财税支持

建立健全事业单位大型科研仪器设备对外开放共享机制，加强对国家超级计算中心等公共科研基础设施的支持。完善高新技术企业认定管理办法，充分考虑科技服务业特点，将科技服务内容及其支撑技术纳入国家重点支持的高新技术领域，对认定为高新技术企业的科技服务企业，减按 15% 的税率征收企业所得税。

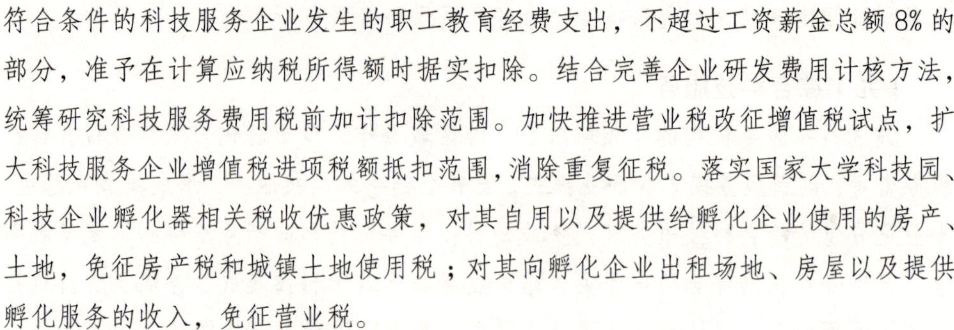

符合条件的科技服务企业发生的职工教育经费支出，不超过工资薪金总额8%的部分，准予在计算应纳税所得额时据实扣除。结合完善企业研发费用计核方法，统筹研究科技服务费用税前加计扣除范围。加快推进营业税改征增值税试点，扩大科技服务企业增值税进项税额抵扣范围，消除重复征税。落实国家大学科技园、科技企业孵化器相关税收优惠政策，对其自用以及提供给孵化企业使用的房产、土地，免征房产税和城镇土地使用税；对其向孵化企业出租场地、房屋以及提供孵化服务的收入，免征营业税。

（四）拓宽资金渠道

建立多元化的资金投入体系，拓展科技服务企业融资渠道，引导银行信贷、创业投资、资本市场等加大对科技服务企业的支持，支持科技服务企业上市融资和再融资以及到全国中小企业股份转让系统挂牌，鼓励外资投入科技服务业。积极发挥财政资金的杠杆作用，利用中小企业发展专项资金、国家科技成果转化引导基金等渠道加大对科技服务企业的支持力度；鼓励地方通过科技服务业发展专项资金等方式，支持科技服务机构提升专业服务能力、搭建公共服务平台、创新服务模式等。创新财政支持方式，积极探索以政府购买服务、“后补助”等方式支持公共科技服务发展。

（五）加强人才培养

面向科技服务业发展需求，完善学历教育和职业培训体系，支持高校调整相关专业设置，加强对科技服务业从业人员的培养培训。积极利用各类人才计划，引进和培养一批懂技术、懂市场、懂管理的复合型科技服务高端人才。依托科协组织、行业协会，开展科技服务人才专业技术培训，提高从业人员的专业素质和能力水平。完善科技服务业人才评价体系，健全职业资格制度，调动高校、科研院所、企业等各类人才在科技服务领域创业创新的积极性。

（六）深化开放合作

支持科技服务企业“走出去”，通过海外并购、联合经营、设立分支机构等方式开拓国际市场，扶持科技服务企业到境外上市。推动科技服务企业牵头组建以技术、专利、标准为纽带的科技服务联盟，开展协同创新。支持科技服务机构开展技术、人才等方面的国际交流合作。鼓励国外知名科技服务机构在我国设立分支机构或开展科技服务合作。

（七）推动示范应用

开展科技服务业区域和行业试点示范，打造一批特色鲜明、功能完善、布局合理的科技服务业集聚区，形成一批具有国际竞争力的科技服务业集群。深入推动重点行业的科技服务应用，围绕战略性新兴产业和现代制造业的创新需求，建设公共科技服务平台。鼓励开展面向农业技术推广、农业产业化、人口健康、生态环境、社会治理、公共安全、防灾减灾等惠民科技服务。

各地区、各部门要充分认识加快科技服务业发展的重大意义，加强组织领导，健全工作机制，强化部门协同和上下联动，协调推动科技服务业改革发展。各地区要根据本意见，结合地方实际研究制定具体实施方案，细化政策措施，确保各项任务落到实处。各有关部门要抓紧研究制定配套政策和落实分工任务的具体措施，为科技服务业发展营造良好环境。科技部要会同相关部门对本意见的落实情况进行跟踪分析和督促指导，重大事项及时向国务院报告。

附录 6

《国务院印发关于深化中央财政科技计划（专项、基金等）管理改革方案的通知》

科技计划（专项、基金等）是政府支持科技创新活动的重要方式。改革开放以来，我国先后设立了一批科技计划（专项、基金等），为增强国家科技实力、提高综合竞争力、支撑引领经济社会发展发挥了重要作用。但是，由于顶层设计、统筹协调、分类资助方式不够完善，现有各类科技计划（专项、基金等）存在着重复、分散、封闭、低效等现象，多头申报项目、资源配置“碎片化”等问题突出，不能完全适应实施创新驱动发展战略的要求。当前，全球科技革命和产业变革日益兴起，世界各主要国家都在调整完善科技创新战略和政策，我们必须立足国情，借鉴发达国家经验，通过深化改革着力解决存在的突出问题，推动以科技创新为核心的全面创新，尽快缩小我国与发达国家之间的差距。

为深入贯彻党的十八大和十八届二中、三中、四中全会精神，落实党中央、国务院决策部署，加快实施创新驱动发展战略，按照深化科技体制改革、财税体制改革的总体要求和《中共中央 国务院关于深化科技体制改革加快国家创新体系建设的意见》《国务院关于改进加强中央财政科研项目和资金管理的若干意见》精神，（国发〔2014〕64 号）制定本方案。

一、总体目标和基本原则

（一）总体目标

强化顶层设计，打破条块分割，改革管理体制，统筹科技资源，加强部门功能性分工，建立公开统一的国家科技管理平台，构建总体布局合理、功能定位清晰、具有中国特色的科技计划（专项、基金等）体系，建立目标明确和绩效导向的管理制度，形成职责规范、科学高效、公开透明的组织管理机制，更加聚焦国家目标，更加符合科技创新规律，更加高效配置科技资源，更加强化科技与经济紧密结合，最大限度激发科研人员创新热情，充分发挥科技计划（专项、基金等）在提高社会生产力、增强综合国力、提升国际竞争力和保障国家安全中的战略支撑作用。

（二）基本原则

转变政府科技管理职能。政府各部门要简政放权，主要负责科技发展战略、规划、政策、布局、评估、监管，对中央财政各类科技计划（专项、基金等）实行统一管理，建立统一的评估监管体系，加强事中、事后的监督检查和责任倒查。政府各部门不再直接管理具体项目，充分发挥专家和专业机构在科技计划（专项、基金等）具体项目管理中的作用。

聚焦国家重大战略任务。面向世界科技前沿、面向国家重大需求、面向国民经济主战场，科学布局中央财政科技计划（专项、基金等），完善项目形成机制，优化资源配置，需求导向，分类指导，超前部署，瞄准突破口和主攻方向，加大财政投入，建立围绕重大任务推动科技创新的新机制。

促进科技与经济深度融合。加强科技与经济在规划、政策等方面的相互衔接。科技计划（专项、基金等）要围绕产业链部署创新链，围绕创新链完善资金链，统筹衔接基础研究、应用开发、成果转化、产业发展等各环节工作，更加主动有效地服务于经济结构调整和提质增效升级，建设具有核心竞争力的创新型经济。

明晰政府与市场的关系。政府重点支持市场不能有效配置资源的基础前沿、社会公益、重大共性关键技术研究等公共科技活动，积极营造激励创新的环境，解决好"越位"和"缺位"问题。发挥好市场配置技术创新资源的决定性作用和企业技术创新主体作用，突出成果导向，以税收优惠、政府采购等普惠性政策和引导性为主的方式支持企业技术创新和科技成果转化活动。

坚持公开透明和社会监督。科技计划（专项、基金等）项目全部纳入统一的国家科技管理信息系统和国家科技报告系统，加强项目实施全过程的信息公开和痕迹管理。除涉密项目外，所有信息向社会公开，接受社会监督。营造遵循科学规律、鼓励探索、宽容失败的氛围。

二、建立公开统一的国家科技管理平台

（一）建立部际联席会议制度

建立由科技部牵头，财政部、国家发改委等相关部门参加的科技计划（专项、

基金等）管理部际联席会议（以下简称联席会议）制度，制定议事规则，负责审议科技发展战略规划、科技计划（专项、基金等）的布局与设置、重点任务和指南、战略咨询与综合评审委员会的组成、专业机构的遴选择优等事项。在此基础上，财政部按照预算管理的有关规定统筹配置科技计划（专项、基金等）预算。各相关部门做好产业和行业政策、规划、标准与科研工作的衔接，充分发挥在提出基础前沿、社会公益、重大共性关键技术需求，以及任务组织实施和科技成果转化推广应用中的积极作用。科技发展战略规划、科技计划（专项、基金等）布局和重点专项设置等重大事项，经国家科技体制改革和创新体系建设领导小组审议后，按程序报国务院，特别重大事项报党中央。

（二）依托专业机构管理项目

将现有具备条件的科研管理类事业单位等改造成规范化的项目管理专业机构，由专业机构通过统一的国家科技管理信息系统受理各方面提出的项目申请，组织项目评审、立项、过程管理和结题验收等，对实现任务目标负责。加快制定专业机构管理制度和标准，明确规定专业机构应当具备相关科技领域的项目管理能力，建立完善的法人治理结构，设立理事会、监事会，制定章程，按照联席会议确定的任务，接受委托，开展工作。加强对专业机构的监督、评价和动态调整，确保其按照委托协议的要求和相关制度的规定进行项目管理工作。项目评审专家应当从国家科技项目评审专家库中选取。鼓励具备条件的社会化科技服务机构参与竞争，推进专业机构的市场化和社会化。

（三）发挥战略咨询与综合评审委员会的作用

战略咨询与综合评审委员会由科技界、产业界和经济界的高层次专家组成，对科技发展战略规划、科技计划（专项、基金等）布局、重点专项设置和任务分解等提出咨询意见，为联席会议提供决策参考；对制定统一的项目评审规则、建设国家科技项目评审专家库、规范专业机构的项目评审等工作，提出意见和建议；接受联席会议委托，对特别重大的科技项目组织开展评审。战略咨询与综合评审委员会要与学术咨询机构、协会、学会等开展有效合作，不断提高咨询意见的质量。

（四）建立统一的评估和监管机制

科技部、财政部要对科技计划（专项、基金等）的实施绩效、战略咨询与综合评审委员会和专业机构的履职尽责情况等统一组织评估评价和监督检查，进一步完善科研信用体系建设,实行“黑名单”制度和责任倒查机制。对科技计划（专项、基金等）的绩效评估通过公开竞争等方式择优委托第三方机构开展，评估结果作为中央财政予以支持的重要依据。各有关部门要加强对所属单位承担科技计划（专项、基金等）任务和资金使用情况的日常管理和监督。建立科研成果评价监督制度，强化责任；加强对财政科技资金管理使用的审计监督，对发现的违法违规行为要坚决予以查处，查处结果向社会公开，发挥警示教育作用。

（五）建立动态调整机制

科技部、财政部要根据绩效评估和监督检查结果以及相关部门的建议，提出科技计划（专项、基金等）动态调整意见。完成预期目标或达到设定时限的，应当自动终止；确有必要延续实施的，或新设立科技计划（专项、基金等）以及重点专项的，由科技部、财政部会同有关部门组织论证，提出建议。上述意见和建议经联席会议审议后，按程序报批。

（六）完善国家科技管理信息系统

要通过统一的信息系统,对科技计划（专项、基金等）的需求征集、指南发布、项目申报、立项和预算安排、监督检查、结题验收等全过程进行信息管理，并主动向社会公开非涉密信息，接受公众监督。分散在各相关部门、尚未纳入国家科技管理信息系统的项目信息要尽快纳入，已结题的项目要及时纳入统一的国家科技报告系统。未按规定提交并纳入的,不得申请中央财政资助的科技计划（专项、基金等）项目。

三、优化科技计划（专项、基金等）布局

根据国家战略需求、政府科技管理职能和科技创新规律，将中央各部门管理的科技计划（专项、基金等）整合形成五类科技计划（专项、基金等）。

（一）国家自然科学基金

资助基础研究和科学前沿探索，支持人才和团队建设，增强源头创新能力。

（二）国家科技重大专项

聚焦国家重大战略产品和重大产业化目标，发挥举国体制的优势，在设定时限内进行集成式协同攻关。

（三）国家重点研发计划

针对事关国计民生的农业、能源资源、生态环境、健康等领域中需要长期演进的重大社会公益性研究，以及事关产业核心竞争力、整体自主创新能力和国家安全的战略性、基础性、前瞻性重大科学问题、重大共性关键技术和产品、重大国际科技合作，按照重点专项组织实施，加强跨部门、跨行业、跨区域研发布局和协同创新，为国民经济和社会发展主要领域提供持续性的支撑和引领。

（四）技术创新引导专项（基金）

通过风险补偿、后补助、创投引导等方式发挥财政资金的杠杆作用，运用市场机制引导和支持技术创新活动，促进科技成果转移转化和资本化、产业化。

（五）基地和人才专项

优化布局，支持科技创新基地建设和能力提升，促进科技资源开放共享，支持创新人才和优秀团队的科研工作，提高我国科技创新的条件保障能力。

上述五类科技计划（专项、基金等）要全部纳入统一的国家科技管理平台管理，加强项目查重，避免重复申报和重复资助。中央财政要加大对科技计划（专项、基金等）的支持力度，加强对中央级科研机构和高校自主开展科研活动的稳定支持。

四、整合现有科技计划（专项、基金等）

本次优化整合工作针对所有实行公开竞争方式的科技计划（专项、基金等），不包括对中央级科研机构和高校实行稳定支持的专项资金。通过撤、并、转等方式按照新的五个类别对现有科技计划（专项、基金等）进行整合，大幅减少科技计划（专项、基金等）数量。

（一）整合形成国家重点研发计划

聚焦国家重大战略任务，遵循研发和创新活动的规律和特点，将科技部管理的国家重点基础研究发展计划、国家高技术研究发展计划、国家科技支撑计划、国际科技合作与交流专项，国家发改委、工业和信息化部管理的产业技术研究与开发资金，有关部门管理的公益性行业科研专项等，进行整合归并，形成一个国家重点研发计划。该计划根据国民经济和社会发展重大需求及科技发展优先领域，凝练形成若干目标明确、边界清晰的重点专项，从基础前沿、重大共性关键技术到应用示范进行全链条创新设计，一体化组织实施。

（二）分类整合技术创新引导专项（基金）

按照企业技术创新活动不同阶段的需求，对发展改革委、财政部管理的新兴产业创投基金，科技部管理的政策引导类计划、科技成果转化引导基金，财政部、科技部、工业和信息化部、商务部共同管理的中小企业发展专项资金中支持科技创新的部分，以及其他引导支持企业技术创新的专项资金（基金），进一步明确功能定位并进行分类整合，避免交叉重复，并切实发挥杠杆作用，通过市场机制引导社会资金和金融资本进入技术创新领域，形成天使投资、创业投资、风险补偿等政府引导的支持方式。政府要通过间接措施加大支持力度，落实和完善税收优惠、政府采购等支持科技创新的普惠性政策，激励企业加大自身的科技投入，真正发展成为技术创新的主体。

（三）调整优化基地和人才专项

对科技部管理的国家（重点）实验室、国家工程技术研究中心、科技基础条件平台，发展改革委管理的国家工程实验室、国家工程研究中心等合理归并，进一步优化布局，按功能定位分类整合，完善评价机制，加强与国家重大科技基础设施的相互衔接。提高高校、科研院所科研设施开放共享程度，盘活存量资源，鼓励国家科技基础条件平台对外开放共享和提供技术服务，促进国家重大科研基础设施和大型科研仪器向社会开放，实现跨机构、跨地区的开放运行和共享。相关人才计划要加强顶层设计和相互之间的衔接。在此基础上调整相关财政专项资金。

（四）国家科技重大专项

要坚持有所为有所不为，加大聚焦调整力度，准确把握技术路线和方向，更加聚焦产品目标和产业化目标，进一步改进和强化组织推进机制，控制专项数量，集中力量办大事。更加注重与其他科技计划（专项、基金等）的分工与衔接，避免重复部署、重复投入。

（五）国家自然科学基金

要聚焦基础研究和科学前沿，注重交叉学科，培育优秀科研人才和团队，加大资助力度，向国家重点研究领域输送创新知识和人才团队。

（六）支持某一产业或领域发展的专项资金

要进一步聚焦产业和领域发展，其中有关支持技术研发的内容，要纳入优化整合后的国家科技计划（专项、基金等）体系，根据产业和领域发展需求，由中央财政科技预算统筹支持。

通过国有资本经营预算、政府性基金预算安排的支持科技创新的资金，要逐步纳入中央公共财政预算统筹安排，支持科技创新。

五、方案实施进度和工作要求

（一）明确时间节点，积极稳妥推进实施

优化整合工作按照整体设计、试点先行、逐步推进的原则开展。

2014年，启动国家科技管理平台建设，初步建成中央财政科研项目数据库，基本建成国家科技报告系统，在完善跨部门查重机制的基础上，选择若干具备条件的科技计划（专项、基金等）按照新的五个类别进行优化整合，并在关系国计民生和未来发展的重点领域先行组织5—10个重点专项进行试点，在2015年财政预算中体现。

2015—2016年，按照创新驱动发展战略顶层设计的要求和“十三五”科技发展的重点任务，推进各类科技计划（专项、基金等）的优化整合，对原由国务院批准设立的科技计划（专项、资金等），报经国务院批准后实施，基本完成科技计划（专项、基金等）按照新的五个类别进行优化整合的工作，改革形成新的管理机制和组织实施方式；基本建成公开统一的国家科技管理平台，实现科技计划（专项、基金等）安排和预算配置的统筹协调，建成统一的国家科技管理信息系统，向社会开放。

2017年，经过三年的改革过渡期，全面按照优化整合后的五类科技计划（专项、基金等）运行，不再保留优化整合之前的科技计划（专项、基金等）经费渠道，并在实践中不断深化改革，修订或制定科技计划（专项、基金等）和资金管理制度，营造良好的创新环境。各项目承担单位和专业机构建立健全内控制度，依法合规开展科研活动和管理业务。

（二）统一思想，狠抓落实，确保改革取得实效

科技计划（专项、基金等）管理改革工作是实施创新驱动发展战略、深化科

技体制改革的突破口，任务重，难度大。科技部、财政部要发挥好统筹协调作用，率先改革，作出表率，加强与有关部门的沟通协商。各有关部门要统一思想，强化大局意识、责任意识，积极配合，主动改革，以“钉钉子”的精神共同做好本方案的落实工作。

（三）协同推进相关工作

加快事业单位科技成果使用、处置和收益管理改革，推进促进科技成果转化法修订，完善科技成果转化激励机制；加强科技政策与财税、金融、经济、政府采购、考核等政策的相互衔接，落实好研发费用加计扣除等激励创新的普惠性税收政策；加快推进科研事业单位分类改革和收入分配制度改革，完善科研人员评价制度，创造鼓励潜心科研的环境条件；促进科技和金融结合，推动符合科技创新特点的金融产品创新；将技术标准纳入产业和经济政策中，对产业结构调整和经济转型升级形成创新的倒逼机制；将科技创新活动政府采购纳入科技计划，积极利用首购、订购等政府采购政策扶持科技创新产品的推广应用；积极推动军工和民口科技资源的互动共享，促进军民融合式发展。

各省（区、市）要按照本方案精神，统筹考虑国家科技发展战略和本地实际，深化地方科技计划（专项、基金等）管理改革，优化整合资源，提高资金使用效益，为地方经济和社会发展提供强大的科技支撑。

附录 7

《关于做好2015年工业质量品牌建设工作的通知》

一、指导思想

以提高发展质量和效益为中心，主动适应经济发展新常态，促进实现“三个转变”，增强工业质量品牌竞争力。着眼“十三五”规划布局，以“两化”深度融合，加快转型升级等中心任务为主线，部署年度任务，谋划长远发展。一手抓全面推进，夯实质量品牌工作基础，建立长效机制；一手抓重点提升，解决质量品牌建设突出问题。

二、重点工作

以工业强基专项行动为依托，实施工业质量品牌推进行动计划。从五个方面开展工业质量品牌年度建设工作。

（一）改善质量品牌社会和市场环境

制定发布品牌管理体系国家标准，支持有条件的行业制定本行业品牌管理体系标准。积极宣贯国家和行业标准，制定措施鼓励企业执行严于国家和行业标准的企业标准，让标准成为对质量的“硬约束”。完善“工业产品质量企业自我声明”平台建设，扩大平台覆盖领域和社会影响力，组织制定重点产品自我声明规范，引导企业通过自我声明形式明示产品质量水平。继续组织开展“工业企业质量信誉承诺活动”，引导企业承诺并履行质量责任，依托中国工业产品质量网，加强对承诺企业的宣传、监督和信息反馈，扩大质量信誉承诺活动的社会影响。以食品行业为重点，推动开展食品企业诚信管理体系评价工作，完善国家食品工业企业诚信信息公共服务平台。会同质检部门完善商品修理更换退货责任规定，探讨建立产品售后服务申诉平台，维护消费者合法权益。积极配合工商、质检、海关等部门开展监督、监管和查验等工作，提供技术支持，把好产品“市场关”、“出口关”。

（二）推广先进质量方法

继续组织开展质量标杆活动，遴选30个左右有广泛适用性的全国质量标杆，组织3期全国性质量标杆交流学习活动，引导企业深化实践质量标杆成功经验。加快推广并行工程、敏捷制造、在线质量检测控制等具有“两化”融合特征的管理技术和方法。引导企业学习实践卓越绩效模式、精益生产、六西格玛和现场管理等质量管理方法。支持中国质量协会完善质量标杆服务平台、在线诊断平台和数据库建设，深入开展质量技术奖评选工作，继续组织TQM全国统考、追求卓越质量大会等全国性质量活动。支持有关单位加强对质量工程技术、质量效益提升、全员质量品牌素质评价等领域的研究，在重点行业、重要产业集群开展质量可靠性整体解决平台（TSQ）、质量和效益提升模式（QPM）等方法的推广应用，面向“专精特新”中小企业开展“质量专家中小企业行”等活动。

（三）深化工业品牌培育

完善品牌培育工作制度，制定工业品牌培育示范企业、产业集群区域品牌建设示范区评价管理办法。继续开展工业企业品牌培育试点示范工作，指导1500家企业建立完善品牌管理体系，在500家企业实现体系有效运行，遴选核定100家左右示范企业，宣传推广标杆企业典型经验，提升企业品牌培育能力。深化推进产业集群区域品牌建设，推荐遴选20个区域品牌建设试点单位，重点培育5个区域品牌建设示范单位，科学评价区域品牌运行水平，推广区域品牌建设成功经验。完善品牌专业人才培养工作模式，引导专业机构面向工业企业培养品牌专业人才。支持中国质量协会及相关机构继续开展全国品牌故事演讲比赛、品牌创新成果发布、工业企业品牌竞争力评价和发布、品牌力指数评价发布、品牌领袖峰会、全面品牌管理普及教育等活动。支持有条件的地区和行业建立地区性、行业性品牌竞争力评价发布制度。组织优秀企业参加国际质量品牌活动和国内外行业会议会展，树立中国企业质量品牌良好形象。

（四）提升产品实物质量

开展工业企业质量品牌诊断和提升活动，搭建技术服务平台，为400家企业提供质量品牌现场诊断、质量标杆移植推广等服务，帮助企业查找关键质量品牌问题。完善工业产品质量控制和技术评价实验室体系建设，适时启动实验室复核工作，支持实验室加强能力建设，面向重点领域发布指南，充分发挥对行业质量分析和质量改进的促进作用。以部工业强基工程为依托，加快产业技术基础公共服务平台建设，围绕提升核心零部件、元器件和基础材料质量水平，组织质量共性技术攻关，突破技术瓶颈。组织开展产业链质量保证方法研究，加强产业链上下游合作，解决影响产业链质量的突出问题，提高产业链质量保证能力。支持行业开展实物质量对比、质量攻关等活动。

（五）加强政策规划研究

开展质量品牌法律法规研究，推动法规和规章立项工作。总结“十二五”时期质量品牌工作，部署编制“十三五”质量品牌规划。推动工业和信息化领域检验检测认证机构整合。积极参与政府质量工作绩效考核，监测和分析质量品牌运行指标，持续提升质量品牌工作绩效。支持地方在区域或产业规划中，明确质量品牌工作的任务、目标和措施。支持有条件的地区建立相关地方法律法规。在产业政策和规划中，加强对质量品牌的指导和要求。支持有关单位开展质量品牌工作与经济新常态、“两化”深度融合以及制造强国等重大课题的关联性研究，开展质量品牌运行指标的研究和评价活动。

三、工作要求

（一）发挥职能作用

坚持以企业为主体，增强企业质量品牌意识，引导企业自觉加强质量品牌工作。将质量品牌工作与地区经济发展有机结合，综合运用政策规划、标准和知识产权、技术改造和技术创新以及推广先进管理方法等手段开展工作，积极争取地方人民政府的指导和支持。加强与发展改革、商务、质检、工商、海关等部门的沟通协作，充分发挥行业协会、专业协会和专业机构的作用，合力开展工作。

（二）加强工作策划

全面策划部署质量品牌工作，结合地区或行业特点，制定质量品牌工作计划，明确工作内容和量化目标。

（三）解决突出问题

按照“注重过程，在全产业链抓质量管理”的思路，引导企业从设计、采购、制造、销售、服务全过程提升质量品牌。以提高产品质量、可靠性、基础配套能力和品牌竞争力为重点，有计划地逐步解决关键性、基础性质量品牌问题。

（四）抓好宣传工作

利用报刊、网络、会议论坛等多种媒体和活动，积极宣传、扩大质量品牌工作的社会影响，营造关心质量、重视质量的良好社会氛围。以质量标杆、质量诊断、品牌培育为重点，组织开展专题调研活动，宣传报道质量品牌建设经验。

后 记

《2014—2015年中国工业技术创新发展蓝皮书》是在贯彻落实党的十八大与十八届四中全会精神，加快推进创新驱动发展战略的大背景下完成的。本书专注于中国工业在技术创新以及质量品牌、知识产权与标准等方面取得的进展与成就。

本书由王鹏担任主编，何颖、曹方担任副主编。全书由综合篇、行业篇、地方篇、政策篇、展望篇五部分内容及附录组成。

综合篇：第一章由杨柯巍、韩其峰、王磊撰写；第二章由张义忠、曹方、杨舟撰写；第三章由曹方、李赜撰写。

行业篇：第四章由王磊撰写；第五章由任海峰、杨舟撰写；第六章由徐爽撰写；第七章由王存肃撰写。

区域篇：第八章由徐爽撰写；第九章由刘珊撰写；第十章由马冬撰写；第十一章由郭英撰写；第十二章由任海峰撰写。

政策篇：第十三章由王文平撰写；第十四章由何颖、张义忠、韩其峰、杨柯巍撰写。

展望篇：第十五章由刘珊撰写；第十六章由张义忠撰写；第十七章由韩其峰撰写。

附录部分：由李赜整理。

全书的编纂与编稿由何颖、曹方、王存肃负责。在本书的编写过程中，得到了范书建、常利民、王锐、安平、柳纯录、韦东远、唐葆君等领导和专家的帮助，对此我们深表感谢。

本书客观翔实地反映中国工业技术创新的最新动向、特点与趋势，研究人员尽可能多地收集分析了大量国内外最新一手资料，希冀通过本书，读者可以从不同角度领略中国工业技术创新的魅力和风采。

同时，由于时间仓促，难免有疏漏和不妥之处，欢迎并期盼各界专家、学者提出宝贵意见和建议，促进我们进一步提高研究水平，让《2014—2015年中国工业技术创新发展蓝皮书》成为客观记录与全面反映我国工业技术创新领域前进步伐的精品专著。

后 记

研究，还是研究
才使我们见微知著

信息化研究中心
电子信息产业研究所
软件与信息服务业研究所
信息安全研究所
无线电管理研究所
互联网研究所
军民结合研究所

工业化研究中心
工业经济研究所
工业科技研究所
装备工业研究所
消费品工业研究所
原材料工业研究所
工业节能与环保研究所

规划研究所
产业政策研究所
财经研究所
中小企业研究所
政策法规研究所
世界工业研究所
工业安全生产研究所

编 辑 部：赛迪工业和信息化研究院
通讯地址：北京市海淀区万寿路27号电子大厦4层
邮政编码：100846
联 系 人：刘 颖　董 凯
联系电话：010-68200552 13701304215
010-68207922 18701325686
传　　真：010-68200534
网　　址：www.ccidthinktank.com
电子邮件：liuying@ccidthinktank.com

思想，还是思想
才使我们与众不同

编 辑 部：赛迪工业和信息化研究院
通讯地址：北京市海淀区万寿路27号电子大厦4层
邮政编码：100846
联 系 人：刘 颖　董 凯
联系电话：010-68200552 13701304215
　　　　　010-68207922 18701325686
传　　真：010-68200534
网　　址：www.ccidthinktank.com
电子邮件：liuying@ccidthinktank.com